高等教育财税系列精品规划教材

税务管理案例集

王 励 编著

中国财经出版传媒集团

经济科学出版社
Economic Science Press

·北京·

图书在版编目（CIP）数据

税务管理案例集 / 王励编著 . -- 北京 ： 经济科学
出版社，2024. 8. -- （高等教育财税系列精品规划教材）.
-- ISBN 978 - 7 - 5218 - 6295 - 9

Ⅰ. F812. 423

中国国家版本馆 CIP 数据核字第 2024NG5230 号

责任编辑：于　源　侯雅琦
责任校对：郑淑艳
责任印制：范　艳

税务管理案例集

王　励　编著

经济科学出版社出版、发行　新华书店经销

社址：北京市海淀区阜成路甲 28 号　邮编：100142

总编部电话：010 - 88191217　发行部电话：010 - 88191522

网址：www. esp. com. cn

电子邮箱：esp@ esp. com. cn

天猫网店：经济科学出版社旗舰店

网址：http：//jjkxcbs. tmall. com

北京季蜂印刷有限公司印装

787×1092　16 开　15.25 印张　283000 字

2024 年 8 月第 1 版　2024 年 8 月第 1 次印刷

ISBN 978 - 7 - 5218 - 6295 - 9　定价：59. 00 元

（图书出现印装问题，本社负责调换。电话：010 - 88191545）

（版权所有　侵权必究　打击盗版　举报热线：010 - 88191661

QQ：2242791300　营销中心电话：010 - 88191537

电子邮箱：dbts@ esp. com. cn）

编写说明

党的十八大以来，党中央极为重视税收工作，并作出了一系列重大部署。2021年3月24日，中共中央办公厅、国务院办公厅印发了《关于进一步深化税收征管改革的意见》，标志着税收征管现代化建设迈向新征程。

新时代新征程赋予了税收现代化保障实现中国式现代化追求的新使命，也必然迫切要求财经类院校在培育税收学专业人才的过程中，必须围绕推进中国特色社会主义税收治理体系和治理能力现代化，培养造就一大批心怀"国之大者"、服务"国之大者"，具有良好政治思想素养、具备坚实的税收基础理论知识和专业管理实务能力，能适应国家治理现代化所需的税收事业合格建设者和可靠接班人。

在强国建设、民族复兴新进程中，税收治理改革实践创新日新月异；同时，在新要求新挑战面前，"税务管理"这门税收学专业核心课程涉及多学科交叉共融发展的趋势特征也更加明显，而相应课程使用的教材却面临编写的滞后性问题，迄今对应的合适教材一直较为欠缺。

笔者于云南财经大学从事税收学专业教学工作已经30余年。在不断努力提高教学质量、积极参与相关教学研究和改革的过程中，为对接落实该门课程教学案例库的建设任务，编撰了《税务管理案例集》一书，以响应国家税收事业发展所需，改进优化教学资源不足之现状，为提升税收学类专业人才在社会主义核心价值观塑造、中华民族伟大复兴理想信念传承、使命担当意识与开拓创新精神培育，以及税收管理分析、涉税实践问题解决等方面的专业人文素养和综合能力尽绵薄之力。

本书采取分篇结构，编写体例上结合"思政在线"栏目设计与兼顾教学型案例、经验型案例、研究型案例编排方式，重点关注近几年来国家和云南省税收治理变革中的新情况新面貌。本书旨在体现以下特点：一是贴近高质量发展新阶段下国家税收治理的全面性和科学化布局。在新时代高质量发展大背景下，通过理论结合实际，以贯彻落实好党中央的重要部署为准绳，及时跟进研究国家在创新税收治理理念，优化税收营商环境建设与区域税收协作，健全法治管理、加强基层税收融合治理等方面的重点变革情况，深入探索研究国内税收管理工作中的代表性情况。二是突出实践针对性特色。顺应国家新时代税收治理改革与云南省税收征管改革实践，以目标导向、问题导向，聚焦云南省内企业税务管理、中国推进共建"一带一路"税收征管合作机制建设典型做法和金砖国家税务实践优秀案例总结推广等方面的情形，以编写案例的形式将实际治理中的成功经验作为教材的鲜活生动内容，以增强其实用性，着力提高专业人才服务国家税收现代化建设事业的本领，并希望能对丰富拓展本门课程教学资源提供参考和助益，助力税收学专业教学研一体化高质量发展。

本案例集的编写是加强税收学专业案例教学与改革工作的一次实践探索。在编写过程中，笔者参考运用了许多专家学者和涉税实务界专业人士的观点，得到所在学校及院系领导、老师的大力帮助与支持，笔者所指导的多位研究生也在其间做了大量基础性准备工作，在此一并表示衷心感谢！由于时间仓促且学识和水平有限，书中不足、疏漏之处在所难免，恳请各位读者批评指正，以便后续再改进、完善。

编　者
2024 年 8 月

目　录

国内税收治理篇

从"税收管理"到"税收治理"：新征程下税收现代化的理念发展

【摘　要】新中国成立至今，我国税收工作的基本理念和思想主张，一直都在围绕国家治理而定位并切实发挥着保障基石和支柱作用。从计划体制时期确保尽快恢复并稳定国民经济，配合完成社会主义革命和社会主义改造的发展需要，到改革开放初期积极顺应社会主义经济建设中心工作要求，再到新时代助力实现国家治理体系和治理能力现代化，税收管理思路逐渐向税收治理转变，更加完整准确地体现和呼应了税收推进实现中国特色社会主义国家现代化建设的要义，并在全面建成社会主义现代化强国和中华民族伟大复兴的新征程中不断升华。

【关键词】中国式现代化；新征程；税收现代化；税收治理；治理理念

> 【思政在线】
>
> "加强和创新社会治理，关键在体制创新，核心是人，只有人与人和谐相处，社会才会安定有序……治理和管理一字之差，体现的是系统治理、依法治理、源头治理、综合施策。"
>
> ——摘自《加强和创新社会治理关键在体制创新》，习近平 2014 年 3 月 5 日在参加十二届全国人大二次会议上海代表团审议时的讲话

1. 案例背景

　　理念作为人类的思维活动或者思想方法，是人们基于对客观世界或者事物的内在本质的理性认知及其表达。从古至今，税收作为实践和历史的产物，在长期活动中所形成的税收现象的文化观照，慢慢汇聚成为当时占主导地位的国

家治税理念、思想。与此相应，在我国社会主义税收工作发展的历史进程中，党和国家仍在实践总结中不断完善和提炼着中国特色社会主义国家的治税理念和思想。

从世界史动态发展观角度分析，任何国家的现代化都是包含政治、经济、社会、文化直至人本身发展价值取向与追求整体渐进提高的历史征程。世界近代史上，传统税收与现代税收的第一次界分始于英国。1215 年颁布的《大宪章》通常被认为是世界范围内税收领域乃至国家治理理念发生根本性变化的"哥白尼革命"①。为此，税收法定原则被提出并推行到全世界，引领了近代西方以英国为首的国家从税收理念到税收制度政策、税收征管体系和模式等税收领域全面现代化的探索，并影响诸多国家开始了从经济到政治、社会、文化乃至人的全面、全方位的现代化发展追求。

2. 国家治理现代化进程中的中国税收现代化：从税收管理到税收治理的理念创新变革

2.1 新中国成立以来治税理念思想的演进变化

从 1949 年新中国成立至 1956 年，为尽快恢复并稳定发展国民经济，全国财经工作统一任务繁重。在当时"发展经济、保障供给""公私区别对待、限制私人资本"的治税思想指引下，我国用 7 年时间完成了恢复经济和对资本主义工商业的社会主义改造。这一阶段，税收被视为对私有经济改造、进行阶级斗争的政策工具②，要求分别对国营经济、资本主义工商业采取"公私区别对待、繁简不同"的税收管理，管制的针对性和作用突出；六七十年代"非税论"一时盛行，引发了"税收无用论"思潮，随后的计划经济时期更多侧重简化税制，甚而主张取消税收；到"文革"时期，税制几乎片面简化为单一税制，税收管理基本上陷入瘫痪状态，仅为保证财政收入而开展。

1978 年 12 月党中央召开的十一届三中全会，划时代地推出了把党和国家的工作重心转到经济建设上来、进行改革开放的重大决策。1992 年 10 月召开

---

① 向景．税收治理现代化的逻辑［M］．广州：暨南大学出版社，2017：1.
② 税收学编写组．税收学［M］．北京：高等教育出版社，中国税务出版社，2021：53 - 55.

的党的十四大，进一步指出了"经济体制改革的目标是建立社会主义市场经济体制"。国家对治税理念、指导思想作了深刻总结与反思，在拨乱反正的探索中，税收管理工作得到了前所未有的重视和加强。1993 年 11 月《中共中央关于建立社会主义市场经济体制若干重大问题的决定》颁布，其中点明了这一时期党和国家的治税理念、思想与目标是统一税法、公平税负、简化税制、合理分权，建立符合社会主义市场经济要求的税制体系。十年后，2003 年 10 月召开了党的十六届三中全会，所通过的《中共中央关于完善社会主义市场经济体制若干问题的决定》具体要求依据"简税制、宽税基、低税率、严征管"的原则，推进税收改革，加快经济结构调整升级，促进区域经济发展。

2013 年党的十八届三中全会召开，颁布了《中共中央关于全面深化改革若干重大问题的决定》，明确提出全面深化改革的总目标是使国家治理体系和治理能力现代化，并从国家治理的高度明确了财政税收是国家治理的重要组成部分，应深化财税体制改革，在经济、社会、政治、文化、生态文明等全面治理中发挥基础性、支柱性和保障性的功能地位①。2014 年，习近平总书记进一步明确指出，国家治理体系是党领导下管理国家的制度体系，国家治理能力是运用国家制度管理社会各方面事务的能力总括。

2015 年 10 月，在党的十八届五中全会上，以习近平同志为核心的党中央提出并要求切实贯彻"创新、协调、绿色、开放、共享"的发展理念，强调坚持新发展理念是关系我国新时代发展新格局建设的一场深刻变革。对此，税收实践活动必然需要全方位深刻融入国家现代化治理的战略推动进程中。"治理"一词从政治学领域的概念引入，再到具体财税领域的运用推广，逐渐促使税收跳出了传统经济工作范畴的单一维度考量和实践运用，迎合了新时代国家治理的更高期盼，加快践行着我国税收从确保经济管理向推进现代化国家整体治理迈进的内生转型发展。虽然"税收管理"到"税收治理"仅是一字之差，但在其内涵思考和运行目标、权力来源及运作方式等层面，都彰显出对税收职能作用的深刻认识与变化调整（见表 1）。

表 1 税收管理与税收治理的理念内涵比较

活动要素	税收管理	税收治理
主体	国家职能部门	多元化主体

---

① 中共中央关于全面深化改革若干重大问题的决定 ［EB/OL］. （2013 - 11 - 15）. https：// www. gov. cn/zhengce/2013 - 11/15/content_5407874. htm.

续表

活动要素	税收管理	税收治理
对象客体	纳税人	涉税各方相对人
权力来源	人大、授权政府	人民授权国家
手段方式	重在行政决策执行	突出法治与德治并重及系统化集成共治
运行模式	单向、强制、刚性	开放、包容、合作、高效公平
目标	确保经济增长	促进党的建设和国家经济、政治、社会、文化、生态文明全面繁荣和发展

实践有力证明，我国的税收工作一直都是国家治理的重要基础和支柱、保障。在时代推进中，现代国家治理日益彰显出治理主体多元化、治理结构分权化、治理方式民主化、治理手段文明化、治理技术现代化等鲜明特征①。对应新征程里更新、更高的国家全面发展需要和治理要求，以税收现代化实践推进中国式现代化的新阶段工作使命必然随之展开，需要不断从思想到实际行动增进发展创新与改革深化。以先进的税收理念思想和工作原则为先导，奋力推进新时代的中国税收制度体系、治理体制机制现代化，巩固推动社会主义税收事业，不断促进更高效率的社会主义市场机制运行、更有为的政府宏观调节和更加繁荣和谐的社会发展，这是税收工作的使命。中国式现代化进程中的税收治理，作为国家治理的重要有机组成部分，正全面从治理理念、治理体系、治理能力和治理方式上，不断提升税收现代化治理保障中国式现代化发展的水平。

当前，世界面临百年未有之大变局。高质量发展是新征程下国家治理体系和治理能力现代化的必由之路。在税收治理现代化实践中，与国家税务总局2013年最初提出的税收现代化六大体系相比，2020年以来"新六大体系"的完善确立，彰显了新征程下我国税收工作的理念正进一步围绕中国特色社会主义制度优越性的认识和内涵拓展在提升凝练；加强党的全面领导，坚决贯彻落实好党的方针、理论和政策，增强税收的人民性、公正性，推动经济社会更好更快发展等我国新时代下应发扬光大的税收工作特色，在税收治理的要求和内容表达中得到了突出反映（见表2）。

---

① 谷成. 税收与现代国家治理［M］. 大连：东北财经大学出版社，2021：2.

表2　　新时代税收治理理念的拓展运用——税收治理六大体系优化组成

时间	税收现代化治理体系内容
2013 年	完备规范的税法体系 成熟定型的税制体系 优质便捷的服务体系 科学严密的征管体系 稳固强大的信息体系 高效清廉的组织体系
2020 年	坚强有力的党的领导制度体系 成熟完备的税收法治体系 优质便捷的税费服务体系 严密规范的税费征管体系 合作共赢的国际税收体系 高效清廉的队伍组织体系

资料来源：笔者根据 2013 年、2020 年全国税务工作会议内容整理而得。

2.2　两个"时代之问"应答：指引中国特色社会主义税收现代化持之以恒不断推向新高度的本源和动能所在

1945 年，爱国民主人士、社会活动家、教育家黄炎培等一行到延安考察，在谈到中国历朝历代都未能跳出"其兴也浡焉，其亡也忽焉"的历史兴亡周期率现象时，毛主席掷地有声："我们已经找到新路，我们能跳出这兴亡周期率。这条新路，就是民主。只有让人民来监督政府，政府才不敢松懈。只有人人起来负责，才不会人亡政息"①。这为党领导下的新中国建设指明了不断稳步迈向前进的根本方向。

思想就是力量。"全心全意为人民服务"是党建立初始就坚定牢固树立的立党宗旨。党的十八大以来，党中央深入推进全面从严治党，确保党和人民赋予的权力始终为人民服务谋幸福，总结出自我革命这一跳出治乱兴衰历史周期率的第二个时代答案②。

2017 年，党的十九大作出了"中国特色社会主义进入新时代"的重大历史阶段判断。2021 年 7 月 1 日，习近平总书记在庆祝中国共产党成立 100 周年大会上宣告在中华大地上全面建成了小康社会。习近平总书记总结了党的奋斗历史，这是一部不断推进理论创新、进行理论创造的历史，更是一部不断以党

---

① 黄炎培. 八十年来［M］. 北京：文史资料出版社，1982：148 – 149.
② 中共中央党史和文献研究院，中央学习贯彻习近平新时代中国特色社会主义思想主题教育领导小组办公室. 习近平新时代中国特色社会主义思想专题摘编［M］. 北京：党建读物出版社，中央文献出版社，2023：18 – 19.

的创新理论引领党和人民事业发展的历史①。正是在马克思主义中国化时代化正确思想和科学理论的指引下，中国共产党才在革命、建设、改革各时期不断地自我革命和提升，把中国特色社会主义制度所具有的非凡组织动员能力、统筹协调能力、贯彻执行能力等优越性更好地展开并全面升华运用，铸就了时代的光辉业绩。2022 年 10 月，习近平总书记在党的二十大报告中明确指出："从现在起，中国共产党的中心任务就是团结带领全国各族人民全面建成社会主义现代化强国，实现第二个百年奋斗目标，以中国式现代化全面推进中华民族伟大复兴。"②

3. 中国式现代化新征程中的税收现代化治理

文化是民族进步和国家繁荣昌盛的血脉和根基。中国特色社会主义文明奠基于中华优秀传统文化沃土，深深扎根于中华民族自始至终为更和平美好明天所作的坚定追求与自强不息、艰苦奋斗的进程中。习近平总书记系统精辟地概括了中华文明所具有的连续性、创新性、统一性、包容性与和平性五大突出特性，指出："我们开辟了中国特色社会主义道路不是偶然的，是中国历史传承和文化传统决定的。"③ "富强、民主、文明、和谐、自由、平等、公正、法治、爱国、敬业、诚信、友善"的社会主义核心价值观，升华为引领实践中华民族伟大复兴的强大思想武器，在中国特色社会主义道路的必然选择和推进中为新时代的中华文明发展注入了蓬勃生机与活力。它们全面融入新时代包括税收工作在内的国家发展治理中，一以贯之反映为税收工作的"取之于民、用之于民"，并持续发扬光大"党管税收观""人民税收观"等具有鲜明中国特色社会主义制度优势的税收治理理念思想与原则④，厚植培育了国家与广大纳税人、各民族、全社会之间同呼吸共命运，水乳交融的清亲式和谐税收征纳关系。中国特色社会主义税收现代化，本质上一直是也必然是中国特色社会主

---

① 陈理. 继续推进党的理论创新（深入学习贯彻习近平新时代中国特色社会主义思想）［EB/OL］.（2023 – 09 – 12）. http：//dangjian. people. com. cn/n1/2023/0912/c117092 – 40075729. html.

② 习近平. 高举中国特色社会主义伟大旗帜 为全面建设社会主义现代化国家而团结奋斗——在中国共产党第二十次全国代表大会上的报告［EB/OL］.（2022 – 10 – 25）. https：//www. gov. cn/xin-wen/2022 – 10/25/content_5721685. htm.

③ 习近平在中共中央政治局第十八次集体学习时强调 牢记历史经验历史教训历史警示为国家治理能力现代化提供有益借鉴［N］. 人民日报，2014 – 10 – 14.

④ 邓力平. 税收现代化服务中国式现代化的内涵思考与实践路径［J］. 税务研究，2023（4）：5 – 13.

义国家治理中的税收现代化。

税收现代化服务中国式现代化的理论和实践创新成果，仍在时代的快速发展下不断丰富拓展。以数治税、智慧税务、税费皆重、风险防控等税收（费）治理理念认识的不断深化、发展探索及行为税收学、国家整体协同治理等公共治理领域的新兴复合型研究理论发展与实践参考借鉴，在税费全面科学治理中共融促成税收治理的全新格局构建和治理模式的作用提升，从而推进我国现代化强国发展的宏远目标——协调践行。

参考文献：

［1］陈理．推进党的理论创新（深入学习贯彻习近平新时代社会主义思想）［N］．人民日报，2023－09－12（9）．

［2］邓力平．税收现代化服务中国式现代化的内涵思考与实践路径［J］．税务研究，2023（4）：5－13.

［3］谷成．税收与现代国家治理［M］．大连：东北财经大学出版社，2021：45.

［4］楼继伟，刘尚希．新中国财税发展70年［M］．北京：人民出版社，2019：3－8.

［5］税收学编写组．税收学［M］．北京：高等教育出版社，中国税务出版社，2022：53－67.

［6］王励．奋进新征程中的税收治理原则再思考［J］．曲靖师范学院学报，2022（4）：124－128.

［7］王乔．践行"人民至上"价值追求　坚定不移深化税制改革［J］．税务研究，2022（1）：5－6.

［8］伍舫．强化新时代税收治理理念　引领税收现代化实践［J］．税务研究，2023（4）：23－28.

［9］向景．税收治理现代化的逻辑［M］．广州：暨南大学出版社，2017：4－5.

［10］谢波峰．税收现代化服务中国式现代化：基于国家治理视角的认识［J］．国际税收，2023（4）：47－53.

［11］岳树民，王庆．加快税收现代化建设　助力实现中国式现代化［J］．税务研究，2023（4）：15－22.

［12］中共中央党史和文献研究院，中央学习贯彻习近平新时代中国特色社会主义思想主题教育领导小组办公室．习近平新时代中国特色社会主义思想

专题摘编［M］．北京：党建读物出版社，中央文献出版社，2023：18－20.

　　［13］《中国共产党领导下的税收理论与实践》编写组．1921－2021 中国共产党领导下的税收理论与实践［M］．北京：中国税务出版社，2021：3－117.

　　［14］朱伯铭．税收治理中的模糊性与明确性［M］．杭州：浙江大学出版社，2022：1－2.

海南自贸港税收营商环境建设

【摘　要】优化营商环境是全面深化改革开放、实现经济高质量发展的必然选择。当前，海南正在积极探索创新，努力打造国际化、法治化、便利化的自贸港税收营商环境。在税收实体政策制度方面，海南自贸港先后出台了十余项关税、企业所得税、个人所得税等方面的税收优惠措施；同时，一系列"放管服"便利化改革极大地提升了税收征管和纳税服务质效。但与世界一流的自贸港管理水平相比，海南自贸港的税收营商环境还存在进一步的优化空间，应通过加速构建自贸港简税制与再优化服务执法，加快提高海南自贸港的税收现代化治理效能。

【关键词】海南自贸港；税收营商环境；法治化；国际化；创新性

【思政在线】

"推进高水平对外开放。稳步扩大规则、规制、管理、标准等制度型开放。加快建设贸易强国……推动共建'一带一路'高质量发展……维护多元稳定的国际经济格局和经贸关系。"

——习近平 2022 年 10 月 16 日在中国共产党第二十次全国代表大会上的报告

1. 海南自贸港建设背景

海南是我国最南端的经济特区，地理位置独特，拥有全国最好的生态环境，同时又是相对独立的地理单元，具有成为全国改革开放试验田的独特优势，在我国改革开放和社会主义现代化建设大局中具有特殊地位和重要作用。在着力体现中国特色社会主义制度优越性和加强党的全面领导下，推动以海南为代表的自由贸易港建设，有利于促进我国新一轮改革开放和社会主义现代化建设，加速推进高水平对外开放和贸易强国发展，在不断加强与其他国家的互利合作中提高我国综合竞争力和国际影响力。

2008 年金融危机后，世界经济发展逐渐放缓；2019 年，全球新冠肺炎疫情冲击加剧了世界的动荡不安局势；加之近年来，部分发达国家单边贸易保护主义又有抬头等多重因素综合影响，使国际形势不断错综复杂快速变化。

对此，党中央着眼于我国经济社会的长远可持续发展，进行了统筹规划和决策安排。2018 年 4 月 11 日，中共中央、国务院发布了《关于支持海南全面深化改革开放的指导意见》（以下简称"指导意见"）；同月 13 日，在庆祝海南建省办经济特区 30 周年之际，习近平总书记宣布了党中央的决定："支持海南逐步探索、稳步推进中国特色自由贸易港建设，分步骤、分阶段建立自由贸易港政策和制度体系①。"2020 年 10 月召开的十九届五中全会提出要构建以国内大循环为主体、国内国际双循环相互促进的新发展格局②。实施双循环发展战略，既是应对现阶段世界经济政治格局调整变化的时代抉择，也是加速中国经济从高速转向高质量发展、全面建成小康社会后迈向社会主义强国建设和民族复兴新征程的必由之路。

在这一发展趋势下，海南自贸港的建设旨在通过打造开放、创新、高效和便利的国际一流营商环境，全面深化对外开放，推进"一带一路"倡议长远践行，加强中国与东南亚、南亚和非洲等地区的经贸合作，促进国际贸易和投资自由化、便利化。根据中共中央、国务院于 2020 年 6 月印发的《海南自由贸易港建设总体方案》③（以下简称《总体方案》），到 2025 年，初步建立以贸易自由便利和投资自由便利为重点的自由贸易港政策制度体系。营商环境总体达到国内一流水平，市场主体大幅增长，产业竞争力显著提升，风险防控有力有效，适应自由贸易港建设的法律法规逐步完善，经济发展质量和效益明显改善。到 2035 年，自由贸易港制度体系和运作模式更加成熟，以自由、公平、法治、高水平过程监管为特征的贸易投资规则基本构建，实现贸易自由便利、投资自由便利、跨境资金流动自由便利、人员进出自由便利、运输来往自由便利和数据安全有序流动。营商环境更加优化，法律法规体系更加健全，风险防控体系更加严密，现代社会治理格局基本形成，成为我国开放型经济新高地。税收营商环境作为整体营商环境的重要组成部分，是推动海南自贸港高质量发

---

① 习近平. 在庆祝海南建省办经济特区 30 周年大会上的讲话 [EB/OL]. (2018 – 04 – 14). http：//cpc. people. com. cn/nl/2018/0414/c64094 – 29925838. html.

② 人民日报. 加快构建以国内大循环为主体、国内国际双循环相互促进的新发展格局（学习贯彻党的十九届五中全会精神）[EB/OL]. (2020 – 11 – 25). http：//politics. people. com. cn/n1/2020/1125/c1001 – 31943814. html.

③ 人民日报. 海南自由贸易港建设总体方案 [EB/OL]. (2020 – 06 – 02). https：//www. hnftp. gov. cn/ybsj/sanji/202209/t202209013258644. html.

展的一大重要强力支撑基础。通过优化税制政策制度体系及其执行，减轻税负、提高税收效率等，必将提高海南的税收确定性和良好可预期环境条件，从而增强投资者信心，吸引更多投资助力海南发展，促进我国经济增长并提升周边地区综合竞争力。

2. 海南自贸港税收营商环境建设情况

《总体方案》提出了"零关税、低税率、简税制、强法治、分阶段"的海南自贸港税制设计原则，通过实体法制度政策层面的优化和税收征管方面的改进，大力改善海南的税收营商环境。

2.1 海南自贸港实体税制政策规定情形

2.1.1 有关顶层设计方案

如表 1 所示，在习近平总书记重要讲话和中央建设海南自贸港总体指导思想的指引下，《中华人民共和国海南自由贸易港法》等纲领性文件和法律相继出台，高标准确立了海南"三区一中心"（即全面深化改革开放试验区、生态文明试验区、国家重大战略服务保障区和国际旅游消费中心）的战略发展定位以及一系列深化改革开放的重大战略决策，助推海南如期建立中国特色自贸港，推进新一轮改革开放；在海南税收政策制度体系建设上，明确要求逐步构建与高水平自由贸易港发展相适应的税收制度。

表 1　　　　　　　建设海南自贸港顶层设计文件汇总

序号	文件名称	发布机构	发布时间
1	《关于支持海南全面深化改革开放的指导意见》	中共中央、国务院	2018 年 4 月 11 日
2	习近平总书记在庆祝海南建省办经济特区 30 周年大会上的讲话	中共中央	2018 年 4 月 13 日
3	《海南自由贸易港建设总体方案》	中共中央、国务院	2020 年 6 月 1 日
4	《中华人民共和国海南自由贸易港法》	全国人大常委会	2021 年 6 月 10 日

2.1.2 海南自贸港现行税收优惠政策梳理

在推动海南自贸港建设初期，《中华人民共和国海南自由贸易港法》提出了八条指导性财政税收制度，对关税、消费税、企业所得税、个人所得税等重点税种明确了有关税收优惠政策；先后制定的"零关税"等 10 多项有关海南自贸港税制的规章和规范性文件，如表 2 所示，标志着海南自贸港税收政策制度体系建设已经开始逐渐步入正轨。

表 2   海南自贸港建设初期重要税收政策文件汇总

序号	政策名称	文号	发布机构	文件发布/实施时间	主要政策内容
1	《关于海南自由贸易港企业所得税优惠政策的通知》	财税〔2020〕31 号	财政部、税务总局	2020 年6 月 23 日	对注册在海南自由贸易港并实质性运营的鼓励类产业企业，减按15% 征收企业所得税
2	《关于海南自由贸易港高端紧缺人才个人所得税政策的通知》	财税〔2020〕32 号	财政部、税务总局	2020 年6 月 23 日	对在海南自由贸易港工作的高端人才和紧缺人才，其个人所得税实际税负超过15% 的部分予以免征
3	《关于海南离岛旅客免税购物政策的公告》	财政部公告2020 年第 33 号	财政部、海关总署、税务总局	2020 年6 月 29 日	离岛旅客每年每人免税购物额度为 10 万元，不限次；扩大免税商品种类，增加电子消费产品等 7 类消费者青睐商品；仅限定化妆品（30 件）、手机（4 部）和酒类（合计不超过 1500 毫升）商品的单次购买数量；具有免税品经销资格的经营主体可按规定参与海南离岛免税经营
4	《关于海南自由贸易港国际运输船舶有关增值税政策的通知》	财税〔2020〕41 号	财政部、交通运输部、税务总局	2020 年9 月 3 日	对在"中国洋浦港"登记并从事国际运输和港澳台运输业务的境内建造船舶，实行增值税退税政策
5	《关于海南自由贸易港原辅料"零关税"政策的通知》	财关税〔2020〕42 号	财政部、海关总署、税务总局	2020 年11 月 11 日	对包括椰子等农产品、煤炭等资源性产品、二甲苯等化工品及光导纤维预制棒等原辅料，以及飞机、其他航空器和船舶维修零部件共169 项8 位税目商品，免征进口关税、进口环节增值税和消费税
6	《关于海南自由贸易港交通工具及游艇"零关税"政策的通知》	财关税〔2020〕54 号	财政部、海关总署、税务总局	2020 年12 月 25 日	对符合条件的海南自贸港企业进口《海南自由贸易港"零关税"交通工具及游艇清单》内的交通工具及游艇免征进口关税、进口环节增值税和消费税

续表

序号	政策名称	文号	发布机构	文件发布/实施时间	主要政策内容
7	《关于海南自由贸易港试行启运港退税政策的通知》	财税〔2021〕1号	财政部、海关总署、税务总局	2021年1月1日	符合条件的出口企业在启运地口岸（启运港）启运报关出口，由符合条件的运输企业承运，从水路转关直航或经停指定口岸（经停港），自海南洋浦港区（离境港）离境的集装箱货物，在启运港（经停港）出口退税（所退税种为增值税）
8	《关于海南自由贸易港内外贸同船运输境内船舶加注保税油和本地生产燃料油政策的通知》	财税〔2021〕2号	财政部、海关总署、税务总局	2021年2月26日	对以洋浦港作为中转港从事内外贸同船运输的境内船舶，允许其在洋浦港加注本航次所需的保税油；对其在洋浦港加注本航次所需的本地生产燃料油，实行出口退税政策。对不含税油（上述保税油和本地生产燃料油）免征关税、增值税和消费税
9	《关于海南自由贸易港自用生产设备"零关税"政策的通知》	财关税〔2021〕7号	财政部、海关总署、税务总局	2021年3月4日	对符合条件的海南自贸港企业进口自用的生产设备，除法律法规和相关规定明确不予免税、国家规定禁止进口的商品，以及本通知所附《海南自由贸易港"零关税"自用生产设备负面清单》所列设备外，免征关税、进口环节增值税和消费税
10	《关于中国国际消费品博览会展期内销售的进口展品税收优惠政策的通知》	财关税〔2021〕32号	财政部、海关总署、税务总局	2021年4月26日	对消博会展期内销售的规定上限以内的进口展品免征进口关税、进口环节增值税和消费税
11	《关于印发〈海关对洋浦保税港区加工增值货物内销税收征管暂行办法〉的通知》	署税函〔2021〕131号	海关总署	2021年7月8日	在特定区域（目前为洋浦保税港区、海口综合保税区、海口空港综合保税区）的鼓励类产业企业生产的不含有进口料件或者含有进口料件且加工增值超过30%（含）的货物，出区内销的，免征进口关税
12	《关于海南自由贸易港进出岛航班加注保税航油政策的通知》	财关税〔2021〕34号	财政部、海关总署、税务总局、民航局	2021年7月8日	全岛封关运作前，允许进出海南岛国内航线航班在岛内国家正式对外开放航空口岸加注保税航油，对其加注的保税航油免征关税、增值税和消费税，自愿缴纳进口环节增值税的，可在报关时提出

资料来源：根据海南自由贸易港官网（https：//www.hnftp.gov.cn/zczdtx/sszc/）相应资料整理。

实行针对性税收优惠政策是推动自贸港建设的重要手段之一。海南自贸港执行关税、企业所得税、个人所得税等方面的一系列优惠措施来降低企业和个人的税负，大力促进了当地经济社会发展。间接税方面，对游艇及其他交通工具、自用生产机械设备和进口原辅料等采取"零关税"政策，加工增值货物内销免征关税，加速及时办理出口退税，离岛免税购物政策一再扩容等，持续释放了税收红利；直接税部分，降低企业所得税率至15%，对于符合条件的鼓励类行业推行资本性支出税前扣除政策，减轻了企业成本，增强了企业的盈利能力，起到了鼓励企业加大固定资产和无形资产投资、加强研发等积极作用；对引进高端人才征收最高15%个人所得税的做法，使大量高端紧缺人才到海南创业发展，政策激励效应突出。多税的合力执行，大幅降低了海南岛的税收成本，提高了海南自贸港的国际竞争力。

2.2 海南自贸港税收征管及纳税服务情况

建设海南自贸港的过程实际上也是不断营造一流营商环境的进程。除简化税制、出台相关税种具体的税收优惠政策以创设制度保障基础外，提高税收征管和服务质量，是打造优质营商环境的重要组成部分。在高质量发展新阶段，税收征管与纳税服务"双核"共同发力，互相作用、相互促进，为更好地推动海南建设提供了良好的氛围条件。

2.2.1 海南自贸港税收征管创新

税收征管体制改革推动征管流程体系优化，有利于显著降低税收征管成本并减轻纳税人负担，有效提升税收征纳的和谐化程度。为响应全国深化"放管服"改革的号召，建设世界"一流"自贸港、"一流"营商环境，海南采取了多项举措，切实优化税收征管流程、优化纳税服务。

随着科技的进步，互联网应用场景拓展越来越多样化、个性化。在精简征管服务、完善税务监管上，海南自贸港近些年利用互联网平台开展了一系列便利措施，明显压缩了纳税时间、减少了纳税次数、优化了税后流程管理。具体来说，海南的税收征管创新主要体现在以下几个方面。

一是积极响应全国发票电子化改革，上线运行电子发票服务平台并创新发票管理制度。2022年6月，海南全面实行电子发票相关业务，计划到2025年实现全领域、全要素和全环节的发票管理电子化进程，实现显著降低纳税人申领发票过程中的时间成本、经济成本的改革目标。海南税务部门还创新运用发票"白名单"系统，对重点税源和纳税信用等级高的企业采用"白名单"并建立"白名单风险检测"制度，为优质企业提供"用票自由"便利措施，进一步降低了发票管理中的涉税风险发生概率。

二是在税收管理中探索建立数据共享平台和联动机制，以实现大数据的归集、共享、开放和融合。在全国首创了10个税种的综合申报，首次实行多税种申报、同征同管；通过与不同部门、区域和行业建立统一的数据共享平台，实现了在一个信息系统中的单位可依法获取、规范共享信息数据，并持续建立安全高效的税收数据监管制度。创新推出了"海南自贸港直接优惠政策直达享受联动机制"，制定了横向到边、纵向到底的协调机制，定期开展财政资金退付工作，确保退税进度与财政保障资金相衔接、相匹配的动态平衡。

三是持续推进"容缺办""承诺办"等涉税事项，在服务广度、深度上进一步丰富创新。具体而言，海南税务机关实行了"先行受理，后办理""网上办理""错峰办税"等措施，完善受理渠道，优化服务体系，拓宽业务流程，降低纳税人的纳税成本，最大限度地为纳税人提供便利；另外，还进一步优化了个人购房、企业申报抵免从境外所得的所得税和减免契税等税务事项证明告知承诺制度，解决纳税人不动产交易涉及的税收管理难点，避免其陷入"循环证明"困境；开通支持企业"走出去"便捷通道，提高了对内资外资企业的服务水平。

四是积极构建智慧税务平台，着力提高税收征管效率。通过实时监控纳税人信息，实现对缴费行为的智能、精确监测，为线上办税提供便利。海南已推动实施"一户式"和"一人式"智能自动归集税费信息，到2023年底实现对税务机关及工作人员工作信息的"一局式"和"一员式"智能归集。同时，推出"码上办"网上咨询服务，实现"远程办、问办结合"，创新全国范围内电子钱包签约缴费，缓解纳税人跨省异地缴纳税款难题。

五是创新推出自动化、智能化的"税库联动退税"机制，连接科学细化实施"首违不罚"等人性化管理制度，疏通了减税降费堵点，融合提升了税务部门与相关部门的执法监管与风险防范效度和服务温度、速度。依托海南省税务局联合中国人民银行海口中心支行研制的税库联动退税新机制，研发并上线"一体化并联"电子退库审核系统，"纳税人—税务机关—国库"三方业务流转、资料传递实现了全流程"电子化"，业务智能审核自动化；首创自动开具《电子收入退还书》功能让资金拨付做到即时化，使正常办理退税时间由2021年未实行该机制前的15.3个工作日缩短至4.3个工作日，退库平均时间由原来的11.7个工作日压缩至1.7个工作日①，完成了从"放管服"改革初

---

① 海南：税库联动后，税款退库时间大幅压缩［EB/OL］．（2023－09－15）．https：//finance. sina. com. cn/wm/2023－09－15/doc－imzmuepn2370614. shtml.

期"最多跑一次"到"一次不用跑"的优化升级,达到国内先进水平,同时也消除了国家税款流失风险。

2.2.2 海南纳税服务优化举措

为纳税人服务是税收工作的本质核心。不断强化为纳税人服务理念,优化纳税服务体系,加强税务人员业务技能培训;坚持"线上线下"齐头并进,科学精细化通过"线上办""码上办""掌上办"等非接触式、不见面便捷办税方式手段,着力压缩税收征管流程、精简缴费时间,及时落实大规模减税降费政策红利,提升纳税服务质效。目前已实现"非接触式"办税缴费事项233项,其中全程网办212项、线上线下融合21项,"非接触式"办税比例达到97%,大力促进了海南税收服务的质效提高,具体体现在四个方面。

一是通过智慧税务平台提供24小时全天候的咨询互动服务,创新税费优惠政策宣传方式,为纳税人提供贴心周到的专业服务;优化升级"12366"热线,使"现场+居家""热线+在线+微信"等便捷服务模式加快实现统一接入、监管、分类解答纳税人问题的新局面。在海南国际消费品博览会上,税务部门还专门设置了税费宣传的服务台,为参展商和客户提供现场税务咨询和发票代开等服务。

二是采取分级分类方式个性化提供精准的税务辅导,以精细对接企业发展所需所盼。通过编写指导手册、实施个性化服务计划、利用云直播宣讲和线上微课堂等方式将税收优惠政策精准推送直达企业;构建税收优惠政策标识系统,主动筛选符合条件的纳税人并助力其直接享受到位,落实落细了各项减税降费、缓税退费优惠政策贯彻执行。

三是积极探索精简办税程序和服务优化,与相关部门联合推出多项服务管理措施。海南省税务局推行了个人税务数字账户信用积分新规则,为信用等级较高的纳税人提供"绿色通道"和专门服务;派出专业人员进驻政务服务中心,联合房产管理等部门合力开展二手房登记业务办理,进一步压缩房地产交易办理时间。在2020年12月1日起的相关税种合并申报改革后,通过精简申报表和办税资料,减少了纳税人填报负担和纳税时间次数,简化税收征纳成本效果显著。

四是通过完善税务服务监督和诉求快速响应机制,实现执法刚性与服务柔性的并重提升。涉税事项服务标准设定清晰、逐项践行后销号并在服务平台公开执行情况,接受公众监督;健全纳税人和缴费人的诉求快速回应解答机制,重点解决工作环节中纳税人反映问题集中事项,提高诉求解决效率;在此基础上,建立"体验—反馈—解决—应用"的服务闭环机制,以提供更好的税收营商环境，切实服务纳税人。

2.3　近期海南优化税收营商环境的效果反馈

海南自贸港建设至今，大力开展制度创新，税收实体与程序规制的双重结合创新突破，使海南自贸港营商环境建设不断迸发出激情与活力。

2.3.1　税收优惠政策执行成效显著

按照《总体方案》部署，在海南自由贸易港全岛封关前，部分进口商品将享受"零关税"政策，封关运作后，将实行零关税正（负）面清单制度。自 2020 年 12 月至今，进口自用生产设备、交通工具及游艇、原辅料等三项"零关税"政策已成功实施近四年，积极效应持续释放，海南外贸进出口总值正在加快增长。继 2021 年首次突破 1 000 亿元后，2022 年再上新台阶，突破 2 000 亿元关口，达到 2 009.5 亿元，增长 36.8%[1]；2023 年进出口超过 2 312 亿元，同比增长 15.3%，创历史新高[2]。根据海口海关统计，截至 2024 年 2 月底，累计监管"零关税"货物 202 亿元，减免税款 38.1 亿元，有力支撑了海南自贸港的产业高质量发展[3]。

海南离岛免税购物政策历经多次调整，含金量不断增加。自 2011 年 4 月 20 日至今，海南离岛旅客的免税购物额度从最初的 3 万元提高至 10 万元，免税品类也从最初的 38 类扩展至 45 大类；实现了对飞机、火车、轮船三种海南离岛方式的全面覆盖，并逐步将公务机和国内航线邮轮离岛旅客纳入政策受益群体；允许经营主体开设网上销售窗口，加贴商品溯源码，提货方式增至 5 种。每一次政策的优化升级都带来了积极影响，持续促进了海南国际旅游消费中心建设。据统计，该项优惠政策自实施以来至 2023 年 10 月 16 日，海口海关共监管离岛免税购物金额 2 024 亿元，购物人次 3 722 万人次，购物件数 2.68 亿件[4]。在 2024 年为期 40 天的春运期间，海南离岛免税购物金额即达 74.1 亿元、购物旅客 93.8 万人次、购物件数 739 万件；日均销售额突破 1.85

---

①　海关总署.海南自由贸易港货物进出口首次突破 2 000 亿元关口［EB/OL］.（2023 - 01 - 13）［2023 - 06 - 17］.https：//www.hnftp.gov.cn/xwzx/ywsd/202301/t20230113_3345942.html.

②　2023 年海南新增备案外贸主体同比增长 49.4% 货物贸易进出口同比增长 15.3%［EB/OL］.（2024 - 01 - 24）［2024 - 03 - 07］.https：//baijiahao.baidu.com/s?id = 1788937404804992910&wfr = spider&for = pc.

③　超 200 亿元！海南自贸港"零关税"政策最新数据发布［EB/OL］.（2024 - 03 - 03）［2024 - 03 - 07］.https：//new.qq.com/rain/a/20240303A03AA200.

④　海南离岛免税购物政策解读 2023 年前三季度海南离岛免税销售额数据分析［EB/OL］.（2023 - 10 - 18）［2024 - 03 - 07］.https：//www.chinairn.com/news/20231018/101727428.shtml.

亿元，人均购物金额 7 899 元①。

2023 年，海南自贸港税收政策惠及实效持续扩大，全年精准推送税费优惠政策 674.21 万户（人）次，新增减税降费及退税缓费 190.60 亿元，有效提振了市场主体信心②。海南自由贸易港的 15% 企业所得税税率相对于国际和国内企业所得税税率，具有较大的竞争优势。该政策自实施以来已经运行了四年的时间，大幅降低了企业的税收负担和经营成本，大力吸引了海内外各类市场主体入驻海南，激发了市场主体的活力。2023 年，全省新增备案外贸主体 2.14 万家，同比增长 49.4%③。

人才培养是海南自由贸易港建设的发展根基，而开放则是生命线。自 2018 年习近平总书记发表"4·13"重要讲话以来，海南坚持"引育留用"并举，已累计引进人才 60 余万名。全省共向 8 737 人发放了外国人工作许可证，其中 A 类（外籍高端人才）892 人。截至 2023 年，海南开放境外人员参加职业资格考试 47 项，单向认可境外职业资格 219 项，数量和开放度均位居全国前列④。自由贸易港的个人所得税优惠政策相较于其他地区更具竞争力，多措并举下，正逐步形成人才集聚效应，为加快自由贸易港建设打下了坚实基础。

2.3.2 税收征管服务便利化精细化成效突出

海南税务部门致力于持续优化税费服务，不断提升税务服务质量。通过建立省、市、县（区）三级共 70 人的首席服务专员制度体系，制定纳税人满意度整改提升工作方案，并建立税企直联服务工作机制和服务平台，为纳税人和缴费人提供全天候"不打烊"咨询服务，得到了广大纳税人的高度认可和赞许。特别是在境外企业涉税源泉扣缴等执行中，主管税务分局提供的及时、专业、高效的涉税咨询辅导服务，对境外企业实际帮助非常大⑤。

此外，海南省税务系统全面推行"问办同步"税费服务新机制，实现了即问即办、即办即结，全程电子化提速退税办理，出口退税业务即报即审大幅缩短了出口企业退税办理时间，加快了出口退税进度，使出口退税平均时间为

① 春运期间海南离岛免税购物金额 74.1 亿元［EB/OL］.（2024 - 03 - 06）［2024 - 03 - 07］. https：//baijiahao. baidu. com/s?id = 1792773115247955555&wfr = spider&for = pc.
② 海南自贸港税收政策惠及面持续扩大 2023 年减税降费超 190 亿元［EB/OL］.（2024 - 02 - 05）［2024 - 03 - 07］. https：//baijiahao. baidu. com/s?id = 1790046744834448651&wfr = spider&for = pc.
③ 2023 年海南新增备案外贸主体同比增长 49.4% 货物贸易进出口同比增长 15.3%［EB/OL］.（2024 - 01 - 24）［2024 - 03 - 07］. https：//baijiahao. baidu. com/s?id = 1788937404804992910&wfr = spider&for = pc.
④ 海南积极打造人才开放高地 2018 年以来累计引进人才超 60 万名［EB/OL］.（2023 - 12 - 09）［2024 - 03 - 08］. https：//baijiahao. baidu. com/s?id = 1784761638601027688&wfr = spider&for = pc.
⑤ 海南日报. 海南税企面对面，问需解难优服务［EB/OL］.（2023 - 05 - 16）［2023 - 06 - 17］. https：//res. hndaily. cn/file/news/20230516/cid_92_391492. html.

2.5 个工作日。便捷高效的出口退税服务成为企业发展外贸业务的"助燃剂"。2023 年，海南在全国率先推出的"税保银互动"战略合作新模式，率先实现了"跨境人民币全程电子缴税"；推出税费服务诉求解决机制等 28 项工作做法在全国、全省推广交流。社会满意度显著提升，"银税互动"助力企业获得贷款 35.26 亿元，电子税务局网上申报率稳定在 99% 以上，纳税指标连续两年在自贸港营商环境评价中位列第一[①]。

3. 展　　望

3.1　不足分析

自建设以来，海南自贸港在简税制扩优惠和征管提质增效方面取得了明显进步，但营商环境总体而言仍有短板，经营主体和百姓的获得感还不够强，与国际一流自贸港相比仍存在一定差距。因此，需要进一步加强制度机制和征管服务实践创新，提高职能作用发挥水平，确保并促使海南自贸港的竞争力和吸引力再提升。

3.1.1　创新改革简化税制尚处设计探讨阶段，实际税负还未大幅减轻

目前，增值税仍是海南自贸港企业缴纳的第一大税种，"零关税"政策还处于初步探索期；按照《总体方案》目标和《中华人民共和国海南自由贸易港法》设计要求，海南封关运行后应简并现行增值税、消费税、城建税及教育费附加和车辆购置税等，改为在货物和服务零售环节征收销售税；但是当前还处于制度构想阶段，纳税人负担仍然较重，与国际自贸港简税制低税负的税收营商环境条件相比还有一定差距。如何实现税制简并后既与内地市场税制衔接协调，又能做好自贸港简税制的试点执行，以确保海南自贸港总体财政平稳运行、经济社会大力发展等问题，都迫切需要进一步细化考量科学设计。

在全岛封关运作并实行境内关外管理模式的情况下，海南施行销售税制度

---

① 海南自贸港税收政策惠及面持续扩大　2023 年减税降费超 190 亿元［EB/OL］．（2024 - 02 - 05）［2024 - 03 - 07］．https：//baijiahao. baidu. com/s?id = 1790046744834448651&wfr = spider&for = pc.

必须充分认识到：第一，从各国税收实践和理论运用情况来看，销售税比增值税更具有累退性效果，销售税的税率等要素设置必须克服可能出现的税负不均、税基侵蚀和重复征税等问题；第二，内地增值税与海南销售税之间应有效对接。

现阶段自贸港税收优惠政策，实体部分主要由国务院发布的指导性文件和海南省政府地方性法规、规章明确，征管方面则由国家发展改革委、财政部、海关总署、国家税务总局等相应部门（联合）发布，法治层面的效力层级不高。另外，已经出台的税收优惠政策还比较零散细碎，主要集中在企业所得税、个人所得税和消费税等少数主体税种。自离岛免税购物政策执行至今，当前离岛免税购物品种为 45 个，除了化妆品、酒类、手机 3 种商品有购物数量限制以外，其他 42 类免税商品均无限制购买数量，套代购风险较大。

3.1.2 数字经济带来税收征管新挑战

随着数字化经济的兴起，税收管理面临的挑战日益显著。传统的征管模式已无法适应数字经济发展新环境，纳税主体分散隐蔽、收入所得性质类型难以确定、涉税信息利用分析和监管难度急剧扩展，征管方式手段滞后等问题日益凸显。

具体来说，一是纳税主体分散隐蔽化特点明显。互联网时代经济运行，海量交易及其信息传递等活动大多在线上进行，具有高效率、快速增长的优点；但在同时，与实体经济相比，数字经济的税源分布不均，纳税主体范围也更加分散，纳税人及其涉税行为情况难以及时精确定位，大幅增加了数字经济下税收征管的难度和征收成本。二是收入所得性质类型模糊难以确定。数字经济推动新兴产业业态模式发展，产生了与传统运营明显不同的收入所得情形，税收征管难度越来越大。以增值税为例，现行征税范围无法涵盖数字经济下的所有交易类型，许多线上交易难以准确一一对应，导致大量应税收入无法及时被依法征纳入库。所得税方面，如计算机软件通过互联网进行跨境传输服务时，在当前所得税法制政策条件下，无法确定该服务取得所得是劳务服务还是特许权使用费所得，税务部门对类似这种不确定的收入如何征税判断各异。三是难以实时准确提取纳税数据。无纸化、电子化的线上交易和交易的隐蔽性给税收征管带来了巨大的困难，使得监管部门和中介机构难以第一时间有效掌握企业的涉税信息。四是传统征管模式及手段难以有效适用。"以票控税"管理方式在数字经济背景下存在许多弊端，目前税务部门监管使用的发票种类繁多，现支付开票、申报缴税模式下的发票管理系统与交易支付系统两相分离，收款和开票并无一体关联，这大大降低了纳税人据实纳税操作的驱动力与税务机关税收监管的效率及精准度，更突出的是为虚开发票提供了可行空间①。虽然在 2015 年后全国推行增值税发票系统升级，并在 2021 年以来相继推进数字化电子发票系统，但仍然独立于支付系统操作完成。此外，受制于税收管辖范围，数字交易跨国界行为极易损害国家税收利益。

海南自贸港建设尚处于初步阶段，与世界一流自贸港相比，改革实践中税收政策制度体系和征管机制的不稳定性还较强，集成创新能级不够高，落实落细部门协同、政府效能有待增强，服务纳税人缴费人的能力和水平有待进一步提高。

3.2　建议

3.2.1　加速创新构建自贸港内税收政策制度体系

海南自贸港是国家双循环战略的重要一环，营商环境建设是决定自贸港建设成效的重要因素。待 2025 年海南岛封关运行后，海南自贸港将成为我国境内关外的独立关税区，建立健全自贸港税收政策制度体系是确保海南自贸港届时营造国内一流税收营商环境的首要任务。在自贸港内税收政策制度体系的着力改革创新中，必须落实好"一线放，二线管"的要求，既要借鉴运用好国际一流自贸港税制设计的经验，使其理念新、力度大、政策优，有力保障、支持海南自贸港现代化经济体系的高质量发展；又须避免简单复制成为又一个避税天堂，更好地发挥中国特色社会主义现代化制度的优势、特点和作用。

我国自主建设国际自贸港缺乏实践经验，其税收政策制度体系的建设需要结合本地区的实际情况和国际惯例切实展开。为使海南与内地之间的贸易关系不受自贸港独立关税区的影响，可以借鉴中国香港、澳门特别行政区税制规定做法，以及在跨境电商、科技创新等重要领域执行的优惠政策，结合自贸港的实际情况和特点，充分考虑自由贸易、投资、金融等方面的特殊需求，制定出适合自贸港发展的税收法制政策。

要逐步完善零关税政策，并规范实施零关税负面清单管理制度。一是根据海南现代产业发展布局要求，加快零关税清单的整理和动态调整，扩大其适用主体范围；对因零关税政策而免征的进口环节增值税，允许从应计缴的城建税、教育费附加和地方教育附加计税（征）依据中扣除，更好地统筹安排相关税种及同一税种不同税目之间的关联性。二是开展加工增值税货物内销免征

---

①　刘磊. 海南自由贸易港销售税发票创新的思考［J］. 税务研究，2024（1）：57 - 62.

关税政策应用攻坚，扩大该项政策适用范围，针对离岛免税"套代购"风险完善离岛免税优惠政策。

销售税是我国建设海南自贸港应采取的最重要税种之一。在2025年全岛封关运行之际将开征销售税，需要对销售税征税对象、征税环节和具体税率进行科学合理设计。为充分体现自贸港"窄税基、高税率、低税负、简税制"特征，就征税对象及其范围与适用税率来说，建议仅应对烟酒、成品油、汽车、房产等少数需要限制消费的货物商品，在零售终端环节征收高税率的销售税，既增强销售税的调控功能，又兼顾满足自贸港"财政收支大体均衡"的需要，可以提高海南自贸港的国际竞争力，进一步促进海南自贸港的贸易便利化和开放性。

海南与内地距离较近，从防范管理风险角度考虑，应对离岛免税购物中反映出来的重点套代购商品数量进行必要的限制，并对相应购物旅客增加在岛时长等条件要求，以优化该项政策，使其能更好地发挥促进海南国际旅游消费中心建设的作用。

为促进海南现代服务业、旅游业及高新技术产业等自贸港内重点鼓励性产业行业发展，应仅行使地域税收管辖权、经由负面清单制度更广范围地征收较低税率的企业所得税，并扩大生产性生物资产享受一次性税前扣除或加速折旧等相应优惠政策，精准落实与个人相关的股权激励、科技成果转化和天使投资等方面个人所得税优惠政策，同时高效防范涉税风险，从而鼓励企业加强投资，加大吸引国际化高端人才、紧缺人才到海南创业兴业，升级优化岛内产业结构和资源配置效率的激励作用。

3.2.2 创新提升自贸港内税收征管效能

优化税收治理需要实体制度和征管体制机制衔接一致、一体化配合落实。为顺应数字经济发展，必须加快推进国内数字化税制改革，同时加强税收征管体制机制创新发展。首先，自贸港内应逐步构建数字治税管理新体系。设立专门负责数字经济税收征管的职能部门，通过大数据、云计算等技术手段数字化改造后升级健全智能化税收征管平台，线上线下协调好各项业务开展。为确保销售税在海南自贸港发展中发挥应有作用，结合近期我国全面数字化电子发票改革应用试点情况，以及OECD FTA组织在提出《税收征管3.0》基础上所开发运用的数字化转型成熟度模型，将销售税发票管理推行"收款即缴税、缴税即开票"的模式创新举措，自动连接嵌入纳税人自有管理系统，完全融入纳税人生产经营全过程，有利于增强税收的无缝隙征管，维护好税收金融、经济秩序。其次，扩展与海关、财政、银行和公安机关等相关单位部门的涉税信息共享互通，加强各部门之间的协同配合和政策协调力度，合力共建共治提高涉税业务征纳服务及监管的科学性、时效性和准确性，助力海南自贸港高质量发展。

面对国际大市场，必须加强国际税收业务指导服务水平，为纳税人海外投资、贸易保驾护航，帮助纳税人规避重复征税风险与过重的税收负担。粤港澳大湾区是连接国内和国际经济发展的关键枢纽、前沿窗口，与海南自贸港建设共同作为国家在高质量发展新阶段确立的两大全面深化改革开放的重要战略方针，有利于实现区域互补共赢发展、培育新的经济增长极。粤港澳大湾区自正式启动建设以来，在税收数字化征管服务合作机制、制度创新研究机制、助企助政长效机制等税收协同共治领域取得了阶段性显著成效，其中广州南沙个人所得税优惠政策、V－Tax 远程可视化办税平台、"国际汇税通"项目、智能应答机器人等咨询服务渠道创设开发，香港在法治化税收营商环境优化过程中落地实践的税务事先裁定服务、积极探索的"网页内嵌式可扩展商业报告语言（iXBRL）"于纳税申报中的运用①等亮点频出，海南自贸港深化建设中可借鉴其多种税收创新举措，推动内地与海南自贸港在制度、政策、征管服务等方面更好更快地实现规则对接与制度体系衔接顺畅，更大化便利高端人才、资本、技术、数据等要素在自贸港内充分自由流动。

2024 年是确保我国"十四五"规划目标 2025 年如期完成的关键实施年，也是海南自贸港 2025 年底前全岛封关运行前最重要的冲刺准备期。海南正在以群众和经营主体满意度为导向，以诚信建设为抓手，以政府数字化转型为手段，推出一批跨部门、跨层级、跨区域的制度集成创新成果，积极打好营商环境整体提升攻坚战。谋划践行"颗粒度"更细的改革举措，突出海南自贸港法治化、国际化、便利化税收营商环境优势，加快构建以"信用＋风险"为基础的新型监管机制，支持深化土地、资本、技术、数据等要素市场化配置改革，优化升级外资企业一站式服务平台，提升外商和外籍人士工作生活便利化水平等，是推动自贸港税收现代化治理提质增效的必然路径。

参考文献：

［1］曹胜新，梁军. 海南自由贸易港销售税制度研究［J］. 税务与经济，2022（1）：26－33.

---

① 杨绪春. 粤港澳大湾区税收现代化共治共享的路径分析——以穗港合作为例［J］. 税务研究，2024（1）：107－112.

［2］邓汝宇，高阳．税收征管数字化转型升级的全球浪潮——2023年税收征管数字化高级别国际研讨会综述［J］．国际税收，2023（12）：29-34.

［3］杜爽，汪德华，马珺．海南自由贸易港销售税制度设计建议：基于最小化征纳成本的考量［J］．国际税收，2022（9）：12-19.

［4］高阳，邓汝宇．对海南自贸区（港）建设中财税制度创新的思考［J］．国际税收，2019（10）：19-24.

［5］李香菊，谢永清．数字经济背景下的税收征管问题研究［J］．北京行政学院学报，2022（5）：58-67.

［6］林克涛，叶颉．海南自由贸易港推动区域协调发展的机理与现实路径［J］．亚太经济，2020（6）：108-114.

［7］刘磊．海南自由贸易港税收制度改革创新的思考［J］．国际税收，2020（11）：3-8.

［8］刘磊．海南自由贸易港销售税发票创新的思考［J］．税务研究，2024（1）：57-62.

［9］刘磊．优化海南离岛免税政策的调研与思考［J］．国际税收，2024（3）：37-44.

［10］陆剑宝，符正平．海南自由贸易港与粤港澳大湾区联动发展的路径研究［J］．区域经济评论，2020（6）：130-135.

［11］魏升民，梁莹，梁若莲．粤港澳大湾区税收协同共治研究［J］．税务研究，2022（12）：126-131.

［12］吴士存，蔡振伟．海南自贸区建设的时代背景、深远意义与推进路径［J］．南海学刊，2018，4（3）：46-53.

［13］肖珩．自贸港销售税税制设计及与内地税制衔接研究——以海南自贸港为例［J］．西部财会，2022（12）：13-15.

［14］杨庆，胡洪曙，王斐然．粤港澳大湾区税收协调的优化研究［J］．税务研究，2023（2）：113-120.

［15］杨绪春．粤港澳大湾区税收现代化共治共享的路径分析——以穗港合作为例［J］．税务研究，2024（1）：107-112.

［16］中国税务学会课题组．海南自由贸易港税收政策制度体系评估与完善［J］．税务研究，2024（1）：102-106.

成渝地区双城经济圈税收协作探索

【摘　要】设立成渝地区双城经济圈，是推进建设西部大开发新格局、加快实现我国区域经济协调高质量发展，合力形成新时代东、中、西部地带均衡协作共赢发展重要区域战略的一环。2021年10月，中共中央、国务院印发了《成渝地区双城经济圈建设规划纲要》，成渝地区双城经济圈将成为国内循环战略腹地和国内国际双循环门户枢纽，其发展被赋予了新时代的重大使命。但长期以来，受历史、地理环境条件等各方面影响，成渝地区各地经济发展还不平衡，资源配置效率有待提高。税收是国家调控经济的重要手段，对区域内的经济协调发展起着十分重要的保障支持作用。为打破地方税收壁垒，减少成渝地区各地优惠政策执行失范以及不良竞争，需要合力推进区域税收协作共治，助力新阶段成渝地区双城经济圈的高水平建设，进而使成渝地区双城经济圈充分发挥带动西部地区经济社会高质量发展的作用。

【关键词】区域经济协调发展；成渝地区双城经济圈；税收协作

【思政在线】

"深入实施区域协调发展战略、区域重大战略、主体功能区战略、新型城镇化战略，优化重大生产力布局，构建优势互补、高质量发展的区域经济布局和国土空间体系。推动西部大开发形成新格局，推动东北全面振兴取得新突破，促进中部地区加快崛起，鼓励东部地区加快推进现代化。支持革命老区、民族地区加快发展，加强边疆地区建设，推进兴边富民、稳边固边。推进京津冀协同发展、长江经济带发展、长三角一体化发展，推动黄河流域生态保护和高质量发展。高标准、高质量建设雄安新区，推动成渝地区双城经济圈建设。"

——习近平：高举中国特色社会主义伟大旗帜　为全面建设社会主义现代化国家而团结奋斗——在中国共产党第二十次全国代表大会上的报告

1. 案 例 背 景

    区域均衡协同发展是国家整体经济持续发展、社会和谐、长治久安的重要基础保障。但我国目前存在着较为突出的区域发展不均衡问题。各区域内部及区域之间在生产、技术、消费、对外贸易等方面存在着较大差距，阻碍了人才、技术、资金等要素的畅通流动，制约着我国内循环的高效率运转。在此背景下，2020 年 10 月 16 日，中共中央政治局召开会议审议了《成渝地区双城经济圈建设规划纲要》（以下简称《规划纲要》），并于次年 10 月印发，要求各地结合实际贯彻执行。建设成渝地区双城经济圈（以下简称"成渝经济圈"），是在加快高质量发展新阶段下党中央提出的构建以国内大循环为主体、国内国际双循环相互促进的新发展格局的一大重要组成部分，有利于形成优势互补、高质量发展的区域经济布局。

    构建双循环新发展格局需要促进区域经济均衡增长，形成强大而富有韧性的全国性空间经济地理结构，区域内部和区域之间经济均衡增长是构建双循环新发展格局的两个必要基础条件。自从 2003 年中共十六届三中全会首次提出区域协调发展战略以来，我国正在着力统筹实施五大国家战略引领、四大区域板块支撑。尤其是随着黄河流域生态保护和高质量发展上升为国家战略，在区域发展上现已逐步形成了以京津冀协同发展、长江经济带发展、粤港澳大湾区建设、长三角一体化发展、黄河流域生态保护和高质量发展五个重大国家战略为引领的区域协调发展新格局。

    成渝地区是我国西部人口最密集、产业基础最雄厚、创新能力最强、市场空间最广阔、开放程度最高的区域；成渝经济圈位于"一带一路"和长江经济带交会处，是西部陆海新通道的起点，具有连接西南西北，沟通东亚与东南亚、南亚的独特优势。建设成渝经济圈，打造国内经济高质量发展的一大重要增长极，不仅要求促进经济圈内部的均衡增长，进而带动西部 12 个省份实现超越式发展，还需要与全国其他区域经济板块，特别是与京津冀、长三角和粤港澳大湾区协调构成强大的空间经济地理架构，为全国经济可持续高质量发展提供强劲内生动力。其不同于京津冀、长三角、粤港澳大湾区等我国华北、华东、华南沿海开放地区的开发模式，成渝经济圈深处内陆腹地，不沿边、不临海，联手打造内陆改革开放高地的关键在于发挥"1＋1＞2"的聚合、叠加、倍增作用，联动构建南向、西向、东向经济大通道，协同扩大我国全方位高水平开放优势，形成"一带一路"、长江经济带、西部陆海新通道联动发展的战略性枢纽，助力打造中国高质量开放型现代化经济体系。

税收是一国经济社会发展的重要支柱。在构建区域经济协调发展新格局进程中，必须重视并加强税收管理的区域协同，使各地之间形成规范高效、互利共赢的协调合作关系，为国家整体高水平建设营造优良的营商环境。

2. 成渝经济圈建设及税收协作现状

目前，国内外对税收协作尚未有明确统一的概念界定，但多数学者对税收协作的理解更倾向于"税收合作"且多用于国际税收合作领域。本案例中的"成渝经济圈税收协作"主要是围绕国内区域间及区域内部的税收协调合作而展开探讨。在区域经济协调发展的过程中，税收不仅为国家的发展提供基础财力支撑，还应作为重要调节杠杆来促进经济的平衡协调发展。具体来说，税收环境的地方性差异条件和作用效果，会使地区内与地区间税收职能作用发挥产生差异并对生产要素流动配置产生直接或间接影响，因此区域经济的协调发展须综合考虑区域阶段性发展的经济效率、财政需求、税收状况等因素，通过税收协作，尽力创新营造一个规范高效、协调一致的良好税收营商环境，以达到互利共赢的发展目标。

现阶段，我国税收协作主要包括各地税务机关之间的业务协作、地方税务部门与企业间的遵从合作以及与第三方市场中介机构、社会组织等的业务指导协助。区域间地方税务机关之间的协作主要根据合作区域的具体发展情况和需要共同制定协作方案，以更大范围提高征管效能。在区域内部，税务机关可以通过与当地大企业加强涉税合作，建立良好的税企合作关系，提高税收征管效率；同时还应与涉税第三方如涉税专业服务机构、市场监督管理局等相关职能部门、组织进行涉税信息共享，规范协同治理，以合力减少税收流失，共建共治发挥税收职能作用。

2.1　成渝经济圈发展定位

在成渝地区的发展进程中，国家先后曾于2011年和2016年推出了"成渝经济区""成渝城市群"两轮重大区域发展战略（见表1）。成渝经济圈的首次提出是在2020年10月的中共中央政治局会议上，这是党中央在新形势下作出的指引我国区域经济加速高质量均衡发展的一个全新战略指引方针，其顶层设计下的预期目标将与长江经济带以及"一带一路"建设倡议形成契合联动效应。《规划纲要》明确指出，该经济圈以成都市和重庆市两大西部中心城市为核心并辐射带动周围四川省的绵阳（除平武县、北川县）、内江、德阳、自贡等 15 个市和重庆市下辖的万州、涪陵等 27 个区县以及开州、云阳的部分地区，总区域面积涵盖 18.5 万平方千米，以此构建新时代我国西南地区"一轴两带双核三区"的空间发展新格局，建成具有全国影响力的重要经济中心、科技创新中心、改革开放新高地、高品质生活宜居地①。

表1　　　　　　　　　　21 世纪后成渝地区经济规划发展进程

区域战略	时间	相关文件	主要内容
成渝经济区	2011 年 5 月	国务院发布《关于成渝经济区区域规划的批复》	明确成渝地区在全国发展大局中的战略地位
成渝城市群	2016 年 3 月	中共中央政治局审议通过《长江经济带发展规划纲要》	建立成渝城市群，加强区域合作，强化规划引领和政策引导
	2016 年 4 月	国务院批复《成渝城市群发展规划》	建立城市群，以一体化机制推动城市合理分工，并将成渝地区创新功能定位为西部创新驱动先导区
	2018 年 11 月	中共中央、国务院印发《关于建立更加有效的区域协调发展新机制的意见》	促进成渝城市群发展，以达到带动周边城市的共同发展
	2020 年 5 月	中共中央、国务院印发《关于新时代推进西部大开发形成新格局的指导意见》	促进成渝城市群协同发展，打造引领西部地区开发的核心引擎
成渝地区双城经济圈	2021 年 10 月	中共中央、国务院印发《成渝地区双城经济圈建设规划纲要》	加强成渝地区顶层设计，突出成都和重庆两大城市的带动作用，以"一盘棋"思想共同创造区域协作高水平样板

在国家层面正式印发《规划纲要》两个月后，《重庆四川两省市贯彻落实〈成渝地区双城经济圈建设规划纲要〉联合实施方案》随之出台，落地实践的路线图进一步明晰。进一步地，在《规划纲要》提出规划建设川南渝西融合发展试验区的基础上，2020 年 7 月 27 日，四川省人民政府办公厅和重庆市人民政府办公厅联合印发了《川渝毗邻地区合作共建区域发展功能平台推进方

---

① 中共中央、国务院印发《成渝地区双城经济圈建设规划纲要》［EB/OL］. (2021 – 10 – 21). https：//www.gov.cn/zhengce/2021 – 10/21/content_5643875.htm.

案》，9 个位于川渝毗邻地区的区域发展功能平台被精准布局，川渝毗邻地区合作共建的"9 + 1"区域发展功能平台搭建完成。

2.2 成渝经济圈税收协作进展

相比而言，成渝经济圈的城市结构建设发展情形与京津冀地区的情况更为接近。现阶段，成渝经济圈中作为"双核"的成都和重庆两地的同质化较为严重，合作发展仍受到跨省市行政壁垒等的不利影响。为此，在成渝经济圈的建设过程中，税收协作应时而生。《规划纲要》明确要求川渝两地需从加强顶层设计方面协调各地积极探索推进税收协作，为成渝经济圈的发展贡献税收力量。

近三年来，成渝经济圈在税收协作领域的实践探索与成效，主要体现在协调统一相关税种税收优惠政策执行管理、加强跨区税费征管服务"一体化"协作、促进服务执法监管提质增效等主要方面。

2.2.1 协调增强成渝经济圈内西部大开发等税收优惠政策执行管理

改革开放以来的实践发展证明，税收优惠政策是推动地区经济提速发展、激励企业投资抉择的重要因素之一。成渝经济圈设立前，从 2001 年就出台执行、每一轮为期 10 年的西部大开发税收优惠政策已推广十多年，已经初步显现作用。据统计，2016 ~ 2020 年"十三五"期间，西部地区税收收入占比从18.4% 提升到 19%，提升 0.6 个百分点，中西部地区合计占比达 35.5%，提升了 1.5 个百分点，与东部地区差距进一步缩小。西部大开发优惠政策减免企业所得税额从 2015 年的 528.5 亿元增至 2019 年的 1 006.9 亿元，2020 年保持1 000 亿元水平，年均增长 13.6%[①]。

"十三五"时期，西部地区经济增长极初步形成。2016 ~ 2019 年，西部地区生产总值年均增长 9.1%，占全国经济总量比重达到 20.8%，比 2015 年提高 0.8个百分点。与此同时，西部地区向川渝两地集聚发展的态势日益凸显。2019 年，四川、重庆两地占西部地区经济总量的比重达到 34.2%，比 2015 年提高 2.7 个百分点；川、渝两地占全国经济比重在"十三五"时期提高了 0.8 个百分点[②]。

---

① 十组税收数据反映"十三五"时期中国经济社会发展取得新的历史性成就 [EB/OL]. (2021 - 03 - 11). https://www.chinatax.gov.cn/chinatax/n810214/n810631/c5165804/content.html.
② "十三五"时期中国区域经济格局变化的主要特征 [EB/OL]. (2020 - 09 - 15). http://www.china - cer.com.cn/shisiwuguihua/202009158400.html.

随着我国经济从高速向高质量发展新阶段推进，为促进国家产业结构调整和西部地区各区域特色优势产业新发展，国家发展和改革委员会2021年1月修订出台了《西部地区鼓励类产业目录（2020年本）》，自2021年3月1日起施行[①]，在重庆、四川等西部12个省份增加了高端芯片研发与生产、智能化绿色化纺织服装加工、特色工艺品等带动群众就业增收的产业条目，以促进西部地区科技创新赋能和产业提档升级。其中，四川省共有52类新增鼓励类产业项目，较2014年本增加了16类，新增项目主要集中在重点引导：各类设施设备研发运营（占16类）、各种技术研发和应用（占13类）、新材料研发（占6类）、服务业（占11类）和农业种植及加工（占4类）、基础设施建设（占2类）；重庆市新增了45类鼓励类项目，较2014年本增加了13类，新增鼓励类产业以制造业为主，也涉及现代服务业。相对于陕西和四川等地，重庆市暂欠缺高端芯片研发与生产、氢能燃料电池制造等高科技创新产业项目。

相应地，为即将进入第三个西部大开发十年发展期做好政策铺垫，2020年4月，财政部、税务总局、国家发展改革委共同发文，延续西部大开发税收政策，时间自2021年1月1日至2030年12月31日。第三轮西部大开发税收优惠政策进一步明确，对处于西部相应地区从事符合鼓励类产业的企业，其主营业务收入占企业收入总额60%（这一轮规定放宽了鼓励类产业企业的适用条件，将满足主营业务收入占企业收入总额的标准下降了10%）及以上的，继续沿用减按15%的税率计征企业所得税，使享受西部大开发企业所得税低税率优惠条件的企业范围扩大，有效减轻了西部地区鼓励类产业企业的税负，带动了地区经济向协调发展积极迈进。

在国家区域协调发展的新要求下，加强成渝经济圈内产业优势互补，协调发展西部大开发鼓励类产业项目，是助力国家产业结构优化升级的一大重要组成部分。对此，2021年3月以来，两省份各地税务部门对圈内涉西部大开发企业所得税优惠政策，以及其他相关税种的优惠政策执行管理进行了多方细化协调沟通。其间，川渝高竹新区率先统一了川渝两地的增值税、企业所得税、城建税、车船税等多项税收优惠政策执行情况，采取"政策从优、程序从简、负担从轻"标准，企业在相关税费政策上可以适用两地更优的规定，在土地及水电气等要素成本上可以适用两地的较低计税（费）要求，即"政策就高不就低、成本就低不就高"。这使双城经济圈内的企业在快速发展阶段享受到了更多的税费优惠，落地生产经营的"含金量"大幅提高，给相关企业带来

[①] 中华人民共和国国家发展和改革委员会令2021年第40号《西部地区鼓励类产业目录（2020年本）》［EB/OL］．（2021－01－18）．https://www.gov.cn/gongbao/content/2021/content_5598119.htm?eqid=c22c872b00005d7300000003646249ab．

了实实在在的政策及管理红利，促进了双城经济圈内资源要素的协调流动，企业更加积极开展公平竞争，加快了成渝经济圈的融合发展。

成渝经济圈的税收政策传导效应正在多个层面积聚显现。2023年，在推进统一西部大开发企业所得税优惠政策执行口径的基础上，川渝两地税务部门又进一步协同政策调查研究和分析评估，对川渝新制定、出台税费政策实行联合交叉审核，进一步扩大税费政策协同增值效应。数据显示，成渝经济圈在2023年前三季度的地区生产总值达到5.91万亿元，同比增长6.2%、高于全国同期1个百分点，占全国比重6.5%、较上年末增加0.1个百分点。截至2023年9月底，成渝经济圈248个重大项目完成投资2853.5亿元，年度投资完成率84%，超时序进度9个百分点。其中，80个重大项目已提前完成年度目标任务[①]。

2.2.2 成渝经济圈税收征管服务与监管协同高效发展

我国税务机构首先依据行政区划设置，按照属地原则进行税务管理；同时，在各行政区划内，税收业务方面执行垂直管理。而在跨区域税收协作上，有关协调管理机制还在探索实践中，尚未成熟稳定。随着区域经济协调发展的推进和2021年后《关于进一步深化税收征管改革的意见》的贯彻落实，为了加强情报交换、信息通报和执法联动，成渝经济圈内各地税务部门围绕跨区域跨层次创新实践税收优质服务与协同执法监管的"四精"举措密集推行。

2020年4月17日，为加强成渝经济圈税务机关协作共治，优化税收营商环境，四川省与重庆市税务部门首次在重庆召开了省级联席会议，为两地税收协作的具体落实进行了全面细致规划。随后，在共同锚定"一体化"目标下，每年推出新举措，在政策执行、税费服务、税费征管、税务监管、队伍建设等方面进行全面探索。2023年，川渝税务部门进一步优化了联合工作机制，深入推进23项重点任务取得了新成效，尤其是川渝高竹新区、重庆市潼南区、四川省隆昌市等地的税收征管服务成渝经济圈建设成果显著[②]。

在税费征管服务"一体化"方面，2020年12月29日，位于四川广安和重庆渝北交界处的川渝高竹新区率先"破圈"获批，成为川渝两地共同批准设立的第一个毗邻地区合作平台。在川渝交界处，来自四川省的6个地级市17个县与来自重庆市的13个区县相互毗邻，正好处于成都与重庆"双核"中

---

① 税收一体化如何"跨域破壁"？川渝毗邻地区税务合作启示录 [EB/OL]. (2024-01-10). https：//sichuan. chinatax. gov. cn/art/2024/1/10/art_286_1019176. html.

② 税收服务成渝地区双城经济圈建设取得新成效 [EB/OL]. (2023-11-19). http：//cq. people. com. cn/n2/2023/1119/c367672-40646295. html.

间地带。山水相依、人文相通、产业相近、经济相连，这些毗邻地区凭借天然的经济基础和协同基础，成为"双圈"发展的重要支撑。在这个规划面积 266 平方千米的全国首个跨省域实体化运行的共建新区里，川渝高竹新区税费征管服务中心作为第一家入驻的川渝合作政务服务机构，成为川渝高竹新区最先突破的改革之一，也成为全国首个跨省域税费征管服务中心，被视为探索构建跨省毗邻地区税费征管服务一体化的"样板工程"。

2023 年 2 月，在税收服务成渝地区双城经济圈建设第四次联席会议上，国家税务总局四川省税务局与国家税务总局重庆市税务局将"在川渝毗邻地区十大合作平台实现税费征管服务一体化"工作列为全年重点工作之一；并把川渝高竹新区税费征管服务一体化的阶段性改革经验复制推广到川渝十个毗邻地区合作平台，由"点"及"面"加速覆盖到整个成渝经济圈。为了服务渝昆高铁（其中川渝段被列入共建成渝经济圈 2022 年重大项目名单）等重大项目的开展，泸永江三地税务部门集结税收专业骨干，成立"管家团队"，实行"一项目一团队"个性化服务，主动靠前提供专户对接服务，同步送上跨区域企业税费服务政策包，针对建安行业区域跨度大、工程周期长、成本核算复杂等实际管理中反映突出的问题和潜在的涉税风险点，同步开展项目分析、经济分析、风险分析，及时推送涉税风险预警。2023 年 1～7 月开展服务 220 余次，收集涉税诉求 70 余条，并形成了《从税收视角看渝西地区先进制造业发展》等税收经济分析报告。

税务行政处罚裁量基准统一是税务执法标准统一的切入口。为推进西南区域高质量发展、服务西部大开发战略，切实保障西南区域范围内税务行政相对人合法权益，国家税务总局重庆市、四川省、贵州省、云南省、西藏自治区税务局联合制定并在 2023 年 7 月 11 日发布了《西南区域税务行政处罚裁量基准》①，自 2023 年 10 月 1 日起施行，在加强西南片区税收征管执法一体化、共同营造良好的税收法治营商环境方面打下了坚实的基础。紧接着，国家税务总局重庆市税务局、国家税务总局四川省税务局在《西南区域税务行政处罚裁量基准》的基础上，共同修订了《川渝地区税务行政处罚裁量权实施办法》及《川渝地区税务行政处罚裁量执行标准》，自 2023 年 12 月 1 日起施行②。这有利于更好地规范四川省、重庆市各级税务机关在实施税务行政处罚时的裁

---

① 关于发布《西南区域税务行政处罚裁量基准》的公告（国家税务总局四川省税务局公告 2023 年第 4 号）［EB/OL］.（2023 - 07 - 11）. https：//sichuan. chinatax. gov. cn/art/2023/7/11/art_19681_238231. html.

② 国家税务总局四川省税务局　国家税务总局重庆市税务局关于发布《川渝地区税务行政处罚裁量权实施办法》及《川渝地区税务行政处罚裁量执行标准》的公告（国家税务总局四川省税务局　国家税务总局重庆市税务局公告 2023 年第 4 号）［EB/OL］.（2023 - 10 - 31）. https：//sichuan. chinatax. gov. cn/art/2023/11/2/art_19141_238755. html.

量权行使，统一川渝地区税务行政处罚裁量规则和裁量尺度，进一步优化川渝地区税收营商环境。

随着成渝经济圈建设步入"快车道"，2022 年 6 月，川渝首个跨区域税费调解治理模式下的"税费争议联合调解室"在重庆市荣昌区办税服务厅和内江市下辖的隆昌市办税服务厅落地。成立了联合调解团队，实行"信息资源两地共用、争议解决两地联动"，通过"一站式受理、分级分类处理、全流程跟踪反馈"的闭环管理机制，专门调解处理两地跨区域税费争议事项，并建立了"云上调解"服务模式。在内江、荣昌两地税务部门先行先试的基础上，四川省税务局联合重庆市税务局，正在将跨区域税费联合调解的良好做法在川渝毗邻地区广泛推广。

在税费服务便利化方面，让纳税人缴费人线上"全程网上办"，线下"最多跑一次"，是川渝税费服务合作的重要课题和目标。聚焦川渝跨区域办税堵点、难点，川渝两地税务部门在创新开展跨省电子缴税、跨省"一键迁移"、统一"最多跑一次"清单的基础上，2023 年又深入推进 23 项重点任务，大力拓展"川渝通办"范围，新增开具无欠税证明、停复业登记、纳税信用补评、自然人社保缴费等 11 个通办事项，累计已实现 84 项税费业务线上"川渝通办"、20 项税费业务异地就近通办。全国范围内率先建立跨省（市）级的纳税服务咨询专线电话、联合精准推送线上川渝通办事项清单、联合开展"川渝税法云播"等系列直播活动、共同聘请涉税专业服务机构人员和纳税人作为"川渝税收营商环境体验师"……为"双圈"地区打造出了更优质的税收营商环境。

在涉税信息跨区共享共建方面，打破行政壁垒、层级界限、空间分割，"打通产业链、供应链、服务链"数据信息跨区共享是做好成渝经济圈税收优质服务和征管的重要基础条件。相毗邻的四川隆昌三合村和重庆荣昌斑竹村被统一规划进内荣农高区现代农业产业示范园先行区，成为唯一以农业科技创新为特色的川渝毗邻地区合作共建功能平台。内荣两地税务部门打造的税费征管服务一体化"数智中心"，通过共同成立税收服务专项工作组，组建一体化管理团队，充分挖掘区内产业链、供应链、服务链信息，搭建了产业数据仓库，建立起行业涉税数据共享机制，以点带面帮助企业发挥好利用税收大数据促成购销合作的运用实效，推动产业走向纵深。在大量改革探索中，川渝高竹新区率先在全国实现跨省税务数据共联共享，实现了一个平台办理川渝两地纳税人业务。此外，川渝高竹新区电子税务局率先在全国实现了跨省税务数据共联共享，确保推进了双城经济圈区域车船税征管一体化。2023 年以来，川渝两地还健全了涉税专业服务机构信息共享机制，实现信用复核、信息共享、失信名单清册"互联互通"。2023年2月,《共建成渝地区双城经济圈2023年重大项目清单》正式发布,共纳入标志性重大项目248个、总投资3.25万亿元,2023年计划投资3 395.3亿元。在这份清单中,川渝两地税务局共享跨川渝铁路公路工程批文名称及文号、土地面积、涉税金额等43项涉税信息,实现从征地批文领取、政策辅导、税款申报入库、涉税复核等全流程监管。截至2023年,川渝高竹新区税费征管服务中心已对新区74个新建和续建重大基础设施、重大产业项目建立清册,全方位全过程服务重点项目全生命周期所需。据报道,川渝税务部门还联合开展了川渝经济区与行政区适度分离的税费统计分析、涉税经营主体活跃度分析、金融业汽车业等成渝经济圈产业链分析等,为全面准确反映双圈经济税源发展情况及税费政策执行效果提供了强有力的精准数据支撑①。

人才是创新发展的第一要素。2023年12月初,为了培育川渝税收协作"实用型塔基人才、创新型塔身人才、战略型塔尖人才"全能型、高素质队伍,并为川渝高质量发展带去更多有活力的"蜀税英才",川渝协作实践营地在川渝高竹新区揭牌,计划在2023~2025年开展每年2批次、每批次约30人、培育时长6个月的实践锻炼,为推进川渝税费政策执行标准化、征收管理一体化提供高水平的专业人才支撑。

围绕《规划纲要》开展,成渝经济圈内各地税务机关以推进税费征管服务一体化为抓手,在税收优惠政策规范执行、税费服务、执法监管、涉税信息共建共享等领域共同开展了积极有益的探索,全面创新深化实践多层次全方位的合作制度机制,显著增强了税收服务成渝经济圈建设的集成效应。

3. 展　　望

3.1　现阶段成渝经济圈税收征管协作中的不足

税收征管协作对成渝经济圈经济社会的加速发展起到了较好的推进保障作用。应总结经验、面向未来,坚持目标导向、问题导向、集成导向,在系统观

---

① 税收一体化如何"跨域破壁"? 川渝毗邻地区税务合作启示录 [EB/OL]. (2024 – 01 – 10). https://sichuan.chinatax.gov.cn/art/2024/1/10/art_286_1019176.html.

念的引领下不断实践突破、集成创新。现在税收协作中的不足主要反映在：

3.1.1 成渝经济圈内相关税收优惠政策的制定仍缺乏整体规范

成渝经济圈内，四川省第三产业相对更具发展潜力，而重庆市的制造业聚集度更高。我国现行税收优惠政策虽然涉及多个税种及各种类型，但总体而言短期特点明显，各自规定零散细碎，实用性与前瞻性不强，及时配套更新跟进度有待提高；加之增值税、企业所得税等主要税种有关税收优惠政策的制定权仍在中央，成渝经济圈目前尚处在发展初期，尽管有西部大开发优惠政策以作中长期全面指引，但对成渝经济圈具体产业结构持续优化升级的影响力还不足，当地发展优势潜能的政策制定范围及其发挥程度有限。同时，针对招商引资，成渝经济圈各地的财税优惠政策对同一项目的优惠力度在执行中仍存在不少具体差异，甚至出现了同质化竞争态势。如川东的毗邻地区广安市和达州市，2022年招商引资财税优惠政策中对科创的支持部分，两地的优惠政策力度不一，且差距明显，容易形成毗邻地区之间的税收不良竞争，这与加强区域税收协作，确保成渝经济圈高效协调发展追求相背离。

3.1.2 成渝经济圈税收征管协作长效机制建设仍较欠缺

成渝经济圈正推进税费征管服务一体化，但受制于各地经济税源情况和税收征管能力条件等局限影响，协作中的制度机制碎片化，改革创新进展、效度不一的情况比较突出。例如，目前成渝经济圈内多地已初步实现了纳税人跨省市的税务资质互认和涉税基础信息共享，也先后开展了多种工作机制创新探索，但其税收征管协作路径主要还是依靠各地税务机关之间签订具体对应内容下短期"点对点"的合作协议（备忘录）方式推动，中长期全领域税收征管合作治理的长效机制还少。同时，按照税收法定原则要求，从税收法治角度来看，成渝经济圈税收征管协作缺乏《中华人民共和国税收征管法》等有关上位法法律法规加以统一规范保障和依托支持，容易引致地方改革试点顾虑较多、合作积极性不够、税务征管资源调度配置不尽规范、文件执行效力不高等问题，在地方税优惠政策执行协调方面尤为凸显。例如，现行部分地方税的税率征收适用标准可在全国规定的幅度范围内由各省份相应自行确定，但在具体贯彻执行中，成渝经济圈里一地横跨川渝两地的耕地占用税和城镇土地使用税等执行规定却各有不同，也难协调一致，导致形成"一地两标准"，一些纳税人较难理解接受，容易发生税收争议，让执法被动。

3.2　建议

市场微观经济主体往往会因资本逐利本性和所在区域相关条件受限等因素，在市场机制作为中造成资源错配，难以兼顾实现自身与国家利益最大化。通过政府"看不见的手"进行干预，增进区域税收协作，有利于增强区域内外的市场资源优化配置与调节。成渝经济圈的税收协作发展，应从根本上立足于保障高质量发展新阶段、维护国家新发展格局、建设全国优质税收营商环境条件入手，通过不断夯实税收征管协作基础，助力实现区域经济社会高质量持续发展。

3.2.1　协调、规范制定成渝经济圈税收优惠政策

为确保并促进高质量发展新阶段下区域经济社会的整体提升发展，成渝经济圈相应税收优惠政策的协调统一须有利于更好地建设成渝经济圈整体发展环境。第一，应着力于全国范围内再优化税制改革，提升现行增值税、企业所得税等主要税种实体法治效能，以此全面夯实保障支持区域协调高质量发展的税收法治基石。第二，在此前提下，应在加强顶层设计、完善地方税体系建设及全面清理其优惠政策的进程中增强其法治化和系统前瞻性，尽力降低引致"税收洼地"不良效果的可能性，使之更好地整体发挥税制政策的统一规范治理优势作用。第三，合法合规促进各地重点招商引资优势产业、企业可持续发展壮大。目前，成渝经济圈的主次城市之间的协调发展格局还未成形，现代化产业分工协作体系效能还有待提升，两地政府应协调加强对川渝各地战略性新兴重点产业园区的招商引资统筹规划设计，进一步对接好西部大开发税收优惠政策，重点强化税收长期激励战略性新兴产业布局与企业技术创新、增加研发投入的效果，加强环周边城市与成都市、重庆市两大"增长极"产业链、供应链体系下的配套合作，全方位增强培育优良产业。

3.2.2　加强区域税费征管执法统一，提高纳税服务效能

首先，可通过成立成渝经济圈税收协作领导小组，全面统筹征管合作总体规划方案设计，健全提升政府主导、相关职能部门有机协作的联动机制效能。《规划纲要》中明确指出要实现成渝经济圈税收征管一体化，必须以中央《关于进一步深化税收征管改革的意见》为根本指引，从川渝两地省级统合改革层面出发，在问题导向、目标导向、集成导向下统领成渝经济圈税收协作规划，进一步强化区域内部门间的横向协同和纵向协调，加快推进区域间的外部

协商联动，增强做好税收协作工作的系统性和预见性。

其次，在统一区域执法监管上，应贯彻落实好《川渝地区税务行政处罚裁量权实施办法》及《川渝地区税务行政处罚裁量执行标准》，通过深入推进枫桥式税务机关建设和涉税争议诉前综合治理，有效解决好征纳各方涉税管理风险。为促进成渝经济圈高水平建设，建立公平规范的优良区域性税收环境条件，应聚焦拓展多部门共治的税收信息化共享平台功能，以"制度机制＋人才＋科技"助力税费服务与政务服务"一网通办"建设深度融合联通，跨层次跨区域利用税收大数据分析、人工智能、区块链等先进科学技术手段优化支撑更加智能化、专业化的区域产业链、供应链涉税高效管理。

最后，在提高纳税服务质效方面，还应线上线下进一步统合，深化拓展跨省份涉税费事项业务通办线上办理功能；依托一体化跨区域征管服务中心，完善线下问办协同，便利办税缴费，提高税源管理效果。在税费优惠政策落实上，成渝经济圈应结合新媒体等多渠道持续扩大宣传解读和辅导咨询实效，共同打造川渝税务协作良好形象；重视对成渝经济圈征管协作试点情况的分析总结，不断优化提升实践共治效能。

参考文献：

［1］李平，魏升明．2022 年税收征管研究综述［J］．税务研究，2023（3）：63－73．

［2］李文涛．区域经济一体化进程中的税收协同初探——兼论对广西北部湾经济区税收协同发展的设想［J］．经济研究参考，2015（17）：9－13．

［3］廖明月，赵磊磊．新发展理念下成渝地区双城经济圈建设的财税政策选择［J］．财会通讯，2022（8）：136－142．

［4］刘蓉，晋晓姝．支持成渝地区双城经济圈建设的财税制度优化［J］．税务研究，2021（3）：21－25．

［5］刘尚希．增强国家治理能力的重要举措［J］．中国税务，2016（1）：77－78．

［6］秦鹏，刘焕．成渝地区双城经济圈协同发展的理论逻辑与路径探索——基于功能主义理论的视角［J］．重庆大学学报（社会科学版），2021，27（2）：44－54．

［7］唐世芳，葛琳玲，李顺明．推动西部地区产业结构转型升级的财税对策探讨［J］．税务研究，2021（5）：108－114．

［8］姚树洁，刘嶺．促进区域经济均衡增长，构建"双循环"新发展格

局——基于成渝地区双城经济圈建设视角 [J]. 陕西师范大学学报（哲学社会科学版），2021, 50 (5)：150 - 164.

[9] 袁惊柱. 区域协调发展的研究现状及国外经验启示 [J]. 区域经济评论，2018 (2)：132 - 138.

[10] 张学诞，汤磊，李青溪. 关于构建税费征管协同机制的实践与思考——以国家税务总局内蒙古自治区税务局为例 [J]. 税务研究，2023 (9)：130 - 134.

高收入群体个人所得税征管体系优化

【摘　要】近几年来，通过不断深化税制改革，我国税制结构进一步优化，直接税比重逐步提高，其中 2018 年以来开展的个人所得税改革尤为引人瞩目。但我国收入基尼系数一直较高，现阶段针对财富存量的税收调控较弱，从提高税收整体再分配职能角度看，加强高收入群体个人所得税征管都是必须解决的重点和难点。优化高收入群体个人所得税征管体系，提高高收入群体的税收遵从度，对促进经济发展、实现共同富裕具有重要意义。本案例以近几年来高收入群体个人所得税征管实践案例为具体研讨落脚点，解析我国高收入群体税收征管现状，并相应提出完善涉个人所得税相关法治体系、优化个人所得税征管、提高自然人税收共建共治效能等建议。

【关键词】高收入群体；个人所得税；实体税制；税收征管；税收共治

【思政在线】

“加大税收、社会保障、转移支付等的调节力度。完善个人所得税制度，规范收入分配秩序，规范财富积累机制，保护合法收入，调节过高收入，取缔非法收入。”

——习近平：高举中国特色社会主义伟大旗帜　为全面建设社会主义现代化国家而团结奋斗——在中国共产党第二十次全国代表大会上的报告

1. 案 例 背 景

根据国家统计局发布的资料，我国居民人均可支配收入水平在不断提高，从 2018 年的 28 228.05 元已提升至 2023 年的 39 218 元；工资性收入与财产性收入的年均复合增长率分别为 10.16% 和 18.99%。财富存量赶超势头迅猛，已从 2000 年的不足 39 万亿元增长到 2021 年的 785 万亿元，复合年均增长率 15.4%，且前 10% 人群的财富份额表现出大幅上升；以住房资产为最典型代表的家庭财富在城乡、群体之间显示出较大的差异，低收入人均家庭仅拥有约6%的住房面积①。但在同时，个人收入、财富再分配及其涉税问题也日益严峻，基尼系数在2006年、2008年、2009年达近十年来的最高点0.49后，于2010年微降至0.48，近几年一直维持相对较高的态势，2018～2022年均是0.47，仍远高于0.4的警戒线，在世界不平等指标数据库里的国际排名较靠前，超过大多数的OECD成员国②。截至2021年，我国最富有的10%人群掌握了68.8%的财富，而前10%人群与底层50%人群的财富份额差距从30%扩大到60%③。随着全面共同富裕目标的推进践行，缩小收入和财富贫富悬殊差距刻不容缓。

1.1 目前我国高收入群体涉个人所得税征管

1.1.1 高收入群体的界定

高收入群体是政府部门采取宏观税收政策调节收入分配、减缓居民财富悬殊差距的主要调控对象。然而迄今为止，国内对于"高收入群体"还没有完全明确和统一一致的划分标准，随着中国居民收入水平的提高，界定高收入群体的经济标准也应该随着实际情况的变化而发生变化。目前来看，高收入群体的界定有绝对和相对两种参考标准。绝对标准往往给出一个确定的数值来划分，而相对标准则多是给一个相对比例来加以界定。经收集整理，我国在统计调查与涉税判定上，对高收入群体采用的基本界分标准如表1所示。

表1　　　　　　　　　　　　高收入群体的界定标准

颁布文件	判断标准
2005年国家税务总局印发《个人所得税管理办法》（国税发〔2005〕120号）	税务机关规定了出版社、医院、金融、石化、学校、房地产、公路管理、城市供水供气等高收入行业人员；影视明星、体育明星、模特、歌星等高收入个人
2016年国家税务总局印发《纳税人分级分类管理办法》（税总发〔2016〕99号）	"高收入、高净值自然人"是指国家税务总局确定的收入或资产净值超过一定额度的自然人。但是该办法并没有明确"超过一定额度"的具体标准

---

① 张克中，马婷钰. 规范财富积累机制的税收政策分析［J］. 税务研究，2024（1）：37 - 41.
② 田志伟，金圣. 我国个人所得税收入再分配效应的再探究［J］. 税务研究，2023（7）：16 - 24.
③ 张克中，马婷钰. 规范财富积累机制的税收政策分析［J］. 税务研究，2024（1）：37 - 41.

续表

颁布文件	判断标准
2019 年国家统计局发布的《2018 年全国时间利用调查公报》	国家统计局将城镇居民人均年可支配收入按照高收入户、中等偏上户、中等收入户、中等偏下户和低收入户五类进行划分，各种类型占总样本量的20%
2022 年国家统计局发布的《中国统计年鉴2022》	国家统计局将调查对象分成四部分，其中高收入群体是指调查对象中月收入在 10 000 元以上的群体

本案例所探讨的高收入群体，参照年收入超过一般工薪阶层收入水平，在国家统计局统计调查对象中处于上年度居民收入最高20%水平的群体。这一划分标准是联系我国居民的平均收入、物价水平和社会贫富差距等因素综合制定的，应随社会经济发展水平的提高而相应变化，及时调整变动、适当修订。总体而言，现阶段我国高收入群体的构成已经由规模较大的私营企业主、个人独资企业和合伙企业投资者、个体工商户等 9 类人群向"股权（限售股）和房屋转让、利息股息红利所得个人、规模较大的独资合伙企业和个体工商户以及外籍个人"转变[1]。

1.1.2　我国个人所得税及其征管

以自然人为纳税主体的税种现主要涉及个人所得税、房产税、契税、车船税等直接税。"十四五"规划明确了将提高直接税比重作为税制改革重点，进一步指明将优化个人所得税制作为规范收入分配秩序和财富积累机制、调节过高收入的首选路径。

（1）个人所得税税制实施基本情况。

从理论角度而言，作为肩负收入再分配最强调节功能的一个直接税类下的主要税种，改革开放以来，我国个人所得税迄今共经历了 1993 年、1999 年、2005 年、2007 年、2008 年、2011 年和 2018 年七次改革。最近一次 2018 年修正的《中华人民共和国个人所得税法》，除实体制度要素大改，再次提高个人所得税的免征额，引入子女教育支出、住房租金支出等六项专项附加扣除，将工资薪金和稿酬等四项收入纳入年综合所得计税，建立综合与分类相结合的个人所得税税制模式以外，还从法律层面明确了自然人纳税人识别号制度，规定了公安、人民银行、金融监督管理等相关部门应向税务机关提供相关信息的义务，确立了相关各部门的涉税信息共建共治责任。在目前实行的综合与分类相

---

[1] 《国家税务总局关于进一步加强高收入者个人所得税征收管理的通知》（国税发〔2010〕54 号）。

结合的个人所得税制度下，综合所得包括工资、薪金所得、劳务报酬所得、稿酬所得、特许权使用费所得4项；分类所得包括经营所得，利息、股息、红利所得，财产租赁所得，财产转让所得和偶然所得五项。如表2所示，2021年，我国个人所得税总计收入141 453 178万元。分项目情况看，占个人所得税总收入比例最高的是以劳动所得合并而成的综合所得90 035 651万元，占比达到了63.65%；占比较高的三项依次是财产转让所得14.30%，利息、股息、红利所得12.19%，经营所得7.08%。总体反映资本所得个税收入占比较低，仅为27.2%。

表2　　　　　2021年全国个人所得税分项目收入情况

项目		税额（万元）	占比（%）
综合所得	工资、薪金所得	86 631 156	63.65
	劳务报酬所得	4 482 873	
	稿酬所得	119 866	
	特许权使用费所得	42 895	
	综合所得年度汇算	−1 241 139	
	综合所得合计	90 035 651	
经营所得		10 011 891	7.08
利息、股息、红利所得		17 245 968	12.19
财产租赁所得		999 582	0.71
财产转让所得		20 231 345	14.30
偶然所得		2 395 133	1.69
其他所得		10 665	0.01
税款滞纳金、罚款收入		522 943	0.37
合计		141 453 178	100.00

资料来源：国家税务总局. 中国税务年鉴（2022）［M］. 北京：中国税务出版社，2023.

财政部国库司公布信息显示，2022年，我国个人所得税收入共计14 923亿元，比上年增长6.6%；2023年则为14 775亿元，同比下降1%。

（2）个人所得税申报管理制度。

目前，我国个人所得税实行以源泉扣缴为主、自行申报为辅的双向申报制度。源泉扣缴是个人所得税扣缴义务人在向纳税人支付所得时代扣代缴个人所得税税款；自行申报则是指个人所得税纳税人在规定的纳税期限内，依法自行计算应纳税额、自行填开税收缴款书、自行向国库缴纳税款的一种纳税方式。2018年修正的《中华人民共和国个人所得税法》第十条规定了个人所得税综合所得汇算清缴、扣缴义务人未扣缴税款、移居境外注销中国户籍等六种需要办理自行纳税申报的情形，并明确了扣缴义务人应依法办理全员全额扣缴申报的义务。随后，国家税务总局发布的《关于个人所得税自行纳税申报有关问题的公告》（国家税务总局公告 2018 年第 62 号），细化规定了申报方式、申报范围、申报时间等具体程序规范内容。

1.2 个人所得税制执行效用

1.2.1 降低了中低收入群体税收负担

2018 年至今，个人所得税法治实体要素的修改完善，不仅反映在个人所得税的免征额由 3 500 元上调至 5 000 元，还增加并完善子女教育、继续教育、大病医疗、住房贷款利息或者住房租金、赡养老人等七项专项附加扣除费用相应规定。同时，调整个人所得税部分累进税率的级距，优化了税率结构，让更多中等收入群体保持稳定适用较低税率，从而提高了对中低收入群体的保护力度，有利于体现并加强税收公平。

1.2.2 逐渐提高直接税所占比例

实施综合与分类相结合的个人所得税制度改革等努力下，现行复合税制结构得到了进一步优化，直接税比重逐步提高，从 2011 年的 28.4% 逐步提高到 2021 年的 36%[①]，个人所得税调节国民收入再分配的作用日渐增强，有助于缩小贫富差距，加快实现共同富裕。

1.2.3 助力加强全社会自然人税收共建共治体系建设

2018 年修正的《中华人民共和国个人所得税法》从法律层面明确规定了相关部门向税务机关提供有关涉税信息的基本义务。具体如规定了公安、人民银行、金融监督管理等相关部门有协助税务机关确认纳税人的身份、金融账户信息的法定义务；相关部门向税务机关提供个人所得税专项附加扣除信息的义务；市场主体登记机关办理个人转让股权变更登记时，应配合查验与该股权交易相关的个人所得税义务履行情况等。这些要求为构建高效的自然人涉税信息共享机制奠定了基础。与此同时，我国正在积极推进全社会税收守信联合激励

---

① 党的十八大以来，财税体制改革纵深推进——强化资金和政策保障 推动高质量发展［EB/OL］.（2022－05－18）. http：//www.chinatax.gov.cn/chinatax/n810219/n810780/c5175412/content.html.

和失信联合惩戒机制建设，目前，这一机制已纳入十部门的社会诚信体系建设范围。除现行《中华人民共和国个人所得税法》对相关部门协助税务机关征管个人所得税的义务做了明确规定，将纳税人、扣缴义务人等税务行政管理相对人遵守义务情况纳入全国纳税信用管理系统并实施联合激励或者惩戒，始终保持严厉打击的高压态势外，发展改革委办公厅和税务总局办公厅联合下发的《关于加强个人所得税纳税信用建设的通知》（发改办财金规〔2019〕860号），确定了相关部门应对个人所得税纳税信用记录持续优良的纳税人提供更多服务便利，依法实施绿色通道、容缺受理等激励措施；同时，鼓励行政管理部门在颁发荣誉证书、嘉奖和表彰时将其作为参考因素予以考虑；而对个人所得税严重失信当事人，则要求税务部门将其涉税违法信息及时推送相关部门，依法依规实施联合惩戒，在全社会更大范围内发挥信用体系作用。这些联合发布文件的合力执行和"银税互动"等涉税综合服务活动的持续推进，大力完善了守信联合激励和失信联合惩戒机制作为，共同助力市场微观主体合法合规诚信生产经营和健康可持续发展。

2. 近期涉个人所得税实践情况总结

2.1 个人所得税偷逃税典型案例剖析

2.1.1 浙江破获黄某偷逃税案

税务部门一直重视并持续规范网络直播行业税收秩序。2021年据税收大数据分析评估发现，黄某（网名薇某）存在涉嫌重大偷逃税问题，且经税务机关多次提醒督促仍整改不彻底，遂依法依规对其进行立案并展开了全面深入的税务检查。

2019～2020年期间，黄某通过隐匿其从直播平台取得的佣金收入虚假申报偷逃税款；通过设立上海蔚贺企业管理咨询中心、上海独苏企业管理咨询合伙企业等多家个人独资企业、合伙企业虚构业务，将其个人从事直播带货取得的佣金、坑位费等劳务报酬所得转换为企业经营所得进行虚假申报偷逃税款；从事其他生产经营活动取得收入未依法申报纳税。经查，确认其偷逃个人所得税款6.43亿元，其他少缴税款0.6亿元。

对黄某追缴税款、加收滞纳金并处罚款，共计 13.41 亿元，其具体执行情况如表 3 所示。

表 3 　　　　　　　　　　黄某涉税违法行为执行情况

涉税违法项目	涉税金额（亿元）	罚款倍数	罚款金额（亿元）
隐匿收入偷税但主动补缴的税款	5.00	0.6	3.000
主动报告的少缴税款	0.31	0.6	0.186
隐匿收入偷税但未主动补缴税款	0.27	4.0	1.080
虚构业务转换收入性质偷税少缴税款	1.16	1.0	1.160
合计	6.74	—	5.426

资料来源：浙江省杭州市税务部门依法对黄薇偷逃税案件进行处理［EB/OL］. (2021 – 12 – 20). http：//zhejiang. chinatax. gov. cn/art/2021/12/20/art_13226_529541. html.

2.1.2 　郑某偷逃税案

2021 年 8 月 27 日，上海市税务局第一稽查局公布了郑某案件查处有关情况：郑某通过拆分收入、假借增资等方式隐匿"天价片酬"，未依法申报个人收入 1.91 亿元，偷税 4 526.96 万元，其他少缴税款 2 652.07 万元，对郑某追缴税款、加收滞纳金并处罚款共计 2.99 亿。涉案人张某及相关企业涉嫌策划、帮助郑某偷逃税款，也依法受到了处理。

这一案件的查处，较好地体现了维护法治权威，彰显社会公平正义的税收法治要义，在社会层面起到了强烈警示影视从业者加强自律、带头承担社会责任的突出效果①。

2.1.3 　公司高管未依法办理个人所得税综合所得汇算清缴补税案件

四川税务部门在精准分析线索的引导下，发现四川省成都市某餐饮管理有限公司高管姚某某未办理 2021 年度个人所得税综合所得汇算清缴补税。经税务部门多次提醒督促，姚某某仍拒不办理申报，并有拒不签收甚至撕毁相关法律文书等行为，税务部门遂对其立案检查。经查，纳税人姚某某在法定期限内未办理 2021 年度个人所得税综合所得汇算清缴，致少缴个人所得税。依据《中华人民共和国个人所得税法》《中华人民共和国税收征收管理法》《中华人

---

① 新华社：郑爽案件查处彰显公平正义警示影视从业者加强自律［EB/OL］. (2021 – 08 – 27). http：//shanghai. chinatax. gov. cn/xwdt/mtsd/202108/t459999. html.

民共和国行政处罚法》等相关法律法规规定，成都市税务局第一稽查局对其依法送达了《税务处理决定书》和《税务行政处罚决定书》，姚某某仍以各种借口拒不缴纳。税务部门遂将该案件移交成都市锦江区人民法院执行局强制执行，冻结了姚某某全部银行账号、微信和支付宝账号等资金账号，并发出限制消费令。经税务部门和法院联合约谈，在法律的震慑下，姚某某最终缴清了全部税款、滞纳金、罚款和加处罚款共计 35 万元[①]。

这起案件中，税务机关发现涉案当事人存在涉税问题，先后采用了税收执法"五步工作法"：对纳税人进行提示提醒、督促整改和约谈警示，并通过电子、书面等方式向其发送税务文书，提醒督促纳税人整改；对于拒不整改或整改不彻底的纳税人，税务机关再依法进行立案检查，并纳入税收监管重点人员名单，对其以后 3 个纳税年度申报情况加强审核，使执法刚性与柔性并重，执法监管成效凸显。

从上述经典案例可以看到，在监督预警与执法落实方面，现主要依托的举报人举报和税收大数据分析等执法路径方式科学精确，精准监管作用明显。但在现阶段个人所得税实践领域，高收入群体涉税违法行为人往往通过阴阳合同、转换收入性质等方式，隐匿、减少其真实应税收入以设法偷逃税款，甚至主观恶意不缴少缴。高收入群体涉税违法案件频发，这不仅反映了部分纳税人依法纳税意识淡薄，履行纳税义务情况不容乐观，也从侧面反馈了税收执法不严等问题。

2.2　高收入者个人所得税实践主要问题分析

2.2.1　现行个人所得税制设计不尽合理

第一，现行混合征税模式下应税收入和综合所得确定征税范围较窄。目前我国个人所得税征税范围使用正列举法明确了九种应税所得。随着时代的发展，尤其是数字经济下新增各种新兴经济业态及其收入类型，正列举的方法很难涵盖并一一细化对应具体应税收入情况。以网络主播为例，其收入类型多样，有经营收入、动态奖励推广费、商品导购佣金、平台奖励等，必须具体细分认定，甚至部分所得无法归入现已列举的九类所得；且在不同所得性质判断及采用征税办法各异的情况下，极易出现高收入人群通过转换所得形式进行避

---

① 四川省成都市税务局联合法院强制执行一起未依法办理个人所得税综合所得汇算清缴补税案件[EB/OL]．（2024 - 02 - 29）．https：//www. chinatax. gov. cn/chinatax/n810219/c102025/c5221492/content. html.

税的问题①。第二，应税所得适用税率形式设置不合理。现四项综合所得个人所得税税率为3%～45%的七级超额累进税率，经营所得适用5%～35%的5级超额累进税率，财产租赁、转让所得等其他所得则适用20%的比例税率。劳动所得税率高于资本所得适用税率易引致劳动和资本税负失衡；且更多情况下表现为让个人所得税的累进性效果逆向体现在中低收入群体而非应侧重调控的高收入者之中。此外，诸如慈善捐赠税收优惠幅度较低等情形，弱化了高收入、高净值人群将其所拥有的财富向社会贡献的作为。

2.2.2 自然人税收征管法治体系不完善，高收入群体税收监管难度较大

现行《中华人民共和国税收征管法》等在税务登记、税款征收、风险防控、稽查处理、行政处罚等税收执法监管环节的有关管理规定，主要适用于企业纳税人，基本未将自然人作为直接征管对象纳入其中，实践规范有较大疏漏；相应第三方信息共享机制等缺乏税收法律一体化综合支撑；税收保全、强制执行等行政强制措施尚不适用于非从事生产经营活动的自然人，税务部门对其偷逃税的管控力度和惩戒措施十分有限。

由于高收入群体的收入、资产配置多样性和投资状况隐蔽化特点突出，涉税情况极其复杂；加之其避税动机与实力条件更强，如税务机关对其不易实时准确监管到位，易导致发生涉税违法甚至犯罪行为。2021年审计署发布的《国务院关于2021年度中央预算执行和其他财政收支的审计工作报告》表明，我国个人所得税征管执法不严情况比较突出。2018～2021年，我国22个省份共有544名高收入人员通过隐瞒收入、弄虚作假等手段，偷逃个人所得税47.22亿元。有的地方在近年来持续查处少数高收入群体偷逃税款的情况下，仍以财政扶持资金等名义违规向10省市22县的高收入人员返还个人所得税，违背了其调节高收入、促进社会公平的初衷②。审计署审计长侯凯在第十三届全国人大常委会第三十五次会议上的报告指出，高收入群体个人所得税征管应成为税务部门执法整改的重要内容。

2.3 征管工作实践再改进

近几年来，税务部门正在加快健全一系列加强对高收入群体税收监管的制

---

① 庞凤喜，涵默. 优化个人所得税 提升自然人直接税贡献［J］. 税务研究，2022（2）：45－52.

② 国务院关于2021年度中央预算执行和其他财政收支的审计工作报告［EB/OL］.（2022－06－21）. https：//www.audit.gov.cn/n4/n19/c10252052/content.html.

度机制作用。2021年3月中办、国办印发的《关于进一步深化税收征管改革的意见》提出，对逃避税问题多发的行业、地区和高收入人群，要根据税收风险适当提高"双随机、一公开"抽查比例，依法加强对高收入高净值人员的税费服务与监管。其后，为贯彻落实中宣部《关于开展文娱领域综合治理工作的通知》精神，国家税务总局进一步明确提出了加强文娱领域从业人员税收管理的工作要求。针对直播、文娱行业等重点问题领域的全面稽查推开，2021年8月~2022年3月，多地税务部门先后集中查处、公开了多起偷逃个人所得税税案，对明星艺人设立的企业和工作室加强辅导其依法依规建账建制，原则上采取查账征收方式征纳税款，不得适用核定征税，并规范地方涉税优惠管理；同时，定期开展税收风险分析、"双随机、一公开"税收检查，加大涉税违法行为曝光力度，按照有关规定纳入企业和个人信用记录，通过自然人失信行为认定机制对个人所得税严重失信当事人实施有关联合惩戒，对各类恶意偷逃税行为形成了有力的震慑作用。

2.3.1 大力推行查账征收方式

在2018年范某偷逃税案件发生后，国家税务总局依据《个体工商户税收定期定额征收管理办法》，发布了一系列关于规范影视行业税收秩序的通知，明确影视行业艺人工作室不再符合个体工商户税收定期定额管理条件，对明星工作室个人所得税征收从定额定期改为查账征收。2021年12月30日，财政部和税务总局发布了《关于权益性投资经营所得个人所得税征收管理的公告》，要求持有股权、股票、合伙企业财产份额等权益性投资的个人独资企业、合伙企业（以下简称独资合伙企业），一律适用查账征收方式计征个人所得税①。定期定额征税改查账征收，一定程度上加强了税务机关的规范核查管理，大力防止了明星等高收入群体个人所得税的税收流失。

2.3.2 加快智慧税务建设

2018年，我国上线了全国统一自然人税收管理系统（ITS系统）。该系统是在金税三期个人所得税扣缴系统的基础上优化升级后，将来自相关各部门的纳税人身份与单位、家庭、个人收入等涉税数据一体融合，通过数据的集中交汇初步建成了全国统一的个人纳税人"一人式档案"，并通过不断探索融合大数据技术海量信息挖掘快、云计算技术分布式计算效率高、区块链技术安全性

---

① 关于权益性投资经营所得个人所得税征收管理的公告（财政部 税务总局公告2021年第41号）[EB/OL].（2021-12-30）. https://www.gov.cn/zhengce/zhengceku/2021-12-31/content_5665849.htm.

好、人工智能技术感知强等技术优势，集聚式应用于智慧税务建设，聚焦解决信息"系统林立"和"数据烟囱"问题，从全局视角整合各类税务应用平台，推动部门内、部门间数据融合，促进数据"跨界"流动，在个人所得税汇算清缴中实现了从"人找数"填报到"数找人"确认的转变，为构建全国统一高效的个人所得税征管体系奠定了扎实的信息化基础①。2021 年以来，税务部门升级优化建成的自然人税收服务管理应用平台——自然人电子税务局（个税 App），加快推动了自然人税费治理向数字化方向迈进。未来，"金税四期"（智慧税务）的普及运用，将为智能化自然人税收治理提供更广阔的空间。

3. 展　　望

3.1　完善个人所得税实体法治

第一，改进个人所得税的征税范围设计。随着新时代新兴行业的迅猛发展，税收征管能力水平的提升和居民依法纳税意识不断增强，应采用正列举法和反排除法相结合的方法，进一步调整现行混合制课征模式，将经营所得等资本所得尽可能吸纳进入年综合所得范围；同时，明确个人所得税法下高收入与高净值人群的涉税界定管理标准。OECD 针对其成员国和其他发达经济体、新兴经济体在税收管理领域的比较信息认为，相对于高收入这一流量指标的确定，须增加高净值存量资产指标的结合衡量判断，把收入、资产与纳税、大企业的关联关系兼顾起来，综合考虑作为自然人税收监管的法律依据。可参考美、英等国对高收入、高净值自然人税收征管的针对性、精确化认定标准，夯实个人所得税的法治基础。适当动态调改专项附加扣除项目及其扣除标准，根据经济社会发展需要和居民家庭生活水平变化情况，增进以家庭为纳税单位考虑制定差异化扣除额度，并提高个人所得税捐赠扣除限额、倾斜拓展其适用范围至国家基础研究、重点战略性新兴产业产品研发等领域，允许对当年超额部分作以后较长年度结转扣除，鼓励高收入群体积极践行社会责任，引导其改善收入、财富增值扩展方向。第二，优化个人所得税税率形式及其结构。确保降

---

① 弘扬丝路精神　共促能力建设——王军局长在第三届"一带一路"税收征管合作论坛上的发言［EB/OL］.（2022 - 09 - 22）. https：//guizhou. chinatax. gov. cn/xwzx/sjdt/202209/t20220923_76547440. html.

低中低收入群体的税收负担，同时充分发挥累进税率对高收入高净值群体的重点调节作用，强化个人所得税收入再分配效应。

3.2 健全自然人涉税征管法治体系

第一，强化自然人第三方涉税信息共建共享法治建设。从税收征管法到相关法律法规，衔接统合好多方力量协作配合。将实践可行、渐近成熟的多部门涉税联动协作制度机制规范（如财产实名登记制度、现金使用管理制度、自愿披露机制、五步工作法等）提升至法律条款内容，进一步细化明确纳税人、相关单位职能部门推送共享涉税信息，依法协助税务机关工作的各项权利、义务与责任，同时注意加强纳税人信息安全和合法权益维护。第二，完善自然人税收征管法治体系，加快健全自然人"以数治税"的法治化实施体系，明确税务部门扩大到自然人纳税人的相关执法权限，加大对其涉税违法犯罪行为的惩戒力度。此外，严格管控经营所得等资本所得采用核定征税制度，全面清理整顿各地有关财税优惠政策，防范处置好其间税收征纳各方的涉税风险。

3.3 加强自然人税收服务和监管

首先，加大对高收入群体的税收宣传咨询工作。税务系统内部，应在基层一线设立高收入群体税务管理部门或建立专业化管理服务团队，通过多种形式、渠道加强对高收入群体税收法治政策的宣传教育和培训，及时解答高收入群体的涉税疑问，在全社会信用体系建设中助推高收入群体主动依法履行纳税义务责任。同时，规范加强涉税专业中介机构的市场化服务，助力其更好地改进满足自然人纳税人涉税诉求，提供优质涉税专业服务。其次，在以"金税四期"为重点的第三方信息共享平台作用的基础上，将高收入群体涉税信息纳入专门的自然人税收数据库，积极开展针对性、专业化、精细化服务监督，对其个人所得税税源实行全方位实时动态监控，全面准确掌握其个人所得税征纳状况。2021年两办提出的《关于进一步深化税收征管改革的意见》明确提出，应健全以"数据集成＋优质服务＋提醒纠错＋依法查处"为主要内容的自然人税费服务与监管体系。依法加强对高收入高净值人员的税费服务和监管，推进自然人涉税费征管智能化进程，大力增强针对高收入高净值纳税人的税收风险稽核机制、反避税管理机制作为，以及与国际税收征管合作机制效能，严厉打击涉税违法犯罪行为。最后，增进涉税争议税务救济功能。优化"纳税前置"程序设计，科学管控争议处置流程和方法，减少纳税人依法维权成本，着力提升高收入群体的纳税遵从合作度。

个人所得税是直接税的重要组成部分，但要完善直接税体系，还需要多税种并重发力，积极推进房地产税改革试点和立法工作，择机做好遗产税和赠与税等，才能更充分地发挥好直接税促进税收公平的作用。

参考文献：

［1］蔡德发，尹天野．强化高收入者个人所得税征管对策研究［J］．经济研究导刊，2020（5）：159－160．

［2］国家税务总局安徽省税务局课题组．高净值自然人税收风险管理国际比较与经验借鉴［J］．国际税收，2024（1）：60－68．

［3］国家税务总局湖北省税务局课题组．高收入高净值自然人税收征管的国际经验借鉴［J］．税务研究，2022（4）：97－101．

［4］韩立新，刘颖．自然人个人所得税的税收征管体系构建研究［J］．经济师，2018（5）：142－144．

［5］李海楠．瞄准共同富裕　完善收入分配制度［N］．中国经济时报，2022－10－20（003）．

［6］庞凤喜，涵默．优化个人所得税　提升自然人直接税贡献［J］．税务研究，2022（2）：45－52．

［7］漆亮亮，王晔．新时代推进我国自然人税收治理现代化的思考［J］．税务研究，2021（1）：134－138．

［8］孙红梅，滕一良，郭明磊．自然人税收征管法律制度的完善路径——以《税收征管法》修订为视角［J］．税务研究，2018（7）：125－128．

［9］田志伟，金圣．我国个人所得税收入再分配效应的再探究［J］．税务研究，2023（7）：16－24．

［10］杨昭，周克清．对下调我国个人所得税最高边际税率的思考［J］．税收经济研究，2020，25（5）：28－38．

［11］袁显朋，董琦，杨艳，等．智慧税务环境下个人所得税征管问题研究［J］．财会研究，2023（5）：16－24．

［12］张克中，马婷钰．规范财富积累机制的税收政策分析［J］．税务研究，2024（1）：37－41．

"广州德发税案"再启示

【摘　要】"广州德发税案"被业界称为税务行政诉讼"民告官"第一案。从2004年税企征管纠纷发生至2017年经过最高法再审作出最终判决，历时十余年的"广州德发税案"在税收法治领域乃至全社会的综合影响力巨大且深远，为此还入选了2017年最高人民法院发布的行政审判十大典型案例（第一批）。现阶段，随着我国经济社会改革发展进入关键攻关期和深水区，涉税案件纠纷逐步呈现上升趋势；同时，税收征管改革正在加快纵深推进，税收征管法、行政诉讼法等相关法律制度也需再行启动新的修订。反思"广州德发税案"，对于当下进一步完善我国新时代中国特色社会主义税收法治又有着新的启迪与推动。

【关键词】广州德发税案；税收法治；税收法治实施体系

【思政在线】

"党的十八大以来，我们提出一系列全面依法治国新理念新思想新战略，明确了全面依法治国的指导思想、发展道路、工作布局、重点任务。"坚持建设中国特色社会主义法治体系就是其中的重要内容。

——习近平总书记在2018年8月24日召开的中央全面依法治国委员会第一次会议上的讲话

1. "广州德发税案"简要回顾

1.1 "广州德发税案"主要案情经过

2004年11月，广州德发房产建设有限公司（以下简称"德发公司"）因银行 1.3 亿港元的到期债务无力偿还，遂决定与广州穗和拍卖行有限公司（以下简称"拍卖行"）签订委托拍卖合同，委托其拍卖所拥有的位于广州市人民中路 555 号房产（即估值约 5.3 亿港元的"美国银行中心"房产），以清偿银行债务。拍卖行在发布的拍卖公告中明确竞投者须交拍卖保证金港币 6 800 万元。在当年 12 月 9 日举行的拍卖会上，只有一家公司参与了拍卖，并以 1.3 亿港元（折合当时人民币约 1.38255 亿元）竞买了上述标的物的部分房产，面积为 59 907.0921 平方米。拍卖后，德发公司依照 1.38255 亿元成交额先后向税务机关申报缴纳了营业税 6 912 750 元及堤围防护费 124 429.5 元，并取得荔湾区地税局出具的完税凭证。

2006 年 6 月，广州市地方税务局第一稽查局（以下简称"广州地税稽查一局"）在检查德发公司 2004～2005 年的缴税情况时发现，上述拍卖交易价格明显低于 2003～2005 年的周边房价，遂对此展开具体调查核实；后依据《中华人民共和国税收征收管理法》第三十五条第一款第（六）项明确的"纳税人申报的计税依据明显偏低，又无正当理由的"的情形，重新核定了德发公司该次拍卖房产的交易价格应为 3.1167 亿元，作出要求其补缴营业税 8 671 188.75 元及税收滞纳金 2 805 129.56 元、堤围防护费滞纳金 48 619.36 元的税务处理决定。德发公司不服，向上级税务机关申请税务行政复议。2010 年 2 月，复议机关作出行政复议决定，维持广州地税稽查一局的行政处理决定。

2010 年 3 月及后，德发公司先后向广州市天河区人民法院、广州市中级人民法院提起一审、二审行政诉讼。一审判决驳回了德发公司的诉讼请求；二审法院驳回了德发公司上诉，维持一审判决结果。对此，德发公司于 2012 年 3 月又先后向广州市、广东省两级人民检察院提起抗诉申请，相关检察院经调查审理后均维持了法院的判决。

2013 年 1 月，德发公司向最高人民法院提交了《行政再审申请书》，以"原审判决和二审判决审理程序违法，认定事实的主要证据明显不足且适用法律错误"为由，提出申诉、请求再审。

1.2　最高人民法院再审"广州德发税案"

广州德发房产建设有限公司诉广州市地方税务局第一稽查局税务处理决定申请最高人民法院再审一案（创下了我国最高人民法院审理案件的三个"第一"：新中国成立以来最高人民法院提审的第一起税案；2015 年 5 月 1 日行政诉讼法实施后最高人民法院公开审理的第一起行政案件；行政诉讼法实施后最

高人民法院审理的首起行政机关负责人出庭应诉案件），最高人民法院于2014年12月25日作出行政裁定书，决定提审此案；2015年6月29日开庭审理，最后在2017年4月作出最终判决。其判决结果备受征纳双方及社会各界高度关注①。

1.2.1　最高人民法院再审广州德发税案的涉税争议焦点

最高人民法院再审中总结归纳的本案争议核心焦点问题集中在两大方面：纳税人以拍卖价格作为计税依据申报应纳税额，税务机关能否在征税后重新核定应纳税额并要求其补缴税款？相应税收滞纳金的收取是否合法？

对此，最高人民法院认为：

第一，不违反法律原则和精神的行政惯例应当予以尊重。广州地税稽查一局在查处涉嫌税务违法行为时，依据《中华人民共和国税收征收管理法》第三十五条规定核定纳税义务人的应纳税额是其职权的内在要求和必要延伸，符合税务稽查的业务特点和执法规律，符合《国家税务总局关于稽查局职责问题的通知》关于税务局和稽查局的职权范围划分的精神，不构成超越职权。

第二，税务机关确定应纳税额时，应当尊重市场行为形成的市场价格；当其基于国家税收利益的考虑否定拍卖价格作为计税价格，行使《中华人民共和国税收征收管理法》第三十五条第一款第六项应纳税额核定权时，应当受到严格限制。纳税义务人以拍卖不动产的拍卖价格作为计税依据依法纳税后，在该拍卖行为未被有权机关依法认定为无效或者认定存在违反拍卖法的行为并影响拍卖价格的情况下，税务机关原则上不能根据《中华人民共和国税收征收管理法》第三十五条第一款第六项的规定行使应纳税额核定权；但如果拍卖行为中存在影响充分竞价的因素导致拍卖价格过低，如本案中的一人竞拍时，税务机关基于国家税收利益的考虑，有权行使应纳税额核定权。

第三，没有法律、法规和规章的规定，行政机关不得作出影响行政相对人合法权益或者增加行政相对人义务的决定。税务机关根据《中华人民共和国税收征收管理法》第三十五条第一款第六项的规定行使应纳税额核定权，应当受到《中华人民共和国税收征收管理法》第五十二条关于追缴税款和滞纳金的条件和期限的限制；因不能归责于纳税义务人的原因而作应纳税额的重新确定的，纳税义务应当自核定之日起发生，稽查局对德发公司征收该税款确定之前的税收滞纳金，没有法律依据。

---

① 最高法首次审理税务案或成指导性案例［EB/OL］.（2015 - 07 - 16）. https：//news. ifeng. com/a/20150716/44181652_0. shtml.

1.2.2 最高人民法院作出再审终审行政判决

2017 年 4 月 7 日，最高人民法院作出再审行政判决如下：第一，撤销广州市中级人民法院（2010）穗中法行终字第 564 号行政判决和广州市天河区人民法院（2010）天法行初字第 26 号行政判决；第二，撤销广州市地方税务局第一稽查局穗地税稽一处〔2009〕66 号《税务处理决定书》中对广州德发房产建设有限公司征收营业税滞纳金 2 805 129.56 元和堤围防护费滞纳金 48 619.36 元的决定；第三，责令广州市地方税务局第一稽查局在本判决生效之日起三十日内返还已经征收的营业税滞纳金 2 805 129.56 元和堤围防护费滞纳金 48 619.36 元，并按照同期中国人民银行公布的一年期人民币整存整取定期存款基准利率支付相应利息；第四，驳回广州德发房产建设有限公司其他诉讼请求。一、二审案件受理费 100 元，由广州德发房产建设有限公司和广州市地方税务局第一稽查局各负担 50 元①。

2017 年 4 月 17 日，最高人民法院发布了《广州德发房产建设有限公司与广东省广州市地方税务局第一稽查局再审行政判决书》。至此，这起历时 10 余年的"马拉松"税案宣告终结。

2. 最高人民法院公开解读再审"广州德发税案"的典型意义

2017 年 6 月，在 2016 年度最高人民法院办理的近 2 500 件行政案件中，最高人民法院确定公布了行政审判十大典型案例（第一批），广州德发税案入选②。

该案作为最高人民法院提审改判的第一起税务行政案件，案件围绕多个焦点问题的最终司法判决结果，对切实有力推进我国社会主义税收法治具有极强的典型现实指导意义：

（1）尊重了行政机关长期执法活动中形成的专业判断和行政惯例。通过司法确认的方式，认可省级以下税务局及其税务稽查局在具体执法过程中形成

---

① 创最高法审理案件"仨第一""广州德发税案"判决结果出炉［EB/OL］．（2017 - 04 - 18）．https：//www. toutiao. com/article/6410283049603727617/？wid = 1711359786284.

② 最高人民法院行政审判十大典型案例（第一批）［EB/OL］．（2017 - 06 - 13）．http：//china. cnr. cn/gdgg/20170613/t20170613_523798852. shtml.

的不违反法律原则和精神且符合具体执法规律和特点的惯例，对今后人民法院处理类似问题提供了借鉴方法。

（2）体现了法院在促进依法行政方面的司法能动性，既要保障国家利益不受损，也要防止税收权力的任性。进一步明确了拍卖价格作为计税依据的合法性，并限定税务机关行使应纳税额核定权的行使条件，厘清了特定税收专业领域行政机关职权和市场主体自治的界限。

（3）贯彻落实"法无明文规定不可为"的法治理念，确保当事人合法权益不受行政机关无法律依据的剥夺。行政权的行使应当严格限定在法律明确规定的范围内，在法律没有规定的情况下，行政机关不得作出影响行政相对人合法权益或者增加行政相对人义务的决定。

3. 我国新征程下社会主义税收法治加快推进动态

3.1　新征程下应全面弘扬税收法定原则

税收法定原则作为世界范围内近代法治的先驱思想与首要规则，是民主和法治原则等现代宪法原则在税收法治领域的体现和必然要求，是现代税法的最高法律准则，对保障人权与国家税收利益、社会公益具有极其重要的指引作用。

长期以来，税收法定原则往往首先被认为是税收立法的首要原则，但其完整指引意义应全面贯彻落实到包括税收立法、执法、司法和社会守法的法治全过程、全方位。现代国家通常是税收国家，而我国新征程里的现代化税收必须以法治路径确保其对中国式现代化追求应起到的固根本、稳预期，利长远效用。自党的十八届三中全会首次明确提出"落实税收法定原则"至今，我国推进税收法治建设的步伐一再加快，成果丰硕。截至目前，已有十三部税收法律（十二部税收实体法加一部税收征管法）先后颁布（修订），对坚持党的全面领导、人民当家作主，以及全面深化改革、全面依法治国与依法治税提供了重要的条件保障。在建设中国特色社会主义现代化强国新征程中，为更好地发挥税收在国家治理中的基础性、支柱性、保障性作用，科学立法、严格执法、公正司法、全民守法的税收现代化法治目标追求仍任重道远；在这一根本指引下，税收法治体系建设还需要全社会合力持续纵深推进。

3.2 现阶段我国行政诉讼法的再行修正完善

《中华人民共和国行政诉讼法》于1989年4月4日第七届全国人民代表大会第二次会议通过，1990年1月1日开始施行。它所审理适用的对象是"民告官"类行政诉讼案件，既是司法救济手段，更是司法监督手段，对解决行政争议，保护公民、法人和其他组织的合法权益，监督并促进行政机关依法行使职权具有非常重要的现实作用。"广州德发税案"的发生时间正好身处我国行政诉讼法律制度出台贯彻执行并渐趋深化完善的改革开放的时代背景下。这一案件全面反映了税企双方之间涉税争议发生和相应执法司法部门法治解决的互动全过程，是非常好的税收执法、司法实践教育与改进的镜鉴。

时代发展日新月异。继2014年、2017年两次修正后，《中华人民共和国行政诉讼法》修正草案于2022年12月27日提交十三届全国人大常委会第三十八次会议审议，启动了第三次修改的立法进程。

此次修改，主要是基于2021年以来最高人民法院组织开展的四级法院审级职能定位改革试点经验，拟针对行政诉讼法现有关由基层法院管辖的第一审行政案件范围，以及拟应向原审高级人民法院和可以向最高人民法院申请再审的案件情形等作出修正。及后，随着修正案草案2022年12月30日至2023年1月28日公开向社会征求意见，行政诉讼法学界针对相应再审程序调改的执行效果、法院拟下放部分行政诉讼案件管辖权的反对观点较为突出。根据《中华人民共和国立法法》相关规定，2023年8月21日，十四届全国人大常委会第十次委员长会议终止了该次行政诉讼法的修改议程[1]。

2023年8月23日，最高人民法院发布了《关于行政案件上诉率高、申诉率高问题的调研报告》。其中指出，2018～2022年5年间，全国法院共计受理行政上诉案件73.6万件，申诉案件17.8万件，行政案件上诉率高、申诉率高问题在行政诉讼领域普遍存在[2]。如何更好更快地依法解决"民告官"现实困境，加快府院联动与司法监督顶层制度机制的再优化，关系政府依法行政实效，是加强新时代下法治国家、法治政府、法治社会建设的一大新挑战。

从古至今，"徒法不足以自行""一分部署九分落实"等都在强调全面贯彻和落实落细对确保治理实效的重要性和必要性。党的十八大以来，党中央明

---

① 行政诉讼法修改罕见终止，"民告官"案管辖权下放曾引发争议［EB/OL］. (2023 - 08 - 22). https：//baijiahao. baidu. com/s?id = 1774929167959678834&wfr = spider&for = pc.
② 关于行政案件上诉率高、申诉率高问题的调研报告［EB/OL］. (2023 - 08 - 24). https：//baijiahao. baidu. com/s?id = 1775061429170752341&wfr = spider&for = pc.

确提出了一系列全面依法治国的新理念新思想新战略，"坚持建设中国特色社会主义法治体系"就是其中的一个重要内容和组成部分。党的十八届四中全会《中共中央关于全面推进依法治国若干重大问题的决定》，指出了新时代建设中国特色社会主义法治体系、建设社会主义法治国家的基本任务。2018年8月党中央全面依法治国委员会第一次会议上，习近平总书记强调："中国特色社会主义法治体系是中国特色社会主义制度的法律表现形式"①"中国特色社会主义法治体系是推进全面依法治国的总抓手"②。为此，通过科学立法、严格执法、公正司法、全民守法，形成完备的法律规范体系、高效的法治实施体系、严密的法治监督体系、有力的法治保障体系与完善的党内法规体系"五大体系"，中国特色社会主义法治体系内涵得到了完整准确的表达，明确了把法治国家建设总目标变成"看得见""能感受""可操作""易评价"的现实有序、有效转化方向及推行路径。

"法治体系是国家治理体系的骨干工程"（徐显明，2021）。税收法治体系作为我国社会主义法治体系的一个重要组成部分，必须全面涵盖税收立法、执法、司法、普法、守法等法律运行的全过程；而在其间，科学健全税收法治实施体系是高质量发展新阶段下税收法治体系建设的重点和难点所在。

改革开放以来的实践充分表明，没有税收征管法治化改革的配套跟进，税收实体法治也难以落地化为善治成果。2023年9月8日，十四届全国人大常委会公布了今后五年的立法规划。《中华人民共和国增值税法》《中华人民共和国消费税法》《中华人民共和国关税法》《中华人民共和国税收征收管理法》等税收领域四部法律制定（修改）纳入条件比较成熟、任期内拟提请审议的法律范围。2024年4月26日，十四届全国人大常委会第九次会议通过了《中华人民共和国关税法》，自2024年12月1日起施行③。

参考文献：

[1] 北京市哲学社会科学国家税收法律研究基地.国家税收法律研究报告［M］.北京：首都经济贸易大学出版社，2022.

[2] 关于行政案件上诉率高、申诉率高问题的调研报告［EB/OL］.（2023－08－24）.https：//baijiahao.baidu.com/s?id=1775061429170752341&

---

① 习近平.论坚持人民当家作主［M］.北京：中央文献出版社，2021：243.
② 习近平.习近平著作选读（第二卷）［M］.北京：人民出版社，2023：382.
③ 关税法通过！落实税收法定原则 推进高水平对外开放［EB/OL］.（2024－04－26）.http：//www.npc.gov.cn/c2/c30834/202404/t20240426_436848.html.

wfr = spider&for = pc.

［3］李林木，钱金保．中国式现代化新征程上的税收法治体系建设路径［J］．税务研究，2023（3）：9－15.

［4］李为人，贾英姿．税务管理新论（第二版）［M］．北京：中国财政经济出版社，2020.

［5］刘剑文．财税法专题研究（第三版）［M］．北京：北京大学出版社，2015.

［6］王家本．典型涉税司法案例解析［M］．北京：中国税务出版社，2022.

［7］行政诉讼法修改罕见终止，"民告官"案管辖权下放引发争议［EB/OL］．（2023－08－22）．https：//baijiahao.baidu.com/s?id=1774929167959678834&wfr = spider&for = pc.

［8］最高人民法院行政审判十大典型案例（第一批）［EB/OL］．（2017－06－13）．http：//china.cnr.cn/gdgg/20170613/t20170613_523798852.shtml.

创新涉税争议融合治理模式
推进基层税收治理高质量发展

【摘　要】治国安邦重在基层。在各地围绕国家新发展阶段分两步走的战略目标定位，加快 2035 年基本实现国家治理体系和治理能力现代化的目标进程中，坚持好、贯彻好党的群众路线，大力弘扬"枫桥经验"，以"五治融合"理念指引基层税收征管服务改革深化开展，完善税务行政复议工作实效，探索创新涉税费矛盾纠纷多元预防调处化解体系并集成提升效能，"共建共治共享"人人有责、人人尽责、人人享有的基层税收融合治理共同体，是税收治理成效更多、更公平地惠及全体人民，实践和发挥好税收治国理政基石作用的关键所在。

【关键词】基层税收融合治理；高质量发展；涉税争议；模式创新

【思政在线】

"要推动更多法治力量向引导和疏导端用力，完善预防性法律制度，坚持和发展新时代'枫桥经验'，完善社会矛盾纠纷多元预防调处化解综合机制，更加重视基层基础工作，充分发挥共建共治共享在基层的作用，推进市域社会治理现代化，促进社会和谐稳定。"

——习近平. 习近平谈治国理政（第四卷）［M］. 北京：外文出版社，2022：295.

1. 案 例 背 景

2023 年是毛泽东批示学习推广"枫桥经验"60 周年，也是习近平总书记指示坚持并时代化发展"枫桥经验"20 周年。60 年一甲子，"枫桥经验"在新时代坚持党建引领改革，新征程里高质量推进经济、政治、文化、社会、生态等领域国家治理全面发展，升华了对正确处理新形势下人民内部矛盾规律的认识，坚定法治保障推进实现中国式现代化，把法治政策落实的"最后一公里"转换为解决问题的"最先一公里"，将党建工作和社会综合治理科学有机融合，扎实贯彻到基层治理中去，不断焕发出中国特色社会主义制度的时代化优势，使以"人民为中心"的发展思想在创新党的工作领导方式和工作方法中得到一以贯之的切实有效发挥，更好地优化拓展了稳定繁荣社会与激发市场活力、提高党和国家（政府）治理效能三者之间的良性协调发展关系，大力完善了社会主义强国建设中国家基层社会治理体系下的"群众自治（社会共治）圈"，提升了基层综合治理的现代化水平、能力。

2. 案 例 正 文

党的十八大以来，作为治国理政最重要的基础、支柱，税收为保障国家财政收入和促进经济社会发展发挥了重要作用。尤其是作为关键环节的税收征管领域，对应新时代法治公正、廉洁高效的服务型政府责任示范创建活动新要求，"放管服"改革层层深入推进，税收营商环境大幅优化；行政执法体制机制改革大力加强，行政权力监督制约全面强化，各级税务职能部门依法行政能力明显提高，成效突出。当前，我国已经开启全面建设社会主义现代化强国和向第二个百年奋斗目标进军的新征程，加速推进国家治理体系和治理能力现代化，更好适应人民日益增长的美好生活需要，都对税收工作提出了新的更高要求，必须立足全局、着眼长远、守正创新、开拓进取，推动新时代税收服务中国式现代化建设再上新台阶。

2.1 新时代全面加强党的领导下创新税收工作的生动实践

改革开放以来，随着经济社会的不断发展，党中央对中国特色社会主义制度的认识不断深化，把制度建设放到了更加突出的位置，强调应将中国特色社会主义制度优势进一步切实转化为国家的实际治理效能。中共十八届三中全会首次提出并明确了全面深化改革的总目标是"推进国家治理体系和治理能力现代化"；"十三五"时期要完善和发展中国特色社会主义制度，实现各方面制度更加成熟定型，各领域基础性制度体系基本形成。2021 年 8 月，中共中央印发了《法治中国建设规划（2020－2025 年）》，确定了"十四五"时期"加快形成职责明确、依法行政的政府治理体系"目标；及后，司法部修改出台了《市县法治政府建设示范指标体系》（2021 年版），对标细化了实践一线建设法治政府的具体可行规范。同年 3 月，中共中央办公厅、国务院办公厅印发了《关于进一步深化税收征管改革的意见》（以下简称《意见》），强调税收在国家治理中的基础性、支柱性、保障性作用更充分发挥，全国税务系统坚定把党的政治建设摆在首位，全面统筹设计与分阶段对标细化安排，以党建＋业务高质量发展确保"四精"下实现智慧税务目标，明显降低税收征纳成本、减少税收流失，持续提升税法遵从度、社会满意度，现代化法治税收的顶层设计在层层递进落实。党的二十大提出了中国式现代化建设的新征程目标，首次将"枫桥经验"写入党的全国代表大会报告，强调在社会基层治理中坚持和发展新时代"枫桥经验"，完善正确处理新形势下人民内部矛盾机制。在不断学深悟透践行习近平新时代中国特色社会主义思想、扎实推进第二批主题教育实践过程中，全国税务系统全方位大力展开了"税收现代化服务中国式现代化"的创建行动，开启了更高水平税收现代化治理的新篇章。

跟进党中央有关加快政府职能转型升级、推进现代化治理的重大决策贯彻执行和经济社会高质量发展要求，全国各地税务机关在工作中坚定党的全面领导，坚持为民利民、依法治税，于税收专业服务、执法、监管与协同共治方面不断推进探索实践工作中的制度机制建设和"五措并举"（国家税务总局税收科学研究所，2022）等策略科学落实落细，现代化系统集成改革创新举措频出，尤以基层税务机关践行发展好新时代"枫桥经验"的成效突出。

基层税务部门是贯彻好党中央、国务院决策部署的"最后一公里"，在完善法治政府、服务型政府体系中必须肩负起更新更高的职责、使命，夯实税收高质量发展的基础。在长期丰富的中国特色社会主义治理实践经验总结中，坚定不移走群众路线，践行全心全意为人民服务的宗旨，是我们党治国理政的思想政治和制度优势。党的十八大以来，习近平总书记多次强调："各级党委和政府要充分认识'枫桥经验'的重大意义，发扬优良作风，适应时代要求，创新群众工作方法，善于运用法治思维和法治方式解决涉及群众利益的矛盾和问题[1]。"党的二十大对完善社会治理体系作出了进一步明确部署，要求"在社会基层坚持和发展新时代'枫桥经验'"，使社会治理成效更多、更公平地惠及全体人民。对此，各地税务机关有机结合税费新政贯彻落实和不断深化税收征管改革，着力推进了新时代"枫桥式"税务局（分局）、税务所建设，将

---

① 新华日报社. 新中国 65 年大事记（下）[M]. 北京：人民出版社，2014：1536.

其贯穿到基层探索税收治理融入国家治理大局的创新实践中去，显著提升了基层税收综合治理服务的效能（见表1）。

表1　　　　部分省份基层税务机关创新发展"枫桥经验"的积极探索

省份	践行"枫桥式"税务分局（所）特色工作	成效
浙江省	继承和发扬"红船精神"，打造税务践行新时代"枫桥经验"的浙江样板：集税情收集、税法服务、综合调解、法律救济、权益保护、风险防控六大功能于一体的基层税收治理综合体，努力实现重案零发生、办事零次跑、征纳零纠纷、信访零越级、干部零违纪	首批30家新时代"枫桥式"税务分局（所）已完成授牌命名
陕西省	富平县税务局以"矛盾不上交、服务不缺位、征纳更和谐"为目标，打造标准化"枫桥式"税务分局，以"五治五化""五个中心"规范化建设探索基层税收融合治理路径，涉税费矛盾纠纷"一站专调"	中央政法委2023年11月表彰的104个全国新时代"枫桥经验"先进典型中唯一一个税务系统代表
四川省	成都市高新技术产业开发区税务局第一税务所（是四川省服务纳税人缴费人数量最多的税务所），依托大数据精准推送税费优惠政策，帮助纳税人缴费人解决办税缴费难题	四川省司法厅、省税务局联合命名的"枫桥式"税务所（涉税争议调解满意度达95.5%，政务服务"好差评"好评率达99.9%）
河北省	全力打造集税法宣传、问题收集、矛盾调解、法律救济、权益保护、风险防控等功能于一体的新时代"枫桥式"税务所	在办税服务厅设置远程综合服务室、专席等，县市区覆盖率达100%；从纳税人缴费人诉求、困难细处入手，创设源头问题早疏解、争议细调解、矛盾同化解的河北特色基层"治理标杆"
北京市	紧密联系基层税务工作实际，持续深入推进"从接诉即办到未诉先办"的主动治理工作模式	海淀区税务局第一税务所"春枫团队""一站式"解决群众"急难愁盼"问题，昌平区税务局"1+1+N"税费争议调解机制行动等积极助力首都经济社会高质量发展
深圳市	发挥改革开放前沿阵地优势，打造税收治理现代化发展中的"城市局"枫桥税务所样板	龙华区将共治和共享、刚性和柔性、自律和他律、人力和科技相统一，创建辖区第一个"枫桥式"税务所——涉税中介管理专所；前海深港现代服务业合作区税务局深入推进"跨地域"国际税收事先裁定服务，将"治理之异"变成"制度之利"；深圳税务以"智税"破解办税缴费痛点，提升基层税收治理能力和治理水平

2.2　高质量发展新阶段基层税收融合治理面临的新情况

2020年全面建成小康社会，奠定了我国接续奋斗建成社会主义现代化强国、推进中华民族伟大复兴的坚实基础；党的二十大报告明确了至21世纪中叶加快实现中国式现代化的宏伟蓝图。同时，我们必须清醒面对的基本现状是：社会主义初级阶段发展中的不平衡不充分问题仍然突出，城乡区域发展和收入分配差距仍较大，民生保障存短板，社会、生态治理有弱项等；而国际上则进入百年未有之大变局下不稳定性不确定性风险大幅增加的震荡变革期。

2.2.1 基层税务机关工作任务执行情况与新要求尚有差距

全国近 3 000 个基层税务机关是各项税收法治政策落实落细的最前沿和服务广大行政相对人的第一线和"最先一公里"，工作点多面广量大，最先触及广大纳税人的现实涉税诉求与具体情况问题，征管实际作为直接影响税收职能作用的切实有效发挥。2019 年后，费划转税务系统征管试点改革范围再逐步扩展。进入"十四五"时期，国家新发展阶段分两步走的战略目标定位，首先需要在 2035 年基本实现国家治理体系和治理能力现代化。面对新形势和更新更高的要求，"上面千条线，下面一根针"，基层税务机关工作压力倍增，改革攻坚任务艰巨繁重，在各地税收管理运行中，受制于主客观多方面条件因素综合影响不一，相关调研情况反映基层工作中基础税源管理质量不高，办税缴费服务质效有待提升，风险管理防控成效还需加强等状况仍较明显①，基层税收综合治理的水平和效果迫切需要不断提升。

2.2.2 涉税费争议事由和焦点越来越多元，相应行政复议、诉讼案件数量逐渐升至高位

近几年来税费皆重征管职责转变下，基层税务机关的征管力量与改革发展需求不匹配情况比较突出，随着经济社会和现代科技的快速发展，面对的形势更趋错综复杂；在涉及切身利益面前，纳税人、缴费人涉税费诉求的多样性个性化特点也更加凸显，与税务机关工作交往中工作人员服务理念不足、执法程序意识不强、操作执行不严等现实问题叠加，矛盾争议更易产生。这些环境条件、情况的快速变化，使战略机遇期里税务系统的涉税费治理风险挑战大幅增加，基层综合治理的难度加大。以 2022 年的情况来看，全国税务系统受理行政复议申请 2 088 件，新发生行政应诉案件（一审）1 174 件②，达到了历史新高；税务所成为税务系统涉税费争议的主要应诉对象。德恒律师事务所所做的税务行政诉讼大数据分析显示，省以下税务局的执法风险最高；数量最为庞大

① 国家税务总局新疆维吾尔自治区税务局调研组．基层税收现代化建设的实践现状及发展路径［J］．税务研究，2023（8）：29-34．
② 国家税务总局 2022 年法治政府建设情况报告［EB/OL］．（2023-03-30）［2023-12-11］．https：//www.chinatax.gov.cn/chinatax/n810214/n2897183/c5186040/content.html.

的基层税务所近几年来作为一审被告的税务行政诉讼案件数量比例逐年增加且升幅较大，如一旦引发税务行政诉讼，其败诉风险高于全部税务机关的平均值。本案例联系实际认为，税务所执法风险高企的原因之一在于税务所所依赖的"属地管理"为主的传统执法模式。税务所作为面向纳税人、缴费人执法服务的基层一线部门，在大量日常管理工作中依照原固定征管模式接触、处理涉税费执法事项，为求效率难以顾及公平，极易出现"一刀切"式的执法，短期内很难快速适应新形势下税收法治智治的高标准严要求[①]。

3. 高质量发展新阶段下的基层税收融合治理思考

站在国家治理高度，创建税收全面融入新时代经济社会高质量发展的新格局，需要更好地落实发展税收为民服务的宗旨精神。在智慧税务建设进程中，探索总结提升陕西省富平县税务局等各地基层改革的宝贵经验，依托"五治五化"思路[②]，以系统集成、创新思维大力推进新时代"枫桥式"税务所（分局、办税服务厅）建设，夯实我国税收现代化治理基础。

3.1　以加强党建为引领加快基层税务机关"五治融合"理念下专业工作精进发展

贯彻落实好《意见》要求，在基层税收治理中深化探索贯彻政治、法治、德治、自治、智治"五治融合"理念，发扬光大社会主义税收为国聚财为民造福的宗旨精神，充分结合展现了全面加强党的领导下的税收现代化工作全方位对接新时代中国特色社会主义市场经济、社会、政治、文化、生态文明高质量发展的治理特点和情况要求。各地基层税务机关纷纷整合社会多方资源开展多元主体协同治理，实行税企及第三方点对点党建与业务双融双促，并对应进一步压实了各方涉税主体责任：通过营造基础网格下"一张网、全要素"管理，线上依托税收大数据和人工智能技术，打造"需求提前研判、征纳实时交互、效益全程跟踪"的税费服务"云上互动中心"；线下办税服务厅设置

---

①　德恒律师事务所.2022 年中国税务行政诉讼数据分析报告［EB/OL］.（2023 - 06 - 19）［2023 - 12 - 09］.https：//www.dehenglaw.com/CN/tansuocontent/0008/028859/7.aspx?MID = 0902.

②　张永林，刘玮，崔新平.建设标准化"枫桥式"税务分局的实践策略——基于国家税务总局富平县税务局的调查［J］.税务研究，2023（11）：29 - 35.

"问办一体"的"办税"区、即来即办的"自助体验区"、管理事项前移的"速办区"、方便自主学习的"政策快充区"等持续拓展数字化、智能化税费服务场景，以"零星税源基础网格+重点税源特色网格""管理团队"专业化定制服务等增进了相对人诉求的快速响应机制作为；在执法监管中有机采取非强制性执法方式落细宽严相济、法理相融原则，积极推广运用"五步工作法"，针对相对人首次轻微违法行为全面落实税务行政处罚"首违不罚"事项清单制度等，合力推进了相关税收专业服务、执法、监管与共治制度模式创新、业务方式流程的整体性一体化变革并形成长效工作机制，持续深化了政、税、企清亲和谐税收关系建设，更好地强化驱动迸发出中国式现代化进程中的税收治理内在活力与创造性成效，显著聚合提高了基层税费治理效能，从征管服务源头上切实把涉税费治理中可能新发产生的问题苗头、矛盾纠纷在第一时间化解于基层一线萌芽阶段。

3.2 对接新行政复议法的修改加强税务行政复议制度建设，更好地发挥行政复议解纷止争实效

与法治轨道下其他问题争议解决机制相比，行政复议先天具有通过自身专业特长解决矛盾纷争的制度优势。我国税收法治现阶段，在《中华人民共和国行政复议法》于2023年最新大幅修改后，国家税务总局制定的现行《税务行政复议规则》（以下简称《规则》）局限性更加明显，须尽快作新的调改。为进一步优化税务行政复议制度法治化解决税务行政争议的主渠道作用，应在以下主要方面做好规则及其运行的相应完善。

（1）独立建设全国税务行政复议工作组织机构。高质量发展新阶段里，应加快配套衔接税务系统征管体制的全面深化改革，在总局直接垂直管理下独立科学设置全国税务行政复议委员会，从上至下专职统管各地税务行政复议工作。这样可以使新的《中华人民共和国行政复议法》所明确的行政复议委员会制度连接现行规则有关行政复议委员会的功能转型升级，更好地通过复议机构的独立性优化办理而对案情复杂、疑难涉税争议问题做好专业性公平公正解决，力避地方行政等其他因素不利干预复议情况现实发生。

（2）优化构建税务和解制度，扩展税务行政复议调解范围。和解调解制度是典型的契约型税收治理方式①，对彰显税收服务"以民为本"理念原则大有助益。但迄今为止，规则对税务行政复议决定作出之前可以通过和解、调解

---

① 刘剑文，刘静.法治视域下税务和解制度的建构［J］.税务研究，2022（10）：76-82.

的执行范围较窄，仅限于争议涉及的税务"合理性"问题与税务行政自由裁量权的运用行使。新《中华人民共和国行政复议法》相应条款概括性地扩大了行政复议调解及和解的适用范围，促进发挥了行政复议化解行政争议的作用效果；考虑到税收工作直接密切关系国家利益、社会公益和他人合法权益，应在规则修改中细化明确对税务和解与调解范围的区分运用，对税务和解范围不作兜底条款规定，并强化税务行政复议过程中采取和解调解的相应程序保障，平衡兼顾好征纳各方权利。

（3）配套跟进科学设计好复议前置范围与相关"复议前置"及"前置复议"程序。新《中华人民共和国行政复议法》对行政复议前置范围作了具体增加，减轻了司法机关行政诉讼对应面临的压力；同时明确了对于需行政复议前置的情形，行政机关在作出行政行为时应当告知相对人及时行使其法定救济权利的条件。这方面规则应根据法律优位原则加以对接适用。但与此同时，相应税务行政复议前置规定及前置复议条件还应联系《中华人民共和国税收征管法》等相关法律条款的优化修改再行斟酌考虑，以在确保国家税款征收中更好地落实维护好纳税人权益。

（4）提升对税务规范性文件的监督审查管理水平。目前，税务规范性文件在税法体系中占比较高，在税务行政执法实践中实质上对行政相对人的影响最为直接。新《中华人民共和国行政复议法》第五十八条规定了复议机构书面通知规范性文件制定机关应就相关条款的合法性提出书面答复的，制定机关应当提交书面答复及相关资料。本案例认为还应要求复议机关加强对税务规范性文件的合规性、权益性审核；复议决定除告知审查结果外，应向申请人详细说明具体的审查事由，以确保这一审查提高实效。

（5）再行细化落实体现好税务行政复议对相对人合法权利的有力保护。新《中华人民共和国行政复议法》在一定程度上强化了被申请人的举证责任，第四十七条增加了允许申请人、第三人及委托代理人对证据材料进行复制的权利；新增了简易审理程序，促进行政复议案件"繁简分流"，促进行政复议"便民为民"制度优势发挥；明确了在普通审理程序中，行政复议机构应当听取当事人的意见，并将听取的意见记录在案；因当事人原因不能听取意见的，可以书面审理。新法还规定了重大疑难复杂案件应当组织听证；细化了变更、确认违法等行政复议决定的适用情形，要求行政复议机关应根据被申请行政复议的行政行为的公开情况，按照国家有关规定将行政复议决定书向社会公开；就强化行政复议决定的执行监督力度作出规定等。这一系列具体新增内容，有助于推进税务机关依法行政，提升公信力和复议工作的执行力，同时更好地保障相对人的权利，规则应对应税务执法情况特点作相关明确增补、调整。

3.3 在持续深化"枫桥式"税务机关建设中，优化基层税务机关涉税费矛盾纠纷多元预防调处化解体系集成效能，提升全社会共建共治税收成果

"枫桥经验"在新时代伟大实践中不断创新发展，全国各地税务机关良好展现了高质量发展新阶段里坚持好、发展好新时代"枫桥经验"需共治和共享、刚性和柔性、自律和他律、人力和科技相统一的新特点，努力实现重案零发生、办事零次跑、征纳零纠纷、信访零越级、干部零违纪，切实提升了基层税收治理水平。截至2023年12月，全国税务系统已培育新时代"枫桥式"税务分局1 215个，现场解决问题超4 000个①。

法治是最好的营商环境。各地新时代"枫桥式"税务分局（所）在依法治税、调解涉税费纠纷领域不断深化创新推进法治建设，与司法调解有效衔接优化综合执法，以整合调解员队伍为牵引打造践行"枫桥经验"新的多元应用场景，构建形成局内部门联动、系统上下联动、社会相关方共治联动的"三向联动"税费争议调解综合治理体系，力争从源头上预防化解好矛盾争议。2022年里，全国共指导各地税务部门建立了1 500多个"公职律师涉税争议咨询调解中心"，4 400多名公职律师参与涉税争议咨询、组织调解、出具意见等法务活动，发挥了推动争议化解，维护纳税人缴费人合法权益的重要作用②；各地开展了税务司法协作共治的探索试点工作，与当地法院协作构建较为完善的民事案件涉税事项全流程协作机制，与当地检察院签订税检合作备忘录，通过推动前置纠纷化解防线、前端融合治理，有效解决了群众急难愁盼问题，摸索总结出了许多可复制可推广执行的优秀治理成果。

承前启后，国家税务总局已明确2023年底前实现全国每个县局都建成一个新时代"枫桥式"税务分局，力争2026年底前全覆盖的目标，以更好地拓展发挥"枫桥式"经验的制度实践成效，在提升税费服务质效、预防化解矛盾，提高纳税人缴费人满意度遵从度等工作中发挥出更大效能，推动基层税收融合治理现代化取得新进展新突破，夯实税收现代化服务中国式现代化的根基。

---

① 税务系统推动第二批主题教育走深走实［EB/OL］.（2023 - 12 - 29）. https：//www. gov. cn/yaowen/shipin/202401/content_6923892. htm.

② 国家税务总局2022年法治政府建设情况报告［EB/OL］.（2023 - 03 - 30）［2023 - 12 - 11］. https：//www. chinatax. gov. cn/chinatax/n810214/n2897183/c5186040/content. html.

参考文献：

［1］德恒律师事务所．2022 年中国税务行政诉讼数据分析报告［EB/OL］．（2023 - 06 - 19）［2023 - 12 - 09］．https：//www.dehenglaw.com/CN/tansuocontent/0008/028859/7.aspx？MID=0902.

［2］谷成．税收与现代国家治理［M］．大连：东北财经大学出版社，2021：44 - 53.

［3］国家税务总局．多措并举　打造新时代"枫桥式"税务所［EB/OL］．（2023 - 11 - 24）［2023 - 12 - 12］．https：//www.chinatax.gov.cn/chinatax/c102369/c5217009/content.html.

［4］国家税务总局．国家税务总局 2022 年法治政府建设情况报告［EB/OL］．（2023 - 03 - 30）［2023 - 12 - 11］．https：//www.chinatax.gov.cn/chinatax/n810214/n2897183/c5186040/content.html.

［5］国家税务总局税收科学研究所课题组．"五措并举"精准落实新的组合式税费支持政策［J］．税务研究，2023（1）：15 - 20.

［6］国家税务总局新疆维吾尔自治区税务局调研组．基层税收现代化建设的实践现状及发展路径［J］．税务研究，2023（8）：29 - 34.

［7］刘剑文，刘静．法治视域下税务和解制度的建构［J］．税务研究，2022（10）：76 - 82.

［8］2023 年 9 月 1 日第十四届全国人民代表大会常务委员会第五次会议修订．中华人民共和国行政复议法［EB/OL］．（2023 - 09 - 01）［2023 - 12 - 06］．http：//www.npc.gov.cn/npc/c2/c30834/202309/t20230901_431409.html.

［9］张永林，刘玮，崔新平．建设标准化"枫桥式"税务分局的实践策略——基于国家税务总局富平县税务局的调查［J］．税务研究，2023（11）：29 - 35.

［10］中共中央　国务院印发《法治政府建设实施纲要（2021 - 2025 年）》［EB/OL］．（2021 - 08 - 11）．https：//www.gov.cn/gongbao/content/2021/content_5633446.htm.

［11］仲音．坚持好、发展好新时代"枫桥经验"［EB/OL］．（2023 - 09 - 27）．http：//opinion.people.com.cn/n1/2023/0927/c1003 - 40085949.html.

推进高质量发展新阶段下全面深化
税收征管改革与云南实践

【摘　要】围绕贯彻落实好中国式现代化发展新征程下推动经济社会高质量发展的新任务，全面纵深推进税收征管改革开启了新篇章。全国税务系统全方位加快税收领域"放管服"改革，云南省也具体对接省情进一步落地落细，不断完善征管体系、提高征管质量，为实现改革发展目标提供了坚实保障。税收现代化必须以税收征管现代化为核心支撑，应在近期持续深化税收征管改革，中远期配合全面完善现代税费法治体系，配套跟进新一轮财税体制改革、优化税务组织体系建设等方面推进税收治理现代化。

【关键词】高质量发展新阶段；全面深化税收征管改革；云南实践情况

【思政在线】

"以习近平新时代中国特色社会主义思想为指导，全面贯彻党的十九大和十九届二中、三中、四中、五中全会精神，围绕把握新发展阶段、贯彻新发展理念、构建新发展格局，深化税收征管制度改革，着力建设以服务纳税人缴费人为中心、以发票电子化改革为突破口、以税收大数据为驱动力的具有高集成功能、高安全性能、高应用效能的智慧税务，深入推进精确执法、精细服务、精准监管、精诚共治，大幅提高税法遵从度和社会满意度，明显降低征纳成本，充分发挥税收在国家治理中的基础性、支柱性、保障性作用，为推动高质量发展提供有力支撑。"

——2021 年 3 月，中共中央办公厅　国务院办公厅印发《关于进一步深化税收征管改革的意见》

---

1. 新征程里税务系统全方位加强
税收征管改革的实践探索

党的十八大以来，我国税收征管领域"放管服"改革步伐一直在加快。

为营造惠民优商的市场化便利化法治税收营商环境，助力高水平对外开放，全国税务系统自 2014 年以来连续十年践行并打造提升"便民办税春风行动"服务品牌，先后取消了 61 项税务证明事项，6 项税务证明事项实行告知承诺制，绝大部分税收优惠实现"自行判断、申报享受、相关资料留存备查"；建立了 9 个大类 4 个层级 4 219 个税费标签体系和精准推送机制以贯彻落实落细税费优惠政策，惠及纳税人缴费人超 10 亿户次。2022 年第三方调查的全国纳税人满意度由 2012 年的 79.7 分提高到 89.2 分①。

统筹结合当前面临的新形势、新要求、新使命，党中央于 2020 年首次提出要构建以国内大循环为主体、国内国际双循环相互促进的新发展格局；随后 2021 年 3 月通过的"十四五"规划和 2035 年远景目标纲要指明了我国现阶段经济社会要高质量发展的新任务，中共中央办公厅和国务院办公厅印发的《关于进一步深化税收征管改革的意见》（以下简称"《意见》"），构画了全面建成社会主义现代化强国和中华民族伟大复兴新征程里税收征管改革的新蓝图。全国各地税务机关在工作中坚持党的全面领导，坚持为民利民、依法治税，于税收专业服务、执法、监管与协同共治方面不断推进探索总结实践工作中的"四精"制度机制建设，以表 1 作简要汇总反映。

表 1　　　　　　　　近几年来税收征管创新集成制度机制一览

分工领域	目标	创新制度机制具体主要内容
税收服务	精细化打造优质便捷的税收专业服务体系，持续优化税收营商环境	通过创建政策标签体系、扩大税收优惠政策"自行判别、申报享受、留存备查"执行范围，推进实践政策直达快享机制；建成全国统一规范的电子税务局，持续升级"便民办税春风行动""税收宣传月""税路通"等纳服品牌，拓展"网上办""掌上办""非接触式""不见面"等办理方式，践行"多税合一""一键申报"、告知承诺制容缺办理等，细化改进办税缴费流程、质效，不断切实减轻相对人办税缴费负担；线上线下并重尝试推行多元智能型个性化服务，积极采用"一户一策（档）"团队（管家）专项服务等增进满足相对人的普惠性和多样化、特殊事项服务需求
税务执法	全面贯彻落实税收法定原则，科学建设精确执法体系	通过试点启动，逐步推开"金税四期"工程"两化、三端、四融合"建设，稳步推进发票电子化改革；全面推行"三项制度"，坚持包容审慎原则下创新运用非强制性执法方式、大数据分析基础上推广"五步工作法"，持续健全税务行政处罚裁量基准制度、完善"首违不罚"事项清单与执法区域协同治理，强化重大违法案件"一案双查"等执法内部监控机制建设，严格规范税务执法行为、优化税务执法，提高执法质量智能控制实效

① 聚焦服务高质量"引进来"和高水平"走出去"《中国税收营商环境发展报告（2013－2022年）》发布 ［EB/OL］.（2023－10－13）. https：//baijiahao. baidu. com/s?id = 1779632120178545214&wfr = spider&for = pc.

分工领域	目标	创新制度机制具体主要内容
税务监管	以数治税下分类构建精准监管体系	加强"互联网+信用+风险管理"新模式运用，持续优化企业与自然人纳税信用评价机制作为；施行动态化、智能化相对人信用风险分类分级监管，提高"双随机、一公开"制度作用，加大打击、严厉制裁重点领域涉税违法行为
税收共治	全面协同合力实践精诚治理	在夯实大数据+多部门信息共享制度的基础上，联合银保监开展"税银互动"，联合工商联采取"春雨润苗"专项行动，与工信部门协同进行"中小企业服务月"活动，积极支持、调动涉税专业服务机构、税收志愿者参与合作提供个性化服务；发挥好七部门联合打击机制作用等，在全社会共建营造诚信纳税浓厚氛围，扩展增强税收"守信激励+失信惩戒"机制效应

2. 进一步全面深化税收征管改革中的云南实践情况

《意见》是"十四五"时期我国税收征管改革的路线图，为高质量推进新发展阶段税收现代化确立了总体规划，也是包括云南省在内的各地方贯彻落实"十四五"规划纲要和2035年远景目标，构建新发展格局，推进高质量发展，以税收现代化服务中国式现代化的改革指南。

当前，云南欠发达的基本省情没有变，人民日益增长的美好生活需要和不平衡不充分的发展之间的矛盾反映仍然突出，在基础设施、产业发展、农业农村、城镇化、科技创新、民生保障、社会治理等方面的短板明显，支撑高质量发展的基础还不牢固。为开启全面建成社会主义现代化强国新征程，推动云南省作为我国民族团结进步示范区、生态文明建设排头兵、面向南亚东南亚辐射中心的建设取得新进展，对标人民对美好生活的向往和时代发展新要求，云南省委、省政府密切围绕大抓产业绿色创新发展、营商环境优化、市场主体壮大、改革开放深化目标定位，极其重视将深化税收征管改革纳入全省全面深化改革的重点工作范畴中来，将税收征管保障新增为政府绩效考核指标，全盘统筹规划，同步推进落实。2021年10月，云南省委办公厅和省政府办公厅联合印发了《关于进一步深化税收征管改革实施方案》（云办发〔2021〕27号），结合云南实际集成推出了具体6个方面共27项相应重点改革的任务；随后2022年3月，云南省政府办公厅发布了《云南省税收征管保障办法》（云政办规〔2022〕1号）；国家税务总局云南省税务局于2022年3月31日就《云南省人民政府办公厅关于印发云南省税收征管保障办法的通知》作了相应政策解读。

云南省全省税务系统对标《意见》要求，立足云南省情和发展定位，有机结合云南地方税收征管实际情况，在征管理念突破、制度机制优化和管理、服务创新等多方面细化展开了新征程下深化云南税收征管改革的探索实践。概括起来，突出表现为在坚持党的全面领导下依法治税、为民便民、问题导向、系统化创新驱动原则指引，全面推进云南税收征管服务数字化升级和智能化改造。

第一，在涉税费征管服务一线，因地制宜持续深化"放管服"改革。全力搭建了税费优惠政策直达快享通道，在"政策找人"中精准滴灌、落细推送执行好税费优惠红利。以"电子化、数据化、共享化"赋能探索高效统一的智慧税务服务新探索新体验日新月异：银税互动信息共享长效沟通机制助力小微企业解决融资难贵问题；"春雨润苗"专项行动、推进"专精特新"中小企业和"小巨人"企业"一户一档"服务等切实帮扶市场主体纾困解难。在不断精进提速智能办税的努力下，对外实现了服务厅集成人脸识别、智能导税等智能应用，提供 24 小时 105 项自助业务办理；"一部手机办税费"与省政府"一部手机办事通"无缝对接，两端系统功能实时更新、政策实时同步；持续拓展"非接触式"办税缴费服务范围，实现 256 项税费事项"全程网上办"，非接触式办税缴费比例达 96.9%；持续优化"一部手机办税费"移动平台，覆盖 90% 以上高频税费业务，累计办理业务 1.5 亿笔；税费优惠政策精准推送机制下及时定向推送个性化"政策包"，2021 年共推送 68 批次，近 1 480 万条政策直达市场主体①。积极探索推广区块链技术多元化应用场景，不动产登记管理"交房即取证"等赋能涉税数据提质增效，云南省区块链电子发票平台项目连续三年入选云南信息化建设优秀成果。昆明税务作为全省首家在州市层级组织开展面向全省纳税人可视答疑的单位，探索开通可视化答疑"线上互动"，以"系统操作演示＋互动答疑解惑"形式进行税费政策宣传解读，确保纳税人缴费人听得懂、会操作，做到了"答疑一人，多人受益"。截至 2023 年底，全市税务系统已举办 12 场"全面数字化的电子发票技术与应用"可视化答疑和 4 场税费优惠政策"小课堂"，累计观看人数 4.4 万人，点赞 2 万余次，现场答复纳税人问题 1 959 个。

在内部管理中，作为全国税务系统首家电子文件单套归档和电子档案单套管理试点单位，省局对税费业务文字档案和执法音像档案实行了电子化、单套

① 云南："四精"为墨　绘就税收征管改革新图景［EB/OL］.（2022 - 04 - 08）. https：//www. chinatax. gov. cn/chinatax/n810219/n810744/c101763/c101789/c5174401/content. html.

化管理，实现了税收征管电子档案业务全覆盖，探索的征管业务电子档案管理改革现已惠及 399 万纳税人 371 个涉税费事项[①]，使税务人与纳税人缴费人“双向减负”成效明显。

第二，落实推进社会各界精诚协同共治税收工作方面，积极运用法治思维和集成方式优化各项工作制度机制，合力提升税务执法、监管实效。一是对接协调好区域间税务机关的政策服务资源和执法监管力量。连接重庆、四川、贵州、西藏合力打造西南五省市间“跨省通办”服务专区，推进区域间政策执行标准化和征管规范一体化；创新实施重点项目“首席税收服务员”制度，“互动式”点对点开展闭环税收专业服务；通过修订印发执行《云南省税务行政处罚裁量基准》，改进说服教育等非强制性执法方式及“五步工作法”“双随机、一公开”监管机制运用等，显著提高“数据集成 + 优质服务 + 提醒纠错 + 依法查处”的自然人税费服务监管体系运行水平。二是着力加强税务部门与相关职能部门的协作配合。云南税收征管保障办法修订执行后，明确了省高法、省工业和信息化厅等 50 个省级部门应提供 186 类涉税信息的内容；明晰了与财政厅等 14 个省级部门开展联合惩戒等工作的相关职责；推动与教育、公安等 21 个省级部门间签订数据共享协议，建立与生态环保、残联等 15 个部门的税收协作机制，出台县级以上政府逐步建立健全涉税信息交换制度、共建税收保障信息平台要求，更大化促进地方协税护税的整体效用发挥。

3. 深化税收征管改革的思考

税收保障、支持、维护治国理政根基的功能作用实践，从来离不开实体与程序规范两方面的相辅相成。对此，《意见》明确提出了 2025 年“基本建成功能强大的智慧税务，形成国内一流的智能化行政应用系统，全方位提高税务执法、服务、监管能力”的税收征管建设目标。

目前，“十四五”规划期已进入关键推进阶段。身处数字经济时代快速发展变化中的税收征管改革，在初步尝试运用大数据、云计算、人工智能、移动互联网等现代信息技术融入驱动税收服务更精细、税务执法更精确、税务监管更精准、税收共治更联通，以及税收现代化治理取得明显成效的同时，要确保如期实现我国 2025 年总体任务布局及至 2035 年的远景战略目标追求，加快包

① 姜涛．进一步深化税收征管改革的探索和思考［J］．税务研究，2022（10）：54 – 59.

括云南省在内的区域经济社会发展更趋协调均衡，必须以《意见》为指引，直面其间产生的各种新情况和新问题，在立足当下的同时兼顾中长远，做好相应攻坚部署，坚定推进相关改革。

3.1 近期：2025 年目标要求下持续深化税收征管改革动向

当前，全电发票的试点应用推广正处深化期，其有机融入纳税人日常生产经营各环节、降低制度性交易成本的效果已经逐渐延伸开来；区块链技术涉税领域的深层次应用正在一步步拓展，新电子税务局已上线扩围，逐渐完善并深度融合利用的税收大数据平台功能，在加快加强税务部门与相关部门单位常态化、制度化数据共享协调工作机制作用的加持下，精确化前瞻性经济分析预测、精细化税收服务管理和精准化税务执法监管等方面的效用正在显著提高，全国税费征管数字化升级和智能化改造成果一步步迈上新台阶。

同时，在原工业化时期实体税制设计运用、征管体制设置运转等对应下，基本按税种条块结合调配征管资源，分行政区划实施属地管理的传统固有税收征管模式运作受到了方方面面的冲击和挑战，也必然影响了以税收现代化服务中国式现代化的进展情况。税收征管改革工作涉及各行各业，点多面广量大，关乎国家税收利益和千家万户权益，既要全面统一规范、有序公平调节，又需同时顾及地方性条件差别较大的现实，让改革要求落地落实。面对各地针对"放"和"管"科学统筹不够、数据共享归集利用水平不一、"放管服"实际执行效果在地区间不平衡不协调问题比较突出的情况，为实现云南省"3815"战略目标，云南省税务系统的攻坚改革也在不断加速。

2023 年，国家税务总局、云南省税务局制定了《国家税务总局云南省税务局税费征管服务转型升级三年行动方案》，促使通过资源整合、集约办税、分类分级细化分解相应责任并贯彻到位，推动省内各地各级征收管理方式变革，提升纳税服务质效，确保《意见》总体目标能按期完成，从而切实提升云南税收现代化建设水平，助力云南经济社会高质量发展。2024 年初，在省税务局的统一推动下，各地税务部门结合地方工作实际，正着力因地制宜有序推进"十分钟税费服务圈"建设。"十分钟税费服务圈"是云南省税务局以纳税人缴费人为中心，全面落实云南税收现代化三年行动方案而推出的纳税服务十大行动中的一项便民办税缴费、优化营商环境措施，主要是以"税务＋银行＋社区"模式，实践跨区域协同、跨层级联动，携手打造精细服务有深度、智能服务有速度、便民服务有温度的涉税费服务合作品牌。通过联通党群服务

77

中心、社区服务站、银行网点、商务楼宇下沉税费服务终端，将集税费申报、发票领用、发票代开、完税证明打印等高频税费业务于一体的自助办税终端对应嵌入商务楼宇群及银行营业网点，为纳税人缴费人提供身边办、马上办服务，快速响应广大纳税人特别是商圈、产业园、社区等诸多市场主体的办税缴费需求，贴近提升纳税人、缴费人的获得感、便利化水平、满意度。2024 年 1 月，云南省税务局联合昆明市盘龙区东华街道办事处举行的"十分钟税费服务圈"暨助企护航活动启动仪式，标志着云南省首个"十分钟税费服务圈"正式启用①。聚焦"税费征管服务转型升级"目标要求，昆明税务积极推动形成数字化、智能化和集约化的税费征管服务，推出"简事快办"机制，将操作流程单一、办结时间在 3 分钟以内的业务分离出来，无须取号在导税环节即可当场办结；搭建"前台受理、后台应对、异议处理、业务联审"四级集成注销联办团队，一般流程注销业务提速至 5～6 个工作日办结。率先打造的"智税员工"，应用现代技术推进了高频业务智能化、集约化处理，第一批 9 个自动化办理事项现已完成测试并在全市推行。结合 2023 年 4 月上线的"数电票"试点应用和同步上线的电子发票服务平台、征纳互动平台、升级改造后的新版电子税务局平台操作等全国统一范围内的创新努力及其实践，使广大纳税人在以往税收优惠政策享受、业务办理流程、发票开具使用、申报纳税等办税缴费过程中遇到的"堵点""痛点""难点"问题，对应"线上线下"（税务部门的集约办理中心）轻松一次办结，大大减少了财务人员的工作负担，降低了企业的办税成本，提升了市场交易效率，加快促进了企业的运营发展。这些正逐步集成式加速推进云南税收征管领域以智慧税务建设为先导的税收信息化、技术性改革实效，从而有力保证如期实现《意见》所指出的到 2025 年，通过基本建成功能强大的智慧税务，形成国内一流的智能化行政应用系统，全方位提高税务执法、服务、监管能力的改革目标。

3.2 中长期：全面推进税费改革的相关思考与建议

税收在治国理政中的基础性、支柱性、保障性功能地位要求在全面推进强国建设、民族复兴伟业的新征程里，改革必须围绕"以习近平新时代中国特色社会主义思想为指引，高质量推进中国式现代化税务实践"这一工作主线，坚持科学系统全局观念，坚定依法治税、为民便民、问题导向下不断创新发展

---

① 云南省首个"十分钟税费服务圈"启用 实现税费业务"马上办"［EB/OL］.（2024 - 01 - 22）［2024 - 01 - 28］. https：//m. yunnan. cn/system/2024/01/22/032918493. shtml.

原则，把税收服务党和国家事业发展大局的职能作用更充分更有效地发挥出来，着力强化政治统领、依法治税、改革创新，以管理增效、服务提质和高效风险防范，全面协同推进税收工作提质增效。

3.2.1 加快税收制度现代化转型步伐，全面完善现代税费法治体系

税收的现代化治理首先是税收法治体系的科学完善治理。要推进国家税收治理体系和治理能力现代化，必然需要在设税、征税、用税全程坚持从战略和全局高度，贯彻落实好税收法治建设。因此，顺应经济社会高质量发展趋势，将目前工业社会阶段以增值税、消费税、关税等间接税为主体的适应工业革命变化需求的复合型实体税制体系，在当今新质生产力发展进程中适时前瞻性创新建设适应数字经济时代的公平税制新架构，加快改造以促进人民共同富裕、提升国家科技创新实力为重的、直接税为主的实体税制结构，是我国中长期税收变革应达成的首要目标。

同时，为顺应时代发展需求，必须在"税费皆重"改革理念的指导下修改完善税费征管法治体系，提高税费法治实践的协调性和规范性，加快提高政府收支治理效能。自 2018 年国税地税征管体制改革确立了非税收入征管职责划转至税务系统以来，全国税务部门已经先后接收了可再生能源发展基金等29 项中央级非税收入项目和河道砂石经营收益等 40 项省级非税收入项目的征管职责①。非税收入征管逐步整合融入税务系统工作，践行了我国政府收入规范化治理的总体改革目标效用，对确保并持续推进国家治理现代化、经济社会发展进步具有极其重要的现实意义。但在划转征管改革过程中，非税收入项目数量众多、其征收范围标准、征收方式期限等费制要素在地区间存在较大差别，以社会保险费为代表的各种费的征缴法治建设滞后性明显，"散""专"特点突出；在税费的征管中，所牵涉的多个部门行政运转工作机制各自独立，信息化程度不一，部门之间协调沟通难度大、成本高；现行《中华人民共和国税收征管法》不适用相关费的征管，尚未法定赋予税务机关费种征管职权，法定授权与实际改革变化不相匹配，欠缺对其欠缴、追征等权力的明确规范等，致使税务系统涉费征管面临的风险增多，深化发展掣肘明显。下一步，非税收入征管法治化、信息化应作为智慧税费建设的重要组成部分，有机融合、整体推动实现政府"智慧税费"治理体系和治理能力现代化。

---

① 国家税务总局深圳市税务局课题组. 关于提升非税收入征管信息化水平的思考［J］. 税务研究，2024（1）：131.

3.2.2 跟进财税体制深化改革，进一步配套推进税费征管体制改革，优化税务组织体系建设

税务部门直接服务数亿自然人纳税人、几千万企业纳税人和十多亿缴费人，原体制运行中内外部相关职责多元交叉、条块管理关系复杂，难以适应数字经济新形态业态发展需要等问题，不利于高质量发展新阶段下，统筹布局处理好政府与市场、社会之间的税费共治关系，以及中央与地方之间的财税利益分配关系。2023 年底召开的中央经济工作会议提出了"谋划新一轮财税体制改革"的重大任务。步入 2024 年，多地已经开始积极探索制定省以下财税体制改革方案。以纳税人、缴费人为中心的现代税费工作理念原则定位，要求税务系统作为保障和维护国家利益与广大市场主体切身权益最重要的专职专责工作单位，在新征程里必须坚持以人民为中心的发展思想，以更好地服务于纳税人缴费人需求为导向，在因地制宜结合地方实际情况的基础上，不断推进政府领导、税务主管、部门配合、司法保障、社会参与的税费治理体系建设，接续推动健全权责配置更加优化和协同高效的税费工作体制机制。通过持久加强各层次复合应用型专业人才培养锻炼，集成推进技术、业务、组织变革，夯实多部门常态化打击虚开骗税机制作用，持续扩展跨部门、跨区域税费稽查协作成效，使税费征管实践更快更好地实现数字化、智能化场景应用跨越升级，服务和促进税费治理高质量发展，为实现中国式现代化提供坚实保障。

参考文献：

［1］国家税务总局深圳市税务局课题组．关于提升非税收入征管信息化水平的思考［J］．税务研究，2024（1）：131．

［2］国家税务总局深圳市税务局课题组．新质生产力与税制变迁：元宇宙的视角［J］．税务研究，2023（12）：05－11．

［3］国家税务总局云南省税务局《云南省人民政府办公厅关于印发云南省税收征管保障办法的通知》政策解读［EB/OL］．（2022－03－31）［2023－11－19］．https：//www.yn.gov.cn/zwgk/zcjd/bmjd/202204/t20220421_241061.html．

［4］坚持习近平新时代中国特色社会主义思想为指引 高质量推进中国式现代化税务实践——全国税务工作会议在北京召开［EB/OL］．（2024－01－25）［2024－01－28］．https：//www.gov.cn/lianbo/bumen/202401/content_6928293.htm．

［5］姜涛．进一步深化税收征管改革的探索和思考［J］．税务研究，2022（10）：54－59.

［6］昆明市税务局举办优化营商环境"会客厅"活动　促进纳税服务优化升级［EB/OL］．（2023－12－08）［2024－01－28］．https：//cj. sina. com. cn/articles/view/1667821284/6368eee402001auua.

［7］刘建徽，胡金星．关于进一步提升社会保险费征收效率的几点建议［J］．税务研究，2024（1）：135－138.

［8］王国强，孔祥明，马奎升．县级税务机关在推进税收现代化中的税费征收监管资源优化——基于国家税务总局莒县税务局的调查［J］．税务研究，2023（11）：36－41.

［9］殷明，倪永刚．税收治理视角下税收征管现代化的时代要求及路径取向［J］．国际税收，2023（3）：24－31.

［10］云南省人民政府办公厅印发《云南省税收征管保障办法》［EB/OL］．（2022－03－30）［2023－11－19］．https：//www. yn. gov. cn/zwgk/zfxxgkpt/fdzdgknr/zcwj/zfxxgkptyzbg/202203/t20220330_239899. html.

［11］云南省首个"十分钟税费服务圈"启用　实现税费业务"马上办"［EB/OL］．（2024－01－22）［2024－01－28］．https：//m. yunnan. cn/system/2024/01/22/032918493. shtml.

［12］云南省委　云南省人民政府办公厅印发《关于进一步深化税收征管改革实施方案》［EB/OL］．（2021－10－14）［2023－11－19］．https：//www. yn. gov. cn/zwgk/zcwj/swwj/202110/t20211014_229289. html.

［13］曾军平．税收该如何助推形成新质生产力？［J］．税务研究，2023（12）：12－15.

［14］中共中央办公厅　国务院办公厅印发《关于进一步深化税收征管改革的意见》［EB/OL］．（2021－03－24）［2021－03－25］．https：//www. gov. cn/zhengce/2021－03/24/content_5595384. htm.

云南省 ZK 公司风电及光伏项目税收管理[*]

【摘 要】"双碳"背景下，我国大力推进新能源业务部署，云南省 ZK 公司积极贯彻新发展理念，主动服务国家战略部署，大力拓展以风电、光伏为主的新能源市场。本案例针对 ZK 公司有关风电、光伏项目开发及其所涉及的税收政策执行情况进行分析，并对未来风电、光伏行业税收政策的改进提出相关建议。

【关键词】建筑施工企业；新能源项目；税收优惠政策执行情况

【思政在线】

"要统筹好新能源发展和国家能源安全，坚持规划先行、加强顶层设计、搞好统筹兼顾，注意处理好新能源与传统能源、全局与局部、政府与市场、能源开发和节约利用等关系，推动新能源高质量发展。"

——习近平总书记 2024 年 2 月 29 日在中共中央政治局第十二次集体学习时的讲话

1. 案例情况介绍

1.1 云南省 ZK 公司情况介绍

ZK 公司组建于 1954 年，是一家具有水利水电工程施工总承包特级资质，市政公用工程、公路工程施工总承包和土石方工程、隧道工程专业承包一级资质，轨道交通工程专业资质、工程设计水利行业甲级，对外工程承包经营及电

---

[*] 本案例源自云南省 ZK 公司提供的实际情况，仅供课堂学习讨论之用，并无意暗示某种管理行为是否有效。基于保密要求，在本案例中对所涉及公司作了必要的掩饰性处理。

力投资业务资质的国有大型综合建筑企业。

自1954年成立以来，ZK公司已建成各类大中小型工程上万余项，安装水轮发电机组超过400台，完成总装机容量超过4 000万千瓦；先后承建参建了云南鲁布革、漫湾、大朝山、小湾水电站，广东广州、惠州抽水蓄能电站等水利水电大型特大型工程。目前，在国内承建、参建有云南糯扎渡、功果桥水电站，金沙江溪洛渡、乌东德、白鹤滩、阿海和鲁地拉水电站，重庆银盘水电站，广东清远抽水蓄能电站等多个大中型工程。

多年来，ZK公司着力践行加快转变经济发展方式、大力推进产业结构调整的战略方针，认真落实科学发展观，在"进取三大市场、搞好一个运营"上下功夫，努力巩固传统的国内水电工程市场、优先开拓国外建筑工程市场、大力拓展国内非水电工程市场，形成了以"水、能、砂、城、数"业务为核心，以建筑业为主，新能源发电、装备制造和投资运营为辅的"一主三辅"发展格局和"投、建、营"的全产业链一体化发展模式。

"十四五"规划期间，ZK公司所属集团（以下简称"集团"）的具体战略部署为：瞄准世界一流目标、统筹国内国际两大市场、集成投建营三大环节、聚焦水能砂城数五大领域、强化七大能力建设、推进八大战略行动。2023年，集团投资计划总额为1 430亿元，续建项目投资为891亿元，新建项目投资为539亿元。另外，能源电力板块的投资计划为597亿元，其中新能源项目投资计划为475亿元；计划2023年新签合同额11 100亿元，国内业务新签合同9 100亿元，占比为82%[①]。ZK公司积极贯彻新发展理念，主动服务国家和集团战略部署，充分发挥自身优势，大力拓展以风电、光伏为主的新能源市场，抢占"绿色低碳"新赛道，点燃"绿色发展"新动能。

1.2 我国风电、光伏产业情况简介

1.2.1 风电产业

风电产业包括上游的零部件制造，中游的风电整机制造，以及下游的风电场投资运营（见图1）。目前，我国已基本形成了集研发、投资、生产、运营维护于一体的风电产业链[②]。

---

① 资料来源：ZK公司所属集团官方网站.
② 陶冶. 国家再生能源发展报告2019［R］. 北京：国家发展和改革委员会研究所可再生能源发展中心，2019：19-31.

图1 风电产业链结构

在我国的大力支持下，风电设备制造技术不断升级，风电设备国产化基本实现，我国已经可以自主进行风机关键零部件与高质量风电整机的研制，风电产业中上游风电设备制造业发展相对较为成熟。随着中上游风电制造商竞争日益激烈，许多风电制造企业开始扩大其业务范围并参与风电场的投资与运营，在很大程度上促进了风电产业的纵向一体化，推动了风电全产业链发展。

但由于我国风电设备制造企业发展速度较快，且在风电市场形成初期我国对风电投资运营维护的重视程度不足，因此当前我国风电产业下游即风电场投资运营尚存在诸多问题，如企业融资难、风电稳定供应不足等，其发展尚未成熟。

1.2.2 光伏产业

光伏产业是围绕以开发利用太阳能为主而形成的完整上下游产业体系，其核心是太阳能电池的研发与制作，如单晶硅电池等。从产业链的角度看，光伏产业分为光伏硅料、硅片、电池、组件、辅材、发电站等几个产业链环节。一般所称的"光伏产业链"为光伏主原料链条，包括硅料生产、硅锭铸造、电池生产、组件生产以及系统集成等。光伏产业体系结构如图2所示。

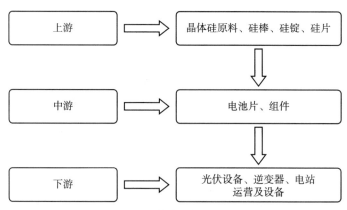

图2 光伏产业体系结构

光伏产业是我国最早的战略性新兴产业之一，历经国际环境和行业内部竞争的洗礼后，我国光伏产业现已历练成具有国际竞争力的优势产业，拥有一批具有世界影响力的龙头企业，实现了该产业的高质量发展。当前，我国光伏企业不再仅处于技术含量不高的制造环节领域，而是愈发趋向具有技术含量的高端位置[1]。

1.3 新能源业务宏观发展概况

1.3.1 全球行业动态

巴西是全球海上风电最具潜力的市场之一。2023年9月7日，巴西政府发布了《三年氢能工作计划》，目标是每年通过海上风电生产3.5亿吨绿色氢气。据世界银行估计，巴西可开发固定式海上风电容量达到480吉瓦[2]，漂浮式海上风电容量达到748吉瓦。

同年10月8日，德国政府宣布2030年德国绿色氢能生产规模将从原先的5吉瓦提高到10吉瓦，充分体现了德国对绿氢战略的重视。10月24日，欧盟委员会发布《欧洲风电行动计划》（European Wind Power Action Plan）以支持欧洲风电产业发展。该计划提出，为实现欧盟到2030年可再生能源占比至少达到42.5%的目标，必须大幅度提高风力发电的装机容量。预计将从2022年的204吉瓦增长到2030年的500吉瓦以上[3]。

此外，印度、新加坡、法国等多个国家均对未来本国绿色产业布局及新能源生产相关业务进行了新的规划。

1.3.2 我国行业动态

2023年9月18日，国家能源局发布《2022年度全国可再生能源电力发展监测评价报告》。截至2022年底，全国可再生能源发电累计装机容量12.13亿千瓦，同比增长约14.1%，占全部电力装机的47.3%；其中，水电装机4.13亿千瓦（含抽水蓄能0.45亿千瓦）、风电装机3.65亿千瓦、太阳能发电装机3.93亿千瓦、生物质发电装机4 132万千瓦。2022年，全国可再生能源发电量达2.7万亿千瓦时，占全部发电量的30.8%；其中水电发电量1.35万亿千瓦时，占全部发电量的15.3%；风电发电量7 627亿千瓦时，占全部发电量的

① 甘卫华，刘振梅. 光伏产业技术特征和政策研究 [J]. 科技管理研究，2015（11）：38–43.
② 功率单位，符号为GW。1吉瓦=100万千瓦。
③ International Energy Agency. World Energy Investment 2023 [R]. France：IEA，2023.

8.6%；光伏发电 4 273 亿千瓦时，占全部发电量的 4.8%；生物质发电量 1 824 亿千瓦时，占全部发电量的 2.1%。

2023 年 10 月 18 日，国家能源局发布《关于组织开展可再生能源发展试点示范的通知》，明确了可再生能源发展的主要目标是：到 2025 年，组织实施一批技术先进、经济效益合理、具有较好推广应用前景的示范项目，推动形成一系列相对成熟完善的支持政策、技术标准、商业模式等，有力促进可再生能源新技术、新模式、新业态发展。

2023 年 10 月 23 日，国家能源局发布 2023 年 1～9 月全国电力工业统计数据。截至 2023 年 9 月底，全国累计发电装机容量约 27.9 亿千瓦，同比增长 12.3%。其中，太阳能发电装机容量约 5.2 亿千瓦，同比增长 45.3%；风电装机容量约 4.0 亿千瓦，同比增长 15.1%。

1.4　ZK 公司新能源业务开展情况分析

近年来，ZK 公司积极贯彻新发展理念，主动服务国家战略，践行"绿色、双碳"战略部署，充分发挥自身优势，大力拓展新能源市场，抢占"绿色低碳"新赛道，点燃"绿色发展"新动能，积累了丰富的风电、光伏施工经验。

截至 2023 年 10 月，公司在国内外开展的在建工程项目 273 个，其中：风电类工程项目在建数量 9 个，占公司在建项目总数量的 3.30%，涉及合同额 16.88 亿元；光伏类工程项目在建数量 21 个，占公司在建项目总数量的 7.69%，涉及合同额 101.04 亿元。公司当前承建工程项目行业分类如图 3 所示。

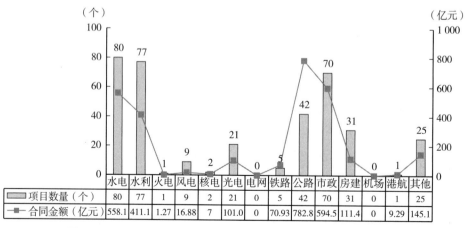

	水电	水利	火电	风电	核电	光电	电网	铁路	公路	市政	房建	机场	港航	其他
项目数量（个）	80	77	1	9	2	21	0	5	42	70	31	0	1	25
合同金额（亿元）	558.1	411.1	1.27	16.88	7	101.0	0	70.93	782.8	594.5	111.4	0	9.29	145.1

图 3　ZK 公司 2023 年 10 月统计承建工程项目行业分类情况一览

截至 2023 年 8 月，ZK 公司下设的建筑工程事业部承建风电、光伏建设工程包括位于云南省的红石岩风电场，其建设规模为 49.5 兆瓦，安装单机容量为 1 500 千瓦，风电机组 33 台，年均上网电量 13 727 万千瓦时，项目于 2020 年 11 月 2 日全容量并网成功。某工业园区农光互补光伏电站二期，建设规模 25 兆瓦，年均上网电量 4 314.55 万千瓦时，项目于 2023 年 6 月 30 日成功并网发电。某风电场一期项目是云南省"8＋3"新能源项目之一，被列入云南省重点工程中的重中之重工程，也是目前全国在建规模最大的高原山地风电项目。

2023 年，ZK 公司陆续成立了多个风电与光伏工程项目部来进行新开项目的管理。一系列新能源项目的中标和建设，使 ZK 公司在新能源领域的前瞻性与开拓创新力得以彰显。ZK 公司 2023 年度新开风电光伏项目如表 1 所示。

表 1　　　　　　　　　ZK 公司 2023 年度新开风电光伏项目明细

新开项目名称	成立时间	新开项目名称	成立时间
XX 石柱火风储一体化风电工程施工总承包	2023 年 8 月 9 日	XX 光伏 EPC 总承包项目部	2023 年 10 月 16 日
XX 待补二期 182.3MW 风电项目	2023 年 6 月 25 日	XX 光伏新增容量部分项目	2023 年 10 月 13 日
XX 光伏发电项目	2023 年 11 月 14 日	XX 复合型光伏项目送出工程（二标段）项目	2023 年 10 月 7 日
XX 光伏项目（一期200MW）EPC 总承包项目	2023 年 11 月 14 日	XX 光伏线路 PC 项目	2023 年 9 月 27 日
XX 光伏线路及升压站 PC 项目	2023 年 9 月 27 日	XX 光伏项目 110KV 送出线路工程设计施工总承包项目	2023 年 9 月 22 日
XX 光伏发电（一期）项目	2023 年 8 月 22 日	XX 光伏项目	2023 年 5 月 22 日

在后续的工作推进中，ZK 公司计划继续贯彻执行该公司"十四五"规划中对新能源业务的部署，积极对接地方政府、发电集团，深入研究当地发展需求，抢抓"碳达峰、碳中和"目标带来的广阔新能源市场，将目标对准风光电业务重点区域，进一步强化安全、质量、进度管理工作，投身云南省新能源开发建设大潮，为省内经济社会发展注入绿色动能。

2. ZK 公司风电、光伏项目税收优惠政策执行情况分析

2.1 我国支持风电产业发展的税收优惠政策概括

我国风力发电最早出现在 1950 年，最初的目的是解决偏远地区供电不足的问题。20 世纪 80 年代，我国开始学习应用国外先进风电技术大规模建设国内风电企业，积极引进国外技术领先的风力发电设备，建设风电场示范工程。

在税收管理中，2003 年我国将享受企业所得税研发费用加计扣除等税收优惠政策的企业主体范围扩大，从原来只有国有和集体工业企业扩大到财务核算制度健全、实行查账征收的各类所有制工业企业，大多数风电企业均符合上述条件，可以享受研发费用加计扣除。2007 ~ 2008 年，我国出台了一系列税收政策以加快扶持风电产业发展，如销售风力生产的电力增值税实施即征即退50%；风力发电项目享受国家基础设施建设三免三减半的税收优惠；将1.5MW 以上风电技术及风电场配套技术作为国家重点扶持的高新技术，享受15% 的低税率优惠；风电产业年应纳税所得额不超过 30 万元的小型微利企业，20% 的税率缴纳企业所得税；对 1.2MW 进口风机及关键零部件实行关税和进口环节增值税先征后退等。2014 年我国为了推动技术研发工作，规定企业购进的专门用于研发的仪器设备，单位价值不超过 100 万元的，允许一次性计入当期成本费用，在计算应纳税所得额时扣除，不再分年度计算折旧；价值超过100 万元的，可缩短折旧年限或采取加速折旧的方法。之后，我国对上述税收优惠政策不断进行修订，如提高享受政策优惠的风机机型标准、进一步加大税收政策的优惠力度等①。随着风电技术的发展和风力发电成本的降低，我国从2019 年开始推行无补贴平价上网，以此缓解地方财政压力。

当前，支持我国风电产业发展的税收优惠政策主要集中在销售自产风电增值税即征即退 50%，企业所得税下三免三减半、高新技术企业适用 15% 低税率、小微企业所得税减免、研发费用加计扣除以及购置 500 万元以下设备一次性税前扣除等，如表 2 所示。

---

① 张存省. 支持风电产业发展的税收政策探讨 [J]. 财政监督，2018 (11)：70 – 75.

表2   我国风电产业税收优惠政策

涉及税种	文件名称及文号	税收优惠政策项目	内容
增值税	《财政部　国家税务总局关于风力发电增值税政策的通知》（财税〔2015〕74号）	销售自产风电增值税即征即退50%	自2015年7月起，对纳税人销售自产的利用风力生产的电力产品，实行增值税即征即退50%的政策
企业所得税	《财政部　国家税务总局关于执行公共基础设施项目企业所得税优惠目录有关问题的通知》（财税〔2008〕46号）	公共基础设施项目企业所得税三免三减半	2007年国务院发布《中华人民共和国企业所得税法实施条例》，规定2008年以后批准的公共设施项目取得第一笔投资经营所得的第一年至第三年免征企业所得税，第四年至第六年减半征收企业所得税，其中第一笔生产经营收入指的是该项目已建成并投入运营后取得的第一笔收入。风力发电项目可享受上述三免三减半的企业所得税优惠政策
	《中华人民共和国企业所得税法》	高新技术企业15%低税率	国家需要重点扶持的高新技术企业，可以减按15%的优惠税率征收企业所得税
	《财政部　税务总局关于实施小微企业普惠性税收减免政策的通知》（财税〔2019〕13号）	小微企业所得税减免	对小微企业年应纳税所得额小于等于100万元的部分，减按25%计入应纳税所得额，且实行20%的优惠税率；对年应纳税所得额在100万~300万元的部分，减按50%计入应纳税所得额，其优惠税率为20%。2022年1月1日至2024年12月31日，该项优惠政策进一步优化："对小微企业年应纳税所得额不超过100万元的部分，减按12.5%计入应纳税所得额，按20%的优惠税率缴纳；对超过100万元但不超过300万元的部分，减按25%计入应纳税所得额，按20%的优惠税率缴纳"
	《财政部　税务总局关于进一步完善研发费用税前加计扣除政策的公告》（财政部　税务总局公告2023年第7号）	研发费用加计扣除	企业开展研发活动中实际发生的研发费用，未形成无形资产计入当期损益的，在按规定据实扣除的基础上，自2023年1月1日起，再按照实际发生额的100%在税前加计扣除；形成无形资产的，自2023年1月1日起，按照无形资产成本的200%在税前摊销
	《财政部　税务总局关于设备、器具扣除有关企业所得税政策的公告》（财政部　税务总局公告2023年第37号）	500万元以下设备一次性税前扣除	企业在2024年1月1日至2027年12月31日期间新购进的设备、器具，单位价值不超过500万元的，允许一次性计入当期成本费用在计算应纳税所得额时扣除，不再分年度计算折旧

资料来源：笔者根据国家税务总局网站整理而得。

2.2 我国支持光伏产业发展的税收优惠政策概括

在流转税部分，光伏产业税收优惠曾主要有两个方面的体现。一是节能企业免征增值税。《财政部 国家税务总局关于促进节能服务产业发展增值税 营业税和企业所得税政策问题的通知》（财税〔2010〕110号）中有与光伏企业增值税税收优惠相关的规定：节能服务公司将符合条件的增值税应税货物转让给用能企业，暂免征收增值税。当时光伏行业有关从业人员认为，销售免税电力部分不能开具增值税专用发票，而用能企业作为一般纳税人往往需要进项税额以作抵扣，故实践中的光伏企业实际上并未真正享受到该项税收政策。二是增值税即征即退50%。财政部和国家税务总局为鼓励利用太阳能发电、促进相关产业健康发展，在增值税方面给予了光伏产业税收优惠。这一增值税即征即退50%的政策自2013年起实行6年，但2018年12月底到期之后，后续相应政策并未明确出台[1]。

在所得税部分，光伏产业税收优惠也主要体现在两个方面。一是"三免三减半"的企业所得税优惠政策，该政策优惠主要针对从事国家重点扶持的公共基础设施或者节能节水的投资项目，光伏产业链上的不同企业可能会因其分类适用不同的优惠政策。从能源利用角度来看，部分光伏企业可以享受政府关于节能环保或者新能源等有关的政策优惠，如财税〔2010〕110号中规定：满足条件的节能服务公司，其实施的能源管理项目收益，从初次取得收入起，前三年不征收企业所得税，后三年按照25%的法定税率减半征税。企业所得税方面的"三免三减半"优惠也包含在《中华人民共和国企业所得税法》等文件中。二是投资抵免和费用扣除。财税〔2010〕110号中规定，为支持节能服务公司发展，与节能服务公司合作的用能企业，其实际支付的合理支出在计算当期应纳税所得额时可扣除。此外，对于特定区域内隶属新能源电力项目的外资企业，可按15%的税率征收企业所得税。现行相应所得税优惠政策如表3所示。

表3 我国光伏产业有关税收优惠政策

文件及文号	具体内容
《中华人民共和国企业所得税法》	国家需要重点扶持的高新技术企业，减按15%的税率征收企业所得税，从2008年1月1日起执行

---

[1] 孟大为，来瑞秋，张忠智. 国内外太阳能光伏政策、标准体系对比与展望[J]. 能源与环境，2019（1）：57-58, 60.

续表

文件及文号	具体内容
《财政部 国家税务总局关于促进节能服务产业发展增值税 营业税和企业所得税政策问题的通知》（财税〔2010〕110号）	对符合条件的节能服务公司实施合同能源管理项目，符合企业所得税法有关规定的，自项目取得第一笔生产经营收入所属纳税年度起，第一年至第三年免征企业所得税，第四年至第六年按照25%的法定税率减半征收企业所得税
《关于深入实施西部大开发战略有关税收政策问题的通知》（财税〔2011〕58号）	《西部地区鼓励类产业目录》中规定的产业项目为主营业务且其主营业务收入占企业收入总额70%以上的企业，减按15%的税率征收企业所得税，2011年1月1日起执行
《财政部 国家税务总局关于公共基础设施项目和环境保护节能节水项目企业所得税优惠政策问题的通知》（财税〔2012〕10号）	从事符合目录规定的投资经营的企业，享受"三免三减半"的企业所得税优惠，2008年1月1日起执行
《关于调整重大技术装备进口税收政策有关目录的通知》（财关税〔2013〕14号）	对符合规定条件的关键零部件、原材料免征关税和进口环节增值税，2013年4月1日起执行
《财政部关于对分布式光伏发电自发自用电量免征政府性基金有关问题的通知》（财综〔2013〕103号）	对分布式光伏发电自发自用电量免收可再生能源电价附加、国家重大水利工程建设基金、大中型水库移民后期扶持基金、农网还贷资金4项针对电量征收的政府性基金
《关于实施小微企业普惠性税收减免政策的通知》（财税〔2019〕13号）	对小微企业年应纳税所得额小于等于100万元的部分，减按25%计入应纳税所得额，且实行20%的优惠税率；对年应纳税所得额在100万~300万元的部分，减按50%计入应纳税所得额，其优惠税率为20%。2022年1月1日至2024年12月31日，该项优惠政策进一步优化："对小微企业年应纳税所得额不超过100万元的部分，减按12.5%计入应纳税所得额，按20%的优惠税率缴纳；对超过100万元但不超过300万元的部分，减按25%计入应纳税所得额，按20%的优惠税率缴纳"

资料来源：笔者根据财政部、发改委、国家税务总局网站相应资料及企业年报整理。

2.3 ZK 公司所属集团新能源相关经营情况及公司财税业务状况

在转型发展中，该公司以"建设清洁能源，营造绿色环境，服务智慧城市"为改革使命，致力于建设成为"能源电力、水资源与环境、基础设施领域具有国际竞争力的质量效益型世界一流综合性建设集团"。公司业务涵盖工程承包与勘察设计、电力投资与运营、设备制造与租赁及其他业务，具有规划、勘察、设计、施工、运营、装备制造和投融资等全产业链服务能力，能够为业主提供一站式综合性服务。

2.3.1 近几年来集团经营情况及新能源业务发展动向

在能源电力开发方面，作为抽水蓄能建设领域的绝对主力，集团积极响应国家3060目标，推动新能源规划研究中心建设。发挥规划设计传统优势，抢抓新能源和抽水蓄能开发资源，积极获取新能源和抽水蓄能建设新任务。2022年签订能源电力业务合同金额达4 529.43亿元，占谈签合同总额的44.88%，同比增长88.76%。其中，签订光伏发电业务合同金额1 936.48亿元，同比增长409.88%；风电业务合同金额1 455.39亿元，同比增长68.21%。

在电力投资与运营方面，2022年集团所增风电、太阳能光伏发电、水电装机容量分别为136万千瓦、127.2万千瓦、37.3万千瓦。截至2022年底，集团控股并网装机容量2 038.34万千瓦，其中：风电装机764.44万千瓦，同比增长21.64%；水电装机685.54万千瓦，同比增长5.75%；太阳能发电装机272.36万千瓦，同比增长87.63%。清洁能源占比达到84.5%。

集团2022年实现营业收入5 716亿元，同比增长1.2%；共完成投资1 126亿元，是全年投资计划的86.6%。利润总额192亿元，毛利率12.2%，同比增加0.14个百分点；归属于母公司的净利润114亿元，同比增长15.9%。签订合同额10 092亿元，同比增长29.3%；其中，国内所签合同额8 168亿元，同比增长32.6%；国外谈签合同额1 923亿元，同比增长17.1%。在发展质量方面，集团2022年的资产负债率为76.9%，较上年增加1.2个百分点；加权平均净资产收益率为10.0%，较上年增加2.1个百分点；经营活动产生的现金流净额为308亿元，同比增长45.1%，营业现金流比率5.4%（经营活动产生的现金流量净额/营业收入），经营活动产生的现金流净额变动的主要原因是工程回款导致销售商品、提供劳务收到的现金增加及收到的税费返还增加。2022年，集团的研发费用增加了6.2%，达到208亿元，研发经费投入强度为3.6%。

集团的主营业务板块包括工程承包与勘测设计业务、电力投资与运营以及其他业务三大部分。2022年主营业务的经营情况具体见表4。

表4   集团主营业务2022年经营情况

业务	工程承包与勘测设计	电力投资与运营*	其他	合计
营业收入（亿元）	5 044	238（86）	413	5 695
营业收入同比增减（%）	6.7	11.5（6.1）	−40.0	1.2

续表

业务	工程承包与勘测设计	电力投资与运营*	其他	合计
营业收入占比（%）	88.6	4.2（-）	7.3	100
毛利额（亿元）	497	96（48）	95	688
毛利额占比（%）	72.3	13.9（7.0）	13.8	100
毛利率（%）	9.9	40.1（55.7）	23.0	12.1
毛利率同比增减（%）	-0.5	-1.4（-2.5）	9.2	0.2

注：*电力投资与运营列括号内数据为新能源相关业务指标。

作为集团的重要业务，2022年电力投资与运营板块全年实现营收238亿元，同比增长11.5%，占主营业务收入的4.2%；毛利率为40.1%，毛利额占比为13.9%。该板块营业收入增加，一方面是由于新能源装机容量增加，另一方面是因为境外水电发挥区域一体化优势，加强流域优化调度，发电量增加。毛利率下降主要原因也有两点：一是煤炭价格上涨导致火力发电业务燃煤成本增加；二是平价上网政策推行，新投产的光伏发电、风电等新能源上网电价不再享受可再生能源补贴。其中，新能源业务2022年实现营收86亿元，同比增长6.1%。最新数据显示，2023年9~10月，集团国内新签新能源项目合计达158个，装机超43000兆瓦，合同总额418.12亿元；海外新签新能源项目18个，总装机843兆瓦，合同额为276521万美元，约为201.86亿元人民币，发展前景良好。

为贯彻落实党的十九届五中全会关于深化国资国企改革的决策部署，深入推进国有企业改革，助力构建新发展格局，促进"碳达峰、碳中和"目标下能源清洁低碳转型加速，实现国有资本保值增值，集团拟将其控股新能源子公司分拆至上交所主板上市。

本次分拆完成后，集团的股权结构不会发生变化，仍将作为新能源子公司控股股东。之后，集团将继续立足大基建，聚焦"水、能、砂、城、数"核心主业，集成投建营一体化，推进全球化发展，在工程领域为全球客户提供投融资、规划设计、施工承包、装备制造、管理运营全产业链一体化集成服务、一揽子整体解决方案；新能源子公司将坚持集团旗下从事中国境内风力发电、太阳能发电项目开发、投资、运营和管理业务的唯一平台业务定位不动摇，借助资本市场力量迅速增强自身资本实力，把握行业发展机遇，提高市场竞争力，扩大业务布局，扎稳高质量发展根基，进而促使集团未来的整体盈利水平显著提高。

2.3.2 ZK 公司财务状况分析

下面通过对比集团下属 17 家工程局净利润和净资产收益率两个指标，对 ZK 公司的财务状况进行简要分析。

净利润是指企业当期利润总额减去所得税后的金额，即企业的税后利润。净利润是企业经营的最终成果，净利润多，企业的经营效益就好；净利润少，企业的经营效益便差，它是衡量一个企业经营效益的主要指标，反映了该公司盈利的能力，集团下属各工程局 2022 年的净利润具体情况见图 4。

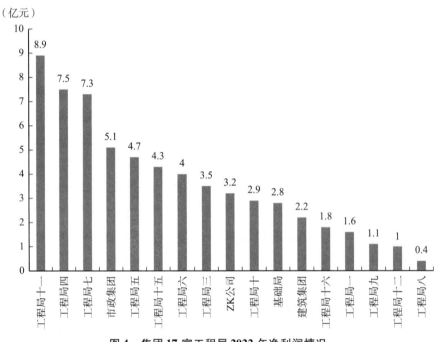

图 4　集团 17 家工程局 2022 年净利润情况

净资产收益率（ROE）是企业净利润与平均净资产的比率，反映所有者权益所获报酬的水平，是衡量公司盈利能力的重要指标，详情如图 5 所示（数据中的平均净资产根据 2021 年和 2022 年年报所提供的净资产数据计算而得）。

通过对比可以发现，ZK 公司的净利润在集团的 17 家工程局中排在中游位置，但净资产收益率排在末尾，说明 ZK 公司的经营水平尚可，但是盈利效率较低。其主要原因是 ZK 公司相对集团内其他工程局的净资产量处于较高水平，2015～2022 年 ZK 公司为响应国家产业战略发展所需，深度参与多项以高标准高速公路投融资项目为主的国家大型 PPP 项目。截至 2022 年，随着公司各大 PPP 项目建设期的结束，施工利润逐渐收紧，非流动资产在项目运营前期处于最大值。主要表现在以下两个方面。

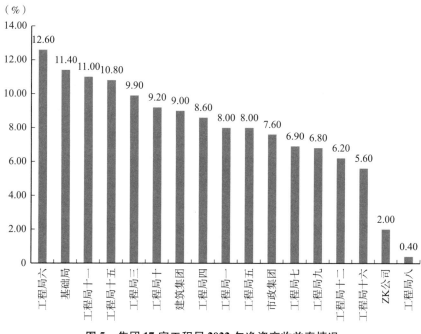

图5　集团17家工程局2022年净资产收益率情况

（1）长期应收款中的PPP项目款项。主要显示为金额较大的PPP项目政府可行性缺口补贴款项，如表5所示。

表5　　　　　　　　ZK公司部分PPP项目可行性缺口补贴情况

长期应收款（部分）	性质	2021年末金额（元）	2022年末金额（元）
XX经济区龙水路和建设大道基础设施PPP项目	PPP项目（入库项目）	6 200 655 937.66	0.00
XX市交通运输局	PPP项目（入库项目）	557 756 200.13	1 131 922 369.89
XX市交通运输局	PPP项目（入库项目）	0.00	208 573 662.07
XX环城高速公路北段PPP项目	PPP项目（入库项目）	119 533 015.81	469 533 015.81
合计	—	6 877 945 153.60	1 810 029 047.77

（2）无形资产中的特许经营权。主要显示为随着PPP高速公路建设期结束而不断增长的经营特许权，该无形资产只能通过经营期的不断摊销或一次性交付政府等而消化，如表6所示。

| 表6 | ZK 公司部分无形资产明细 | 金额单位：元 |

项目：账面原值	无形资产——特许权	
	总计	其中：PPP 项目（入库项目）
1. 期初余额	31 119 169 481.62	31 119 169 481.62
2. 本期增加金额	2 318 061 960.27	2 318 061 960.27
（1）购置	2 162 183 907.61	2 162 183 907.61
（2）内部研发	0.00	0.00
（3）企业合并增加	0.00	0.00
（4）资本化利息支出	155 878 052.66	155 878 052.66
（5）其他	0.00	0.00
3. 本期减少金额		
（1）处置	0.00	0.00
（2）其他	0.00	0.00
4. 期末余额	33 437 231 441.89	33 437 231 441.89

2.3.3 ZK 公司纳税情况分析

ZK 公司涉及的主要税种税率如表 7 所示。

表7	ZK 公司涉及主要税种及税率	
税种	计税依据	税率（％）
增值税	应税增值额（除简易征收外，应纳税额按应纳税销项税额扣除当期允许抵扣的进项税额后的余额计算）	13、9、6（一般征税） 5、3、2（简易征税）
城市维护建设税	缴纳的流转税税额	7、5、1
企业所得税	应纳税所得额	25、15
教育费附加	缴纳的流转税税额	3
地方教育附加	缴纳的流转税税额	2、1

现行公司所涉及的重要的税收优惠政策有：

2020 年 11 月 23 日，ZK 公司被云南省科学技术厅、云南省财政厅、国家税务总局云南省税务局认定为高新技术企业，有效期 3 年（注：2023 年公司已第四次获国家高新技术企业认定）；2021 年 12 月 31 日，ZK 公司子公司城市建设投资有限公司经广东省科学技术厅、广东省财政厅、国家税务总局广东省税务局认定为高新技术企业，有效期 3 年，针对高新技术企业适用 15％ 的企业所得税税率。

根据《财政部　税务总局关于实施小微企业普惠性税收减免政策的通知》（财税〔2019〕13号）第二条：对小型微利企业年应纳税所得额不超过100万元的部分，减按25%计入应纳税所得额，按20%的税率缴纳企业所得税，对年应纳税所得额超过100万元但不超过300万元的部分，减按50%计入应纳税所得额，按20%的税率缴纳企业所得税。根据《关于实施小微企业和个体工商户所得税优惠政策的公告》（财政部　税务总局公告2021年第12号）第一条，对小型微利企业年应纳税所得额不超过100万元的部分，在《财政部　税务总局关于实施小微企业普惠性税收减免政策的通知》（财税〔2019〕13号）第二条规定的优惠政策基础上，再减半征收企业所得税。ZK公司多个子公司属于小型微利企业，享受相应企业所得税税收优惠。

根据《国家税务总局关于实施国家重点扶持的公共基础设施项目企业所得税优惠问题的通知》（国税发〔2009〕80号）第一条：对居民企业经有关部门批准，从事符合《公共基础设施项目企业所得税优惠目录》规定范围、条件和标准的公共基础设施项目的投资经营所得，自该项目取得第一笔生产经营收入所属纳税年度起，第一年至第三年免征企业所得税，第四年至第六年减半征收企业所得税。ZK公司下属多个子公司项目符合《公共基础设施项目企业所得税优惠目录》第5项——由省级以上政府投资主管部门核准的一级以上的公路建设项目。

2022年度，ZK公司整体应交税费如表8所示。

表8　　　　　　　　　ZK公司2022年度应交税费明细　　　　　金额单位：元

税费项目	期末余额	期初余额
1. 企业所得税	48 650 240.80	−11 748 055.13
2. 增值税	67 983 617.07	30 355 317.93
3. 印花税	2 083 591.86	379 219.37
4. 车船税	9 436.20	—
5. 房产税	126 110.23	5 579.95
6. 城市维护建设税	2 106 530.15	1 406 776.28
7. 教育费附加	995 758.19	703 689.45
8. 地方教育附加	663 843.91	469 126.43
9. 代扣代缴个人所得税	5 563 164.27	10 871 596.78
10. 其他	788 810.65	1 496 348.64
合计	128 971 103.33	33 939 590.70

2022 年度，ZK 公司税金及附加部分如表 9 所示。

表 9   ZK 公司 2022 年度税金及附加明细   金额单位：元

项目	本期发生额	上期发生额
城市维护建设税	13 383 835.46	14 784 189.81
教育费附加（含地方教育附加）	11 372 000.47	13 206 075.42
印花税	24 690 079.78	10 730 367.51
城镇土地使用税	3 950 855.97	6 301 243.00
房产税	4 443 053.52	3 493 901.40
车船税	901 530.48	872 676.97
资源税	724 876.89	650 694.34
其他	1 798 317.10	1 666 894.41
合计	61 264 549.67	51 706 042.86

在其他收益方面，ZK 公司 2022 年度获得政府补助 3 164.33 万元，另有个税所得税手续费返还部分 82.53 万元，以及增值税进项税加计扣除 39.75 万元。

公司 2022 年主要补助项目金额如表 10 所示。

表 10   ZK 公司 2022 年度主要补助明细   金额单位：元

序号	补助项目	补助金额
1	研发补助	6 200 000.00
2	稳岗补贴	5 880 616.44
3	职业技能提升补助	5 461 700.00
4	总部经济扶持资金	2 642 700.00
5	中央外经贸发展专项资金	11 447 037.00
6	甘孜州雅江生态环境局油烟补助	2 100.00
7	一次性留工培训补助	6 000.00
8	稳岗返还金	1 441.44
9	疫情一次性留工补助	1 750.00

结合数据可知，ZK 公司 2022 年的研发、稳岗、职业技能提升补助等金额较高，补贴主要体现在风电装备制造相关研发课题的政府补贴，整体而言对公司新能源相关业务发展具有较好的正向激励作用。公司风电、光伏项目 2022

年的营业总收入约为 6.08 亿元，其中风电相关收入 2.80 亿元，光伏相关收入 3.28 亿元，纳税总额约为 1 362.32 万元。由于公司正在纵深开拓新能源领域施工市场，巩固集团在云南省乃至国内外领先的新能源施工领域地位，同时享受上述各类国家扶持政策，对比 2021 年末税负水平整体有所下降；同时对比 2021 年，风电光伏收入大幅增加，如表 11 所示。

表 11　　　　　　　ZK 公司风电光伏业务收入与整体税负水平对比

数据类型	2021 年数据（亿元）	2022 年数据（亿元）	差异（%）
营业总收入	241.69	241.81	+ 0.5
风电板块业务收入	0.59	2.80	+ 404
光伏板块业务收入	0	3.28	+ 3.28
实际缴纳的各项税费	6.24	5.45	− 14.64

3. 完善我国风电及光伏项目相关税收政策的探讨

3.1　风电产业税收政策执行中反映的主要问题

我国支持风电产业发展的税收政策在执行中主要存在以下不足。

第一，对该产业融资的税收支持力度不足。风电产业前期投产成本较高，尤其是在设备购置及安装方面，约占总投资成本的 70%[①]。建设一个 50 兆瓦的风电场大概需要 4 亿~5 亿元的资金，如此庞大的资金规模，单靠企业的自有资金是难以进行投资建设的，通过银行等金融机构进行融资往往是大多数风电产业的必然选择。以节能风电的青海德令哈 50 兆瓦风电项目为例，该项目涉及总投资 4.6 亿元，其中自有资金占 30%，其余 70% 通过向金融机构贷款的方式解决，涉及融资资金 3 亿元左右。由此可见，融资问题对风电场前期建设至关重要。但目前我国在建设风电场的融资方面执行的税收政策支持力度不够，风电企业在获得外来资金方面存在一定程度困难。此外，较高的融资比例和庞大的融资规模在企业运行后期会产生大量的利息费用，给风电产业造成较

---

① 王晓珍，彭志刚，高伟，等. 我国风电产业政策演进与效果评价［J］. 科学研究，2016，34：1 – 13.

大的资金压力。

第二，企业所得税"三免三减半"的优惠政策效用不强。目前我国企业所得税"三免三减半"的规定是自企业获得第一笔收入起开始计算，前三年免征企业所得税，第四年至第六年减半征收。但这项税收优惠政策对风电投资企业这种前期投入大，资金回收期较长的情况而言，税收优惠落点设置与风电产业发展各阶段特点不相匹配，无法在更大程度上保障其中后期建设效益①。具体而言，在风电场建成初期，企业需要投入大量资金进行发电设施建设运营，即便企业可以获得一定的发电收入，也很难覆盖掉高昂的成本，实现盈利不多。例如，该公司节能风力 2017 年初开始建设的广元剑阁天台山风电场项目，于 2017 年底完工并投入使用。该项目 2018 年共投入资金 4 659.54 万元进行发电，但当年发电收益仅为 2 586.53 万元，虽然获得了第一笔营业收入，但并未真正实现盈利，实际享受到企业所得税"三免三减半"带来的优惠程度不大，政策效力不强。此外，企业所得税"三免三减半"的税收优惠政策甚至可能出现难以享受该项优惠的情形，即虽然享受了税收政策优惠，处于"三免三减半"的优惠期，但并无营业利润可缴纳企业所得税，体现不了企业所得税"三免三减半"的税收政策红利，反而当企业盈利时已超过了"三免三减半"的优惠期限，必须依法缴税。

第三，有关土地税收政策难以引导风电企业加强区域投资建设。为了更好地满足我国东南部的清洁用电需求、推动各地区风电供需平衡，我国风电产业重心或将向东南地区转移。当前我国风电场建设涉及土地的费用主要为建设用地成本，虽然该部分成本占总投资成本的比例不高，但在庞大的投资规模中，涉及的资金成本往往金额巨大。我国风电产业在用地方面涉及的主要税种是城镇土地使用税。城镇土地使用税采用幅度差别定额税率计税，即大城市 1.5 ～ 30 元，中等城市 1.2 ～ 24 元，小城市 0.9 ～ 18 元，县城、建制镇、工矿区 0.6 ～ 12 元。大中小城市的划分标准在《城市规划条例》中进行了说明，即以人口数量为划分标准，人口数量在 50 万人以上的为大城市；人口数量在 20 万 ～ 50 万人的为中等城市，人口数量在 20 万人以下的为小城市。而我国东南部经济发达，城市人口数量规模相比西北部地区大得多，使公司城镇土地使用税在执行的较高定额税率标准下税负相对较重。故目前我国城镇土地使用税的执行难以较好地推动风电产业向东南部地区策应发展。

第四，逆向税收调控力度有待提升。当前，传统的火力发电作为我国使用已久的电力来源，仍具有电力稳定、供应量大、成本低廉等诸多优势，现电力

---

① 卢海林. "双碳目标"下的新能源发电产业税收政策审视 [J]. 税务研究, 2022 (1): 116.

供应仍然以火电为主、水电为辅,风电仅排第三。为实现我国"碳达峰""碳中和"的目标,提高风电等清洁能源的市场占有率,正向和逆向调节有机结合的税收政策推动均不可少,不仅应为风电等清洁能源产业设置正向的税收激励,而且要对高污染高能耗的传统发电产业设置一定的税收抑制措施,加大其污染环境的惩罚力度。但是现阶段的税收还缺乏较完整配套的税收抑制措施以加强其约束力。

3.2 完善支持我国风电产业发展的税收政策建议

为加大支持我国风电产业发展,相应税收政策应适当优化完善。

一是增强对风电项目融资的企业所得税税收支持力度。风电产业前期投产成本较高,购置安装相关的风机发电设备涉及金额较大,仅依靠风电企业自有资金难以长期保障资金投入。为鼓励社会资本对风电产业增强融资,降低风电产业融资难度,增强银行等金融机构对风力发电企业的贷款投资意向,缓解风电产业融资困难窘境,为风电场前期投资建设提供更多的资金支持,我国应优化相应的税收优惠政策:对风电企业可以减计部分应纳税收入,如按照90%计入企业所得税应纳税所得额;规定银行等金融机构向风电场建设企业贷款,其取得的利息收入免征增值税,并通过提高其税收投资抵免、直接减免税额度等以降低其税收负担,激发其稳定投资风力发电场的积极性。

二是调整企业所得税有关"三免三减半"优惠政策的执行期限。我国现有基础设施投资建设企业所得税"三免三减半"规定的政策起始时间存在较大局限,易使该政策效力大打折扣。在风电投资企业获得第一笔收入但尚未实现盈利初期,按照"三免三减半"的政策规定开始计入税收减免期,但因其未真正实现盈利,暂无利润缴纳企业所得税,实际上也就浪费了这一政策优惠时效;而在企业稳定运行实现盈利后,"三免三减半"的政策优惠期限或已结束,致使风电企业无法真正获得该项税收优惠政策红利。我国应充分考虑风电产业前期营收不盈利的具体情况,合理设置享受"三免三减半"税收优惠政策的起始时间,充分发挥该项政策的扶持作用,切实有效降低风电产业税负。具体而言,可将风电企业享受基础设施投资建设企业所得税"三免三减半"规定的起始时间改为自获利年度起算,更充分地将政策优惠落到实处,激励风电企业投资发展行稳致远[1]。

三是加大土地税收政策对风电企业均衡化区域建设的引导效用。当前我国

风电产业存在供需不平衡的现象，西北部地区风电供大于求，而东南沿海城市风电等清洁能源供不应求，难以充分实现电力消费清洁化。为了实现我国"碳达峰""碳中和"目标，推动东南沿海城市风电的充足供给，我国应通过调整土地税收政策加强对风电区域建设的引导，倡导东南部地区降低在该区域建设风电场的城镇土地使用税税负，引导风电产业在该区域加大建设风力发电场，提高其风电供给量，以此实现风电建设重心向东南沿海城市转移，增加东南部地区的风电供给量，充分实现全国清洁用电。具体而言，东南部地区政府及其税务机关可以在规定的权限范围内下调风电产业用地适用的城镇土地使用税定额税率标准，适当降低该项税收负担，引导风电产业加强区域均衡布局；或参考借鉴新疆维吾尔自治区对于风力发电场用地征免城镇土地使用税的相关规定，即仅对风力发电场办公、生活、生产维护用房占地和风电机组占地征收城镇土地使用税，其他用地如风力发电机组间隔的土地面积免征城镇土地使用税，从而减少风力发电场城镇土地使用税的征税面积，吸引风电产业向东南部地区转移。

四是进一步强化相关逆向税收抑制措施。当前，在通过一系列税收政策降低风电产业企业税负、鼓励风电等清洁能源开发应用的同时，对高污染高能耗传统发电产业的配套性税收逆向调控力度还需加大。应通过对此类型生产企业征收相对较重的税收以增强负激励效应，增加其生产发电成本，将其负外部效应内部化，从而实现正向税收激励与逆向税收调节有机结合，稳步推进风电产业可持续发展[①]。

3.3 光伏产业税收政策执行中的主要问题

目前，光伏产业税收优惠政策在一定程度上减轻了企业的税收负担，助力了产业发展，但在实际落实过程中也暴露出一些突出问题，主要反映在现行税制设计方面：增值税优惠中进项税额抵扣链条仍不完整，抵税和退税政策运用散乱不稳定充分；光伏产业整体的税收优惠力度有待加强，比如耕地占用税和城镇土地使用税等优惠政策不明晰或缺位，政策激励效果不够突出。

第一，增值税优惠政策更新不及时明确。财政部、国家税务总局于2013年9月曾发布了《关于光伏发电增值税政策的通知》（财税〔2013〕66号），对光伏发电收入实行增值税即征即退50%的政策，但2018年12月31日之后

---

① 高学通. 平价上网时代风力发电企业财务管理提升与应对［J］. 中国集体经济，2020（32）：157－158.

该项政策未予跟进，使光伏项目企业报税时不能执行。此外，因光伏项目的留抵进项税额较大，光伏企业在投产后的前几年一般都不需要缴纳增值税，所以刚投产的光伏项目实际上未享受到这方面的税收优惠。

第二，增值税抵税政策运用不充分。如税收优惠中增值税进项税抵扣链条不完整，行业内政策普惠性效果有待进一步提升。光伏项目投资大、回收周期长、资金占用大，影响了企业的现金流。对比水力发电项目，前期投资有同样特点，但国家的增值税减免政策更为完整。

第三，土地使用相关税收政策不明晰。现阶段我国光伏发电企业的税收优惠政策涵盖税种较少，实际优惠面偏窄，其中耕地占用税和城镇土地使用税等优惠政策不明晰或缺位。光伏发电项目会占用很大面积的土地，因此与土地使用有关的税种对光伏企业的影响也很大，比如城镇土地使用税、耕地占用税等，而当前光伏产业与这些税种有关的地方税优惠政策并未明确，出现各地政策执行标准不一的情况，影响了此类项目全国范围的建设。

3.4 完善支持我国光伏产业发展的税收政策建议

首先，须持续深化增值税制改革，应对光伏企业实行留抵退税和利息成本进项税额可抵扣。从光伏企业实际情况出发，留抵退税应该作为制度性安排予以推进实施，加大增值税进项税的抵扣力度，有利于企业在技术提升、绿色升级等方面增加先进固定资产投资，缓解改造升级带来的资金投入压力。另外，融资利息成本占据了发电项目成本的很大比例，建议将与利息成本对应的增值税按一定比例予以抵扣。

其次，针对各种光伏项目用地情况，地方政府应出台明确的地方税优惠政策。鉴于上游、中游的光伏制造业企业开设厂房占用土地多，下游的光伏发电站占用的工业用地或耕地面积较大，建议应出台具体有关耕地占用税等的优惠政策，减少光伏企业的土地使用成本。其中，光伏电站一般选择建设在沙漠等荒废的地面，能有效提高土地的利用价值。建议使用农用地或未利用地的光伏项目，可按《中华人民共和国城镇土地使用税暂行条例》的规定免征该项税收。对于农光一体等复合型光伏电站所占用的土地，不征收耕地占用税。

最后，提高光伏产业税收优惠政策的稳定性制度化作用。在"碳中和""碳达峰"趋势下，光伏产业发展前景光明，"十四五"期间，光伏开发规模将逐渐扩大，企业间的竞争也会逐渐激烈，相关税收优惠政策也应与时俱进再

修改完善①:

第一，税收优惠政策制定中应增强科学性、连续性。考虑到清洁能源生产企业所处各发展阶段情况特殊，应尽可能让企业在初期尚未盈利或者盈利较少时就能够享受优惠，以减轻企业成本。就光伏发电企业而言，现在大量的光伏项目仍处于刚刚布局还未收回成本的阶段，建议将光伏发电项目纳入按照 3% 征收率简易征收的适用范围。此外，在增值税此类简易计征政策未予确定的当前形势下，建议进一步对光伏发电增值税政策予以明确，避免企业进入政策空窗期，及时稳定企业和投资者对税收政策的预期，增加政策的可预见性。

第二，应加大对光伏企业重组的税收支持，减少企业兼并的税收成本。光伏行业整合将成为未来发展的焦点，将推动清洁产能的持续扩张和行业整合。在这样的形势下，大型光伏企业兼并小型光伏企业业务方面，应发挥好税收优化资源配置的作用，加大对其兼并重组的税收支持。在兼并重组过程中，涉及的债务重组收益等应当予以一定的税收减免；可签署税收预约定价协议，推动兼并重组税务管理工作顺利进行。同时，应当鼓励国内企业对国外优质光伏企业进行收购。针对大型国际并购项目，税务部门可以派驻专业团队帮助其进行有关税收筹划，防范海外税收风险，努力促成并购交易②。

第三，建立税收优惠政策评价机制。为提高税收优惠政策实施质效，相关财政、税务部门应对相应税式支出进行科学的统计和分析，根据我国光伏产业税收优惠政策的实际执行情况，评估光伏企业因享受优惠而产生的效益规模以及政府相关的"隐性成本"，提高税收优惠政策的实践运用效果，为进一步优化政策作为提供切实细致的决策依据。

2023 年 12 月召开的中央经济工作会议提出"要谋划新一轮财税体制改革"，以进一步加快推进今后一段时期里全面深化改革的质效。税制改革通常被认为是财税体制改革的重要举措。绿色税收体系是绿色发展"双重红利"等理论指引下加强生态环境保护、使税收更好地服务人与自然和谐共生发展的重要推进器，在中国式现代化建设进程中具有极其重要的现实意义。从根本而言，必须在全面深入贯彻落实"税收法定"原则、助力税制绿化改革的进程中，确保我国碳达峰碳中和目标如期实现，不断提升新能源的有效利用。

① 袁继军."双碳"目标下支持打造国家清洁能源产业高地的税收建议 [J].税务研究，2023 (5)：58 – 59.
② 周海洋，王镜涵，周东阳，等.新能源产业的财税补贴效果实证研究——以光伏产业为例 [J].中国集体经济，2020 (34).

参考文献：

[1] 白彦锋. 推动"双碳"目标如期实现的财税政策选择 [J]. 人民论坛, 2023 (24): 92 –95.

[2] 陈苏阳. 促进我国风电产业发展税收优惠政策研究——以TS股份有限公司为例 [J]. 财政监督, 2018 (18): 90 –96.

[3] 甘卫华, 刘振梅. 光伏产业技术特征和政策研究 [J]. 科技管理研究, 2015 (11): 38 –43.

[4] 高学通. 平价上网时代风力发电企业财务管理提升与应对 [J]. 中国集体经济, 2020 (32): 157 –158.

[5] 高瑜. 关于完善我国风电产业政策的几点思考 [J]. 中国行政管理, 2017 (4): 108 –112.

[6] 郭庆方, 张洪瑞. 产业链环节布局与中国光伏产业发展 [J]. 中国能源, 2020, 42 (8): 21 –26.

[7] 何代欣, 周赟媞, 郑淼云, 等. 新一轮财税体制改革中税制改革的全球视野考察 [J]. 国际税收, 2024 (3): 15 –26.

[8] 金智丹. 我国电力发电企业税收优惠研究 [D]. 北京: 华北电力大学, 2020.

[9] 李欣. 风电能源绿色转型税收初探 [J]. 山西财税, 2023 (3): 11 –12.

[10] 李钰. 支持我国风电产业发展的税收政策研究 [D]. 北京: 中国财政科学研究院, 2022.

[11] 梁淑芳. 完善我国绿色税收制度研究 [D]. 云南: 云南财经大学, 2019.

[12] 卢海林. "双碳目标"下的新能源发电产业税收政策审视 [J]. 税务研究, 2022 (1): 113 –117.

[13] 孟大为, 来瑞秋, 张忠智. 国内外太阳能光伏政策、标准体系对比与展望 [J]. 能源与环境, 2019 (1): 57 –58, 60.

[14] 苏聪. 促进我国光伏产业发展的税收优惠政策研究 [D]. 北京: 中国财政科学研究院, 2022.

[15] 陶冶. 国家再生能源发展报告2019 [R]. 北京: 国家发展和改革委员会研究所可再生能源发展中心, 2019: 19 –31.

[16] 王欢. 风电企业税务风险识别及其防范研究 [J]. 理财, 2023

（2）：56 – 58.

［17］王瑞红. 我国清洁能源产业财税政策的评价分析［J］. 全国流通经济，2019（7）：116 – 118.

［18］王晓珍，彭志刚，高伟，等. 我国风电产业政策演进与效果评价［J］. 科学研究，2016，34：1 – 13.

［19］袁继军. "双碳"目标下支持打造国家清洁能源产业高地的税收建议［J］. 税务研究，2023（5）：55 – 59.

［20］张存省. 支持风电产业发展的税收政策探讨［J］. 财政监督，2018（11）：70 – 75.

［21］张伟祥. 风力发电企业税务风险识别及防范对策［J］. 质量与市场，2022（16）：157 – 159.

［22］张希良，黄晓丹，张达，等. 碳中和目标下的能源经济转型路径与政策研究［J］. 管理世界，2022，38：35 – 66.

［23］张秀峰，金莹莹，唐海燕. 财税激励政策对光伏企业绿色技术创新的影响［J］. 华北水利水电大学学报（社会科学版），2023，39（4）：21 – 33，40.

［24］周海洋，王镜涵，周东阳，等. 新能源产业的财税补贴效果实证研究——以光伏产业为例［J］. 中国集体经济，2020（34）.

［25］International Energy Agency. World Energy Investment 2023［R］. France：IEA，2023.

数字化转型发展背景下企业财务共享中心的应用实践
——以 ZK 公司为例[*]

【摘　要】当前，数字经济已经成为国民经济增长的重要稳定器。在大数据治理的推动下，市场、政府与社会各界共商共建共享是现代化发展的一大趋势和主流，公司财务管理业务共建共享、管理效能提高是集团化大型企业财务数字化转型升级的必经之路，对企业的健康可持续发展十分重要。在财务共享中心的应用实践中，ZK 公司于 2021 年 4 月全面启动的财务共享中心建设已取得了阶段性成就。本文以 ZK 公司智慧财务共享体系的运营情况为例，总结分析其在数字化转型大背景下建设过程中取得的经验和遇到的问题，并提出近期改进的建议，以加快实现企业业财资税一体化融合，促进企业财务管理智能化拓展，助力集团管理提质增效。

【关键词】财务共享中心；财务共享平台建设；业财资税一体化融合发展；智慧财务共享体系

> **【思政在线】**
>
> "当今世界，信息技术创新日新月异，数字化、网络化、智能化深入发展，在推动经济社会发展、促进国家治理体系和治理能力现代化、满足人民日益增长的美好生活需要方面发挥着越来越重要的作用。"
>
> ——2018 年 4 月习近平致首届数字中国建设峰会的贺信

1. 案 例 背 景

2021 年 2 月，国务院国资委正式印发了《关于加快推进国有企业数字化

＊ 本案例源自云南省 ZK 公司提供的实际情况，只供课堂学习讨论之用，并无意暗示某种管理行为是否有效。基于保密要求，在本案例中对所涉及公司做了必要的掩饰性处理。

转型工作的通知》，全面部署国有企业数字化转型的基础、方向、重点及举措，促进国有企业数字化、网络化、智能化发展。2022年2月，国务院国资委印发了《关于中央企业加快建设世界一流财务管理体系的指导意见》，指出部分中央企业集团化财务管控建设不到位、财务管理功能发挥不充分、财务管理手段落后于技术进步等，与新时期中央企业高质量发展目标不匹配、与建设世界一流企业的要求不相适应。随着集团经营规模的快速扩张，集团呈现复杂的多元化产业发展特征；加之管理效率低下、管控难度提升、体系不够健全、业财融合差等难点，过去传统的单一核算型会计早已不能支持企业财务管理的现代化发展需求，对业务量大、分支众多的大型集团化企业，迫切需要实现业财融合①。

因此，建立智慧财务共享体系是当前大型企业集团解决这类问题的有效方式，亦是未来的发展趋势。ZK公司经国务院批准后于2011年正式成立，是国有性质的独资公司，旗下包括多家下属企业单位，主要开展承包设计、技术勘测、投资运营等多项业务，拥有很强的综合实力。成立以来，公司承包了全国绝大部分的大中型水电项目开发建设，是积极推进绿色低碳能源发展的佼佼者，构建了全球基础设施联通的骨干力量，业务市场涉及全球多个国家和地区，国际知名度较高，在国际市场占有重要地位，并响应国家号召为推动"一带一路"倡议发展作出了积极贡献。近几年来，集团公司规模的不断扩展给财务管理带来巨大压力，对其效率效能提出了更高的要求。但公司所属集团体量大、业务繁多，各级财务机构较为分散，管理手段和方法也不统一，财务数据标准不一致，各分公司与部门之间传递财务信息的速度慢，比较缺乏事前管控的能力，同时也缺少信息化支持，使财务风险发生的可能性大大增加。

随着新一轮科技革命的不断进步，大数据治理被应用到越来越多的工作模式中。根据国家对公司数字化改造与升级的要求及集团公司财务监管规定，依据财务管理体系的发展状况，ZK公司旨在通过观念再造、组织再造、流程再造、系统再造、人员再造等方面深化改革，以数字化的战略为引导，通过建设财务共享中心，努力推进世界一流的、集"战略财务、业务财务、共享财务"三位一体的财务管理体系建设，实现ZK公司财务管理工作从"核算事务型"向"价值创造型"迈进，促进财务数字化转型，加快提高智慧财务管理水平，持续提升数字服务能力和财务价值创造能力，为企业集团提供更加快捷精准的数据决策支撑，主动赋能ZK公司战略转型和高质量发展。

---

① 梁恒. 业财融合型财务共享中心构建研究 [J]. 财会通讯，2020 (23)：131 – 134.

2. ZK 公司财务共享服务中心进展情况总结

2021 年 4 月，ZK 公司全面启动了集团层面的财务共享建设前期筹备工作；2022 年 3 月，在前期大量准备和铺垫的基础上，该公司正式开启了财务共享系统平台建设。ZK 公司依据企业多元化发展的特征，意在围绕"体系更为集中、功能更为先进、体验更为智能"三大原则，创新性采用"1 + N + X"系统部署模式，通过构建财务共享体系，助力实现集团"一个愿景、六大目标、三个阶段、两次转型"的战略规划目标。在全方位深入开展业务调研的基础上，该公司搭建了涵盖"基础数据、业务表单、流程制度、科目报表、共享运营、理念变革"为一体的统一标准化体系，先后完成了智能门户、基础数据、共享运营、报账平台、司库管理、税务管理、移动报销、数据分析展示等模块建设，努力打造集团公司统一的"业财资税一体化"财务共享平台。2022 年 7 月 1 日，第一笔业务单据顺利进入财务共享中心共享任务池，标志着 ZK 公司 13 家首批成员企业上线试运营，覆盖工程施工、勘测设计、能源电力等核心业务，有助于推动后续 ZK 公司财务共享系统顺利运行。

2.1 ZK 公司财务共享服务中心建设总体目标

该公司财务共享服务中心系统的建设目标是：明确数字化战略方向，响应财务变革新要求，持续助力财务转型升级，全力打造集团企业财务共享建设的典范。企业依据实际情况，提出了以价值创造为核心的目标体系，即"六升两降一加强"（见图 1）。其中，"六升"是指提升营业收入利润率、项目毛利率、项目投资收益率、总资产周转率、财务资源贡献率和全员劳动生产率；"两降"是指降低资产负债率和期间费用率；"一加强"是指加强盈余现金管理，坚持"现金为王"理念①。

---

① 杨良，刘程军. 中国电建：构建价值创造型财务管理体系主动赋能世界一流企业建设［J］. 财务与会计，2022（11）：28 – 32.

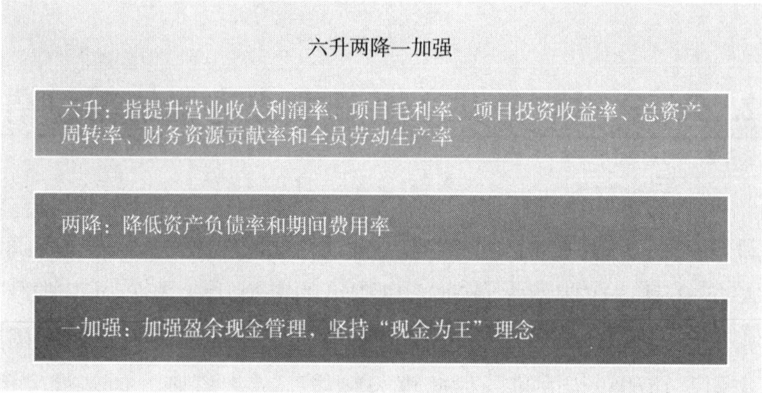

六升两降一加强

六升：指提升营业收入利润率、项目毛利率、项目投资收益率、总资产周转率、财务资源贡献率和全员劳动生产率

两降：降低资产负债率和期间费用率

一加强：加强盈余现金管理，坚持"现金为王"理念

图1　ZK公司的财务共享服务中心系统"六升两降一加强"具体目标体系

2.1.1　通过财务共享建设，打造规范化的财务共享中心流程

统一会计核算标准与会计核算处理方式，提高会计信息质量，实现财务数据的标准化和规范化；加快推动核算流程统一化，从而确保制度的一致性；规范各项业务流程规定，促进流程优化升级、再造；统一业务对财务的数据报送标准。依据统一的核算标准和业务流程打造标准规范的财务共享中心流程。

2.1.2　通过财务共享建设，加强财务管控和风险管控

提高风险管理意识，尤其是在资金使用方面以及合同管理、预算管理上的风险管控，使财务程序合法合规，达到重点控制由线上实行的效果，强化财务管控，降低经营风险。

2.1.3　通过财务共享建设，推动财务组织转型升级

将会计核算与财务管理分离，将会计核算工作纳入共享，以相对数量固定的财务会计人员满足ZK公司业务数量快速增长及业务规模扩张的需要；释放财务会计人员，使财务人员不再局限于从事各种精细的会计核算工作，促进财务人员向财务管理人员转型，打造专业的战略财务、业务财务、共享财务团队，推动财务组织转型升级。

2.1.4　通过财务共享建设，构建业财融合体系

在业务、财务流程的专业化、统一规范化基础上，实现业务财务的衔接与一体化。从业务着手收集最基础的业务相关资料，再于财务系统共享得到财务

数据，并将一定的财务数据及时反馈于相关业务；业务与财务系统集成，保障了财务信息的真实度、规范性，增强内控能力，从而通过业务、财务互联互通最终构建业务财务融合体系。

2.2 建设总体思路

ZK 公司的业务系统是建立财务共享中心的基础和前提。在启动改革之时，公司先将原来所形成的各式各样的业务系统，依据企业的财务职能架构，把不同的业务模块纵向进行了分离，具体分为政策制度、财务报告、往来管理、预算管理、税务管理、资金管理、资产管理、产权管理、成本管理、绩效管理、档案管理 11 个模块；并根据不同的模块内容进行各自分析，通过先分离再整合的方式，形成适应各模块的表单，嵌入管控要素，明确各类管控要点，进而实行规模化稽核。

在此基础上，ZK 公司实施了"三位一体"的财务管理体系，即战略财务、业务财务、共享财务三大板块，并将各自的财务职能进行划分，其中共享财务即财务共享中心的作用主要有核算、报账、资金一体化。通过把企业的一些重复零散、低附加值的作业进行重组整合，使公司把管理重点放在了高附加值的核心业务上。

财务共享中心是财务基础交易的处理者，未来将成为财务的数据中心，凭借规模化和标准化来提升数据处理能力，以其强大的数据为战略财务和业务财务提供广泛的财务信息，而战略财务和业务财务则将成为公司各成员单位财务工作的重心。战略财务指挥着公司财务政策，并支持企业的各项决策安排，负责牵头经营计划、预算管理与业绩考核，建立统一的财务管控体系和策略，为公司管理者就战略规划与安排提供相关的决策支持，也为共享财务、业务财务提供政策上的帮助；业务财务立足全流程，通过了解业务需求，充分融入公司价值创造各环节中的具体业务服务活动，提供真实全面的信息以支撑业务经营决策，并为战略财务和共享财务提供业务支持（见图 2）。

2.3 财务共享中心具体操作流程

财务共享中心的相应工作流程设计包括业务审批、会计核算、报表出具、资金结算和单据档案管理各类。其中，财务共享报账流程分为费用报销类、应付付款类、非资金支付类三大类主要内容，又可以细分为如表 1 所示的 12 类对应业务①。

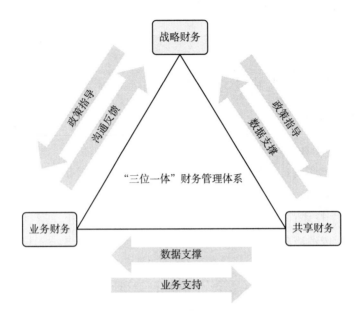

图 2　ZK 公司"三位一体"财务管理体系

表 1　　　　　　　　　　　　　财务共享报账流程对应业务分类

序号	具体流程分类	对应业务列举
1	备用金及费用报销核算流程	借款单、还款单、差旅费报销单、其他费用报销单
2	资金结算业务核算流程	收款核算流程、结算支付办理、付款核算、资金划拨等
3	资产业务核算流程	固定资产折旧核算、无形资产摊销核算、资产新增和处置核算等
4	物资业务核算流程	物资入库、出库核算、物资处置等
5	合同结算业务核算流程	对上计价、对下计价、其他应收应付类结算流程
6	薪酬社保业务核算流程	薪酬发放、社保缴纳计算、社保计提（结转）核算流程
7	税金业务核算流程	增值税发票开具、验收、认证、进项转出核算、税金计提等
8	收入成本业务核算流程	建造合同、其他行业、其他业务收入成本、营业外收入支出等
9	其他业务核算流程	研发支出、安全生产费、财务费用、资产减值等
10	债权债务核算流程	债权债务初始化登记、债务转换登记、债权转换登记
11	实物及其他管理流程	单据扫描上传、退票管理、财务稽核、单据补扫、单据重扫等
12	会计档案管理流程	会计档案归档

---

① 徐晓明，王永钢，张洪梅，等．中电建山东一公司大数据财务共享应用实践［J］．国企管理，2020（8）：86－101．

报账的主流程如下：

（1）经办人登录共享系统报账平台填写电子报账单或由业务系统推送到共享系统报账平台自动生成电子报账单。

（2）系统根据填报的单据关键要素、部门属性自动进行预算控制。

（3）经办人打印报账单并按照规范粘贴实物单据，进行扫描上传，并将带有条形码的纸质报账单和对应的实物单据提交业务财务。

（4）业务财务根据报账单和实物单据进行初审，审核实物单据及电子影像，初审完成后自动发起业务审批。

（5）相关业务领导根据业务内控管理制度及审批权限调阅影像进行审批，审批通过后进入财务共享服务中心（Financial Shared Service Center，FSSC）进行稽核，审批不通过的报账单退回报账人。

（6）进入共享中心任务池后，系统根据一定规则自动派单。

（7）FSSC 稽核岗调阅影像并进行报账单业务稽核，稽核不通过的业务退回经办人。

（8）经 FSSC 稽核岗稽核通过的报账单，系统会根据配置规则自动生成挂账凭证—其他应付。若需要付款，报账单经 FSSC 稽核岗稽核完成后，自动流转至业务财务进行资金付款安排。

（9）FSSC 凭证稽核岗审核系统自动生成的挂账凭证—其他应付。若需要付款，在资金付款安排完成后，系统会根据报账单中选择的资金计划自动进行资金计划校验。校验通过后推送至 FSSC 资金结算岗。

（10）FSSC 资金结算岗审核资金结算单信息，稽核不通过的进行退回。稽核通过的推送 FSSC 资金复核岗。

（11）FSSC 资金复核岗进行资金支付复核操作。

（12）FSSC 资金结算岗进行支付确认，支付完成后报账单反写"支付完成"状态，自动生成付款凭证。

（13）FSSC 凭证稽核岗审核系统自动生成的付款凭证。

2.4 具体税金业务核算流程说明

税务管理是企业财务管理的重要组成部分，企业生产经营全过程涵盖了税收政策与制度、纳税申报、税务培训、税务分析、税务筹划等一系列税务工作①。在 ZK 公司财务共享中心整个流程设计下，税金核算流程主要包含增值税发票开具、验收、认证、进项转出核算、税金计提、税金缴纳、税金结转等处理子流程。

近年来，随着数字化技术的不断升级，全面数字化的电子发票（以下简称全电发票）的应用条件越来越成熟。电子发票在很多国家已经快速得到推广使用，各国纷纷建立电子发票管理系统，打破了线下办税的时空限制，有利于确保采集到的发票数据准确无误，及时满足纳税人的开票用票需求。目前，我国也进行了全电发票的试点应用，大幅加快了推进企业财务管理向电子化、智能化方向转变发展的步伐，有助于打造企业业财资税一体化新格局，助力企业财务管理能力飞速提升。ZK 公司财务共享中心现已积极开展全电发票的接收工作，由财务共享中心实现与国家金税四期系统的发票库数据接口对接：从税务机关管理系统传输反映该项业务活动的单价、金额及对应税额等涉税信息，通过增值税发票综合服务平台，可相应实时查询该份自动生成并归集到的全电发票，为此，应识别真伪和入账标识，对重复开票及发票造假等问题的发现更加及时直接；对经过匹配验证确认的发票，再与财务报销系统形成关联，待审批完成、生成凭证后同步发票信息，经过公司相关税务管理负责人员在电子发票服务平台上批量处理入账标识，就此实现发票入账管理一系列工作②。

2.5 ZK 公司财务共享中心现阶段工作取得的成效

2.5.1 促进财务管理流程标准化规范化

ZK 公司财务共享中心在执行财务管理制度的过程中，通过梳理各项业务，针对不同模块对接编制了各自统一的流程手册，并按照规范标准，在相应明确的审批权限下按流程执行具体操作，基本实现了 ZK 公司财务管理流程的标准化模式，使人为操作的可能性大大减少，降低了操作误差，保证信息真实准确快速传送，为公司决策者提供了优质的财务数据支撑。

2.5.2 强化风险管控力度，提高资金管理效率

通过财务共享中心建立事前预测、事中控制、事后分析的财务预算管控体

---

① 陈丽. 财务共享模式下项目部财务人员的转型——以建筑施工企业为例［J］. 财会学习，2022（19）：130－133.

② 李颖. 全电发票改革：再造企业财税流程和管理能力［J］. 财务管理研究，2023（3）：108－112.

系，改变了传统的以报账为起点的财务工作方式方法。将业务作为着手点，将管控前移，使财务活动由注重结果变为注重过程，把财务共享融合到财务管理过程中，完善合规流程；此外，还实现了银企互通，保障企业在资金管理方面加大管控力度，强化资金控制，提高资金利用率。

2.5.3 助力实现集团公司财务管理系统的数字化转型升级，提升业财资税管理一体化质效

ZK 公司所打造的包含合同管理、财务核算、资金管理、税务管理等各板块在内的业财资税一体化相融合的财务大数据共享平台，将会计核算和财务管理相分离，同时把管理会计融合到业务管理处置中，逐步减少了线下单据的传递和使用，有利于以传统线下为主的工作模式向线上数据化、自动化趋势发展，实现了业务管理上的转型升级；通过该平台各模块的数据连接，加速了业务信息传递和财务信息在相关多部门间的及时共享与增值利用；形成的联动机制有利于促使资源得到更优的衔接配置，进一步提高了企业的财务价值创造能力，加速推进财务系统运转效能提升。

3. 展　望

3.1 ZK 公司财务共享服务中心初步运行过程中存在的主要问题以及解决方案

3.1.1 存在问题

（1）设置科学、运转高效的财务共享服务中心是推动实现财务共享的一个重要基础条件，但企业在其建设中往往会把重心放在财务流程共享方面，只考虑财务的一体化而忽视了业财的一体化融合发展。故财务共享业务流程的设计需要将公司全部的业务管理系统在共享中心平台上实现数据接口通畅，从而推进公司业务经营管理与未来战略决策的相关资源共享融合运用。

（2）财务共享服务中心运转初期，原有的财务组织架构尚未及时对应调整，财务人员分工管理的合理性和责任细分还不够明确，精通财务共享有关技术的专门人才也相对较少，使业财资税资源数字化整合与升级利用的实效性有

所影响。

3.1.2 解决方案

（1）优化财务共享中心业务流程，提高企业业财资税融合度。企业内部应不断升级健全规范化标准化管理体系，优化规范执行标准，确保相关业务流程下的信息流转合法合规高效便捷；更有效地加强各部门之间的信息互联互通与协调整合。打好业务财务基础，更好更快地推动公司实现业财资税管理一体化。

（2）科学变革公司财务管理组织架构，提升数字化财务工作效能。明确合理划分每一名业务人员及财务人员的工作责任，使之科学分工，提升工作效率；加快转换数字经济时代工作思维，加强相关的财务税务知识、技能培训，提高熟练运用财务共享系统操作的能力和水平。此外，企业还须推行财务人员科学管理机制，建立各工作岗位相应能力评价体系模型。

3.2 未来展望

当前，数字经济已经成为我国国民经济快速发展的重要源泉。据中国信通院发布的《中国数字经济发展研究报告（2023年）》显示，2022年我国数字经济规模已达50.2万亿元，占GDP比重达到41.5%，同比名义增长10.3%。随着数字化智能化技术不断推进新质生产力创新发展，财务共享必然是实体经济数字化发展的必备基础。面向未来，企业财务转型将朝着"价值型、生态型、数字型、智能型、自主型财务"的方向发展[1]。

基于价值创造的核心导向引领，ZK公司针对未来战略发展提出了"六升两降一加强"的目标体系，并在此基础上构建了"一体两翼三资三率五系统"的方法体系[2]。根据此方法体系，本文对ZK公司未来的财务及税务管理工作作以下思考建议。

3.2.1 推进"业财资税一体化"融合发展

加快推动业财资税一体化融合，形成以"财资税"内循环为主体，"业财"双循环相互促进的公司财务管理新格局，并有机联通这一内部双循环，

---

① 杨良. 数智财聚 共享未来——中国电建财务数智化转型实践与思考［J］. 施工企业管理，2023（11）：27-29.
② 杨良，刘程军. 中国电建：构建价值创造型财务管理体系主动赋能世界一流企业建设［J］. 财务与会计，2022（11）：28-32.

不仅要提升公司财务管理能力，更要把财务管理向前延伸到业务管理中，将财务数智化信息系统向采购、生产、营销等多个业务环节延展，彼此实现高度集成，打通流程和数据断点，实现系统之间的自动流转、相互配合，由只看结果到过程结果并重，实现由事后向事中延伸，统筹公司内外发展追求，全面深化"财资税"一体化改革，助力企业优化资源配置，创造更大的价值，更好地提升企业价值创造实力。从整体出发，提升财务人员的相关业务知识水平和能力，与业务部门形成强大的管理合力，是进一步提升企业财务管理和创造价值能力的关键。

3.2.2 加快"两翼"建设

公司业财资税一体化发展根本上在于信息技术的发展和人才队伍的培养。在公司内部信息技术建设方面，整合完善当前的财务共享信息系统，对现有信息系统进行集中化管理，构建更趋智能化的财务共享服务平台，需要有强大先进的技术和算法支持，并不断进行系统升级，通过财务和业务信息交互融合实现业务链流程信息化，优化信息处理流程。外部则应加快顺应数字经济时代的发展要求，充分发挥大数据技术助推作用，通过新兴的"大智移云物"等技术手段更充分地挖掘大数据的深层次价值，充分对接利用外部有关工商、税务、银行、商旅、产业链、供应链等信息系统，畅通外部大数据生态圈，更好地实现政府—企业—社会涉市场主体业务财务税务数字化管理模式的转型升级。在人才建设方面，人力资源是企业乃至国家综合实力发展壮大的最重要资源，应着力培养精通财务税务法务等和金融、计算机操作，熟练大数据技术等的复合型高级专门人才，为企业打造一支具备现代化意识、懂创新、控风险的优秀管理团队，保障公司财务共享中心及至中长远战略决策可持续发展。

3.2.3 注重"三资"管理

"三资"分别对应资金、资产和资本。ZK公司对资金的管理是通过全球司库管理系统进行的，而资产管理需要构建相应精细化的全要素资产经营体系。该体系既包括流动资产又包括非流动资产，以此有效提升资产运营的效率，降低资产管理的风险。而对于资本经营，作为"四位一体"格局的一部分，ZK公司致力于打造全价值链资本经营体系，推动企业现有资本向其他资源扩展，发挥"投、建、营"一体化产业链的优势，保证企业资本力量不断加强。2022年12月1日，ZK公司全球司库管理系统完成覆盖集团公司全部成员企业的银行账户、资金预算、资金收支、票据管理、担保管理、融资管理、授信管理、财务资助、金融业务等主要核心功能模块的建设和上线运行，要从传统的资金结算管理，扩展到金融资产、资本效益、资金安全等全维度金融资源管理，不断推动财务资金管理水平稳步提升，为公司高质量发展提供高质量的财务金融服务。该系统与财务共享系统同平台部署，功能模块紧密对接，构建了业务、财务、资金的完整经济业务流，实现了信息的充分共享，有力推动了 ZK 公司全球司库管理价值链的构建与形成。目前，该系统建设工作尚处于起步阶段，系统的设计、开发、建设、部署、运营需要与 ZK 公司全产业链业务运行结合验证，未来需要进一步完善符合该公司管理特色的司库管理模式和机制，持续优化提升司库系统功能，深化扩展应用，构建金融数据资源池，有效支撑企业战略经营决策。并积极建设境外司库系统，着力打造"143"境外财资中心管理系统，以风险管理体系、资金结算体系、贸易与融资管理体系、资金集中管理体系四类管理体系支撑全球司库管理系统建设，加速境外司库业务稳定长远发展①，持续整体提升企业价值创造力，培育企业核心竞争力以及抵御风险能力，助力 ZK 公司数字化转型和世界一流财务管理体系建设，打造成为世界先进企业。

3.2.4 强化"三率"管理

"三率"即利率、汇率和税率。加强对利率的管理，优化融资结构和融资占比配置，进一步扩展融资方式，实行集约化管理，转变管控模式，有效控制利率带来的财务风险。对于汇率管理，须做到熟悉外汇市场运行规则，综合利用各种金融衍生工具，尽量做到规避风险，稳定汇率波动，降低损失。在税率方面，应加强培养公司的专门税务管理人才，熟悉各种税法要求，及时知悉税率、税收优惠政策等要素及其征管变动情况，充分利用税收优惠政策为企业开展好税收筹划，将税务管理工作深度融入应用到业务管控中去，提高税务分析能力，有效降低公司税务管理风险，合理安排税负。

3.2.5 发挥"五系统"功能

"五系统"包括全面预算管理、经营业绩考核、全面成本管理、财务会计报告和管理会计报告系统。加强全面预算管理，强调预算的基础性作用，帮助企业做好合理预算，更好地做到资源合理配置，将各个部门的预算统筹规划，加强业务财务一体化，做好全方位预算管理体系。在业绩考核方面，坚持升级优化系统，确立合适企业的目标机制和考核监督体系，优化实施激励机制，实

---

① 刘程军，张姝，葛莉惠. 数智司库体系的构建与创新——基于中国电建集团司库管理体系的案例分析［J］. 管理会计研究，2023（6）：43-50.

行年度考核机制，调动人员的工作积极性和主动性。在成本管理方面，做到成本可控并逐渐向降低成本方向转变，打造全方位成本管控体系，顺应企业的经营模式，推动企业经营加速升级，促进成本精细化管控。企业的财务会计报告应以会计信息质量为基础，利用财务共享服务中心，不断建立自动化、全流程报账系统，利用各部门之间的数据互联，形成数据准确、模式标准的财务报告。管理会计报告系统则需利用有效数据模型，全面高效地为企业管理层等决策形成有效的数据支撑，有助于管理层更好地了解企业发展所处全方位状况，科学合理制定公司发展计划，提高战略决策科学性和有效性。

3.2.6 数字赋能企业税务管理

打造好"业财资税"一体化数字平台，需要建立全流程、全税种的企业税务管理制度体系，加强各税务系统流程和板块间的密切互动，增加关联性，实现税务风险管理全方位、多层次、渗透式管理，大力支持税务管理在未来朝着数据化、智能化方向发展。随着数电发票的逐渐推广与普及应用，在 ZK 公司相应业务活动当中能够实时快速便捷精准实现税务交易数据的两方交换；电子发票系统和财务共享服务的深度融合极大程度降低了企业运行成本，能够有效帮助企业实现未来可持续发展。要积极顺应数电发票管理变革，及时学习、熟悉新的报销要求及流程变化，降低操作风险。数电发票管理对企业的信息系统提出了更高要求，需进一步强化公司信息平台建设，保证信息系统对财务流程的全覆盖，全链条连接起业务、财务、税务系统之间的信息传输渠道，助力发票全流程电子化落地，为企业财务管理创造更大价值服务。

参考文献：

［1］陈丽．财务共享模式下项目部财务人员的转型——以建筑施工企业为例［J］．财会学习，2022（19）：130－133．

［2］邓汝宇，高阳．税收征管数字化转型升级的全球浪潮：2023 年税收征管数字化高级别国际研讨会综述［J］．国际税收，2023（12）：29－34．

［3］李颖．全电发票改革：再造企业财税流程和管理能力［J］．财务管理研究，2023（3）：108－112．

［4］梁恒．业财融合型财务共享中心构建研究［J］．财会通讯，2020（23）：131－134．

［5］刘程军，张姝，葛莉惠．数智司库体系的构建与创新——基于中国电建集团司库管理体系的案例分析［J］．管理会计研究，2023（6）：43－50．

［6］王永钢．浅析财务共享中心数据价值［J］．创新世界周刊，2022
（5）：84 –85.

［7］徐晓明，王永钢，张洪梅，等．中电建山东一公司大数据财务共享
应用实践［J］．国企管理，2020（8）：86 –101.

［8］杨良，刘程军．中国电建：构建价值创造型财务管理体系主动赋能
世界一流企业建设［J］．财务与会计，2022（11）：28 –32.

［9］杨良．数智财聚　共享未来——中国电建财务数智化转型实践与思
考［J］．施工企业管理，2023（11）：27 –29.

［10］张晔．财务共享服务模式下电力行业财务转型研究［J］．市场周
刊，2023，36（10）：161 –164，176.

［11］朱丽．浅谈"大智移云"时代电力建设企业财务面临的机遇和挑战
［C］//中国智慧工程研究会智能学习与创新研究工作委员会．2022社会发展
论坛（贵阳论坛）论文集（二）．中国电建集团山东电力建设第一工程有限公
司，2022：3.

中国推进共建『一带一路』税收征管合作机制与金砖国家税务实践篇

推进"一带一路"税收征管合作高质量
发展中的专业服务

【摘　要】2023 年是"一带一路"倡议提出十周年，中国与共建国家的税收征管合作开启了新征程。在助力"一带一路"共建国家高水平开放与合作发展的新形势下，"一带一路"税收征管合作应在不断营造市场化、法治化、国际化营商环境，增强"走出去""引进来"企业抗风险能力，持续为跨境企业提供更加便捷高效的优质服务等方面，健全"一带一路"税收征管合作机制，完善企业跨境纳税服务体系，优化税收专业服务特色品牌的应用效能。

【关键词】"一带一路"税收征管合作；税收营商环境；税收专业服务

> 【思政在线】
>
> "加强全球税收合作，打击国际逃避税，帮助发展中国家和低收入国家提高税收征管能力。"
>
> ——2014 年 11 月习近平主席在二十国集团（G20）领导人第九次峰会上的郑重倡议

1. 案 例 背 景

2013 年，习近平主席提出共建"丝绸之路经济带"和"21 世纪海上丝绸之路"（简称"一带一路"）倡议。10 年来，中国已经同 152 个国家和 32 个国际组织签署了 200 余份共建"一带一路"合作文件，覆盖我国 83% 的建交国。2013～2022 年，中国与沿线国家货物贸易进出口额、非金融类直接投资额年均分别增长 8.6% 和 5.8%；与沿线国家双向投资累计超过 2 700 亿美元[①]，在

---

① 我国已与 152 个国家、32 个国际组织签署共建"一带一路"合作文件［EB/OL］. (2023 - 08 - 24). http://m.people.cn/n4/2023/0824/c23 - 20733452.html.

多边贸易合作、基础设施互联互通、政策沟通长效机制建设等方面取得了非凡成就。

党的二十大报告将"推动共建'一带一路'高质量发展"作为重要任务[1]。自2019年4月"一带一路"税收征管合作机制正式成立以来，秉持"和平合作、开放包容、互学互鉴、互利共赢"丝路精神，"一带一路"税收征管合作机制共建持续推进。

2. 我国税务机关开展"一带一路" 税收专业服务工作情况

在共建"一带一路"倡议进程中，为优化营商环境，保障我国"走出去"企业的合法权益，帮助纳税人有效规避税收风险，推动共建国家经济发展和文化交流，实现共同繁荣，我国税务部门全方位展开了一系列的税收专业服务工作。

2.1 我国税务机关在"一带一路"税收服务与管理工作中的初步规划安排

为主动服务国家对外开放大局，为我国企业参与国际经济合作创造良好的税收环境条件，建立健全税收服务"一带一路"工作体系是首要前提。为此，在《国家税务总局关于落实"一带一路"发展战略要求 做好税收服务与管理工作的通知》（税总发〔2015〕60号）中，国家税务总局在"执行协定维权益、改善服务谋发展、规范管理促遵从"三个方面制定出台了服务"一带一路"建设的10项税收措施。及后，《国家税务总局关于进一步做好税收服务"一带一路"建设工作的通知》（税总发〔2017〕42号）又具体从四个方面提出八项税收服务"一带一路"的措施，为提供"一带一路"高质量税收服务进行了补充优化（见表1）。

---

[1] 习近平. 高举中国特色社会主义伟大旗帜 为全面建设社会主义现代化国家而团结奋斗：在中国共产党第二十次全国代表大会上的报告［N］. 人民日报，2022－10－26（1）.

表1   国家税务总局对"一带一路"税收服务与管理工作中的规划安排

项目	文件名称	
	《国家税务总局关于落实"一带一路"发展战略要求　做好税收服务与管理工作的通知》	《国家税务总局关于进一步做好税收服务"一带一路"建设工作的通知》
成文日期	2015年4月21日	2017年4月24日
文号	税总发〔2015〕60号	税总发〔2017〕42号
主要内容	1. 认真执行税收协定 认真执行税收协定及相关解释性文件，保证执法一致，保证非居民享受协定待遇，为跨境纳税人提供良好的税收环境	1. 做好税收协定执行 落实税收协定政策，营造优良营商环境，保障我国"走出去"企业的合法权益。确保我国居民享受税收协定待遇，及时反映境外涉税争议，配合总局与沿线国家涉税争议进行协商
	2. 加强涉税争议双边协商 落实两份文件*相关规定，及时了解我国与沿线其他国家跨境企业涉税诉求和税收争议，主动向企业宣传、解释税收协定相关条款，及时受理企业提起的协商申请	2. 落实相关国内税收政策 结合全面推开营改增试点工作，落实各项税收优惠政策
	3. 建设国别税收信息中心 税务总局将向全国各省税务机关推广国别信息中心试点工作。省税务机关应做好启动准备，积极开展对口国家税收信息收集、分析和研究工作，尽快形成各省分国对接机制	3. 优化"走出去"税收服务 落实"放管服"改革要求，推动税收服务优化升级。简化流程、手续，进一步减轻纳税人办税负担。做好《中国税收居民身份证明》开具工作，便利纳税人境外享受税收协定待遇。提高服务的针对性和有效性，探索对"走出去"纳税人实行分类服务
	4. 建立"一带一路"税收服务网页 建立"一带一路"税收服务网页，分国别发布共建"一带一路"国家税收指南，介绍有关国家税收政策，提示对外投资税收风险。同时发布我国有关税收政策解读、办税服务指南等，为"引进来"企业提供指导	4. 深化国别税收信息研究 深入推进国别税收信息研究工作，做好境外税收政策跟踪和更新，陆续发布国别投资税收指南，进一步完善和丰富纳税人可获取的境外税收信息
	5. 深化对外投资税收宣传辅导 分期分批为我国"走出去"企业开展税收协定专题培训及问题解答。根据不同国家税收政策和投资风险特点，为"走出去"企业开展对外投资税收政策专题宣讲	5. 完善税收政策咨询 丰富政策咨询途径，加强12366国际税收服务专席或"走出去"服务专线建设。丰富税收咨询服务渠道，提升咨询服务水平。为纳税人提供专家咨询、定制咨询、预约咨询等服务。建立和完善国际税收知识库，整理并发布国际税收问题答疑手册
	6. 设立12366纳税服务热线专席 依托税务咨询12366平台，设置专岗，加强对专岗人员培训，解答"走出去"企业的政策咨询，回应服务诉求	6. 开展税收宣传与辅导 开展"走出去"税收政策大宣传、大辅导。配合"一带一路"国际合作高峰论坛，结合"便民办税春风行动"，集中开展主题鲜明、形式多样、内容丰富的"走出去"专题宣传与辅导

续表

项目	文件名称	
	《国家税务总局关于落实"一带一路"发展战略要求　做好税收服务与管理工作的通知》	《国家税务总局关于进一步做好税收服务"一带一路"建设工作的通知》
主要内容	7. 发挥中介机构作用 合理引导注册会计师、税务师事务所等中介机构"走出去"，提供重点投资国税收法律咨询等方面服务	7. 加强数据统计分析 各地税务机关应有针对性地开展数据统计和税收分析，并在此基础上归纳税收风险类型，有针对地为纳税人提示风险
	8. 完善境外税收信息申报管理 做好企业境外涉税信息申报管理，监督企业履行涉税信息申报义务，为企业遵从提供指导和方便，并分类归集境外税收信息，建立境外税收信息专门档案	8. 深化国际税收合作 配合做好"一带一路"国际合作高峰论坛相关工作；落实好已签署的双边合作备忘录，加强税务部门之间的信息交流与合作；积极参与区域性交流合作平台，推动税收在相关交流活动中发挥更加突出的作用
	9. 开展对外投资税收分析 进一步拓展第三方数据，及时跟进本地区企业投资共建"一带一路"国家情况。省税务机关每年需编写本地区"走出去"企业税收分析年度报告	
	10. 探索跨境税收风险管理 设置风险监控指标，逐步建立分国家、分地区风险预警机制，提示"走出去"企业税收风险，积累出境交易税收风险管理办法和经验	

注：＊《国家税务总局关于发布〈税收协定相互协商程序实施办法〉的公告》（国家税务总局公告2013年第56号）和《国家税务总局关于印发〈特别纳税调整实施办法（试行）〉的通知》（国税发〔2009〕2号）。

2.2　共建"一带一路"税收征管合作机制进展

2.2.1　合力搭建"一带一路"税收征管合作机制框架

为加强共建"一带一路"国家（地区）税收合作与交流，促进可持续性发展，2018年5月14日至16日，"一带一路"税收合作会议在阿斯塔纳举行。会议就税收法治、纳税服务、争议解决以及征管合作能力建设展开讨论，各方认为有必要加强"一带一路"国家（地区）税务主管当局的合作与协调，并倡议建立"一带一路"税收合作长效机制。为落实阿斯塔纳倡议，同年9月26日至28日，中国国家税务总局和哈萨克斯坦财政部国家收入委员会在中国扬州共同主持召开了"一带一路"税收征管合作机制工作组会议，起草了《"一带一路"税收征管合作机制谅解备忘录》。

在2019年4月第一届"一带一路"税收征管合作论坛开展期间，各方签署了《"一带一路"税收征管合作机制谅解备忘录》，标志着"一带一路"税收征管合作机制正式成立。合作机制由理事会、秘书处、"一带一路"税收征管合作论坛、"一带一路"税收征管能力促进联盟四部分构成（见图1）。

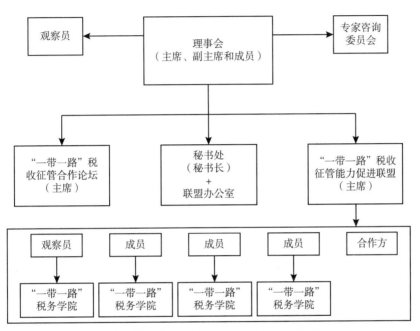

图1 "一带一路"税收征管合作机制框架

资料来源：国家税务总局新媒体．中英对照——图解第一届"一带一路"税收征管合作论坛［EB/OL］．（2019－04－20）．https：//www.chinatax.gov.cn/chinatax/n101290/c4324827/content.html.

2.2.2 "一带一路"税收征管合作机制框架下开展的活动

（1）举办"一带一路"税收征管合作论坛。

为营造开放包容的国际化税收营商环境，与共建国家进行深度交流，为国际税收治理贡献中国智慧，我国主动承办了每年一届的"一带一路"税收征管合作论坛。至今已成功举行了四届，成果丰硕（见表2）。

表2　　　　　　　　四届"一带一路"税收征管合作论坛举办情况

项目	第一届	第二届	第三届	第四届
时间	2019 年 4 月 18～20 日	2021 年 9 月 7～9 日	2022 年 9 月 19～21 日	2023 年 9 月 11～13 日
地点/方式	浙江·乌镇	由哈萨克斯坦财政部国家收入委员会主办，采用线上会议方式	阿尔及利亚，采用线上线下相结合方式	格鲁吉亚·第比利斯

项目	第一届	第二届	第三届	第四届
参会人员	85个国家（地区）税务主管当局负责人或其授权代表，以及16个国际组织以及多家学术机构和跨国企业代表	61个国家（地区）的税务局局长、代表以及12个国际组织负责人	40个国家（地区）的财税部门负责人，以及经济合作与发展组织（OECD）、国际货币基金组织等12个国际组织	32个国家和地区的税务部门负责人、10个国际组织以及部分跨国企业代表
主题	"共建'一带一路'：加强税收合作，改善营商环境"	"数字时代的税收信息化能力建设"	"凝心聚力应对挑战——后疫情时代的税收征管能力建设"	"包容开放携手前行——助力优化税收营商环境"
内容/成果	1. 立机制 签署了《"一带一路"税收征管合作机制谅解备忘录》，标志着"一带一路"税收征管合作机制正式成立	1.《第二届"一带一路"税收征管合作论坛联合声明》 围绕合作机制建设重点，结合"一带一路"国家（地区）发展特点，回应合作机制各方关切，在税收信息化发展、合作机制发展、未来行动三大方面达成23项共识	1.《第三届"一带一路"税收征管合作论坛联合声明》 全面总结第三届"一带一路"税收征管合作论坛成果，明确共建"一带一路"国家（地区）税务部门在税收征管能力建设方面的共同目标，并鼓励其他国际组织和业界参与其中	1.《第四届"一带一路"税收征管合作论坛联合声明》 认同"一带一路"倡议取得的成就，肯定合作机制各方取得的丰硕成果，赞同在各方面加强沟通合作，携手构建和维护市场化、法治化、国际化税收营商环境，助力实现全球经济复苏和发展
	2. 建联盟 经理事会批准，四个"一带一路"税务学院将分别设立在哈萨克斯坦、中国澳门以及中国内地，预期未来建立更多税务学院	2.《努尔苏丹行动计划（2022－2024）》 作为《联合声明》附件，深入分析合作机制特色深度挖掘重点工作，有效创新实施路径，积极回应共建"一带一路"国家（地区）诉求，确定合作机制未来两年工作方向。内容涵盖10个领域28项行动	2. 建课程 从制度、管理、服务、合作四个维度，形成一套业务界定清晰、梯度层次分明的课程体系，内容涵盖"税收制度、税收征管及数字化、税收营商环境及纳税服务、税收合作"四个主题	2.《优化税收营商环境行动计划（2023－2025）》 各方同意加强务实合作，推动税收营商环境持续优化。通过强化税收法治保障水平、提升税收征管服务的水平、加强税收信息透明度建设、持续提升纳税服务质量等为优化营商环境提供能力支撑
	3. 定计划 通过对依法治税、提高税收确定性、提升争端解决效率、通过税收征管数字化简化纳税遵从程序、加强税收征管能力建设五个议题进行探讨，批准《乌镇声明》以及《乌镇行动计划（2019－2021）》	3.《"一带一路"税收征管合作机制年度报告》 集中展示合作机制建立以来建设情况，主要对秘书处运行、上届论坛、会议开展、联盟建设、工作组运行、宣传工作以及专家咨询委员会建设等情况进行梳理与总结，为促进合作机制高质量发展提出建议	3. 组团队 目前已邀请来自13个国家（地区）的26位专家加盟。专家擅长专业覆盖税制建设、税收征管及信息化、纳税服务、税收争议解决等多个领域	3.《优化税收营商环境——最佳实践》

项目	第一届	第二届	第三届	第四届
内容/ 成果		4.《乌镇行动计划（2019－2021）》工作组终期报告 全面介绍了各国落实《乌镇行动计划》的最佳实践案例，就税收确定性、税收争议解决、税收征管能力建设、简化税收遵从以及税收征管信息化方面的发展进程、存在问题提出多角度解决方案，供共建"一带一路"国家（地区）税务部门参考借鉴	4. 建学院网络 成立利雅得"一带一路"税务学院，一方面可以开展培训，另一方面共享联盟课程、师资和相关知识产品，为学员提供更高质量的学习平台	4.《优化税收营商环境——主题日活动》
			5.《"一带一路"税收征管能力促进联盟实施细则（试行）》 进一步明确联盟的职能和定位，确定联盟工作重点，优化组织架构，完善内部管理规定与职责分工，明确联盟开展各项工作的运行规则和程序性规定，指导和推动联盟工作开展更加科学、规范、高效	5.《联盟课程体系1.0版成果展示》
			6.《"一带一路"税收征管合作机制年度报告》	6.《"一带一路"税收征管合作机制年度报告（2023）》

（2）建设"一带一路"税收征管能力促进联盟。

作为税收征管合作机制的重要组成部分，"一带一路"税收征管能力促进联盟（以下简称联盟）是合作机制负责开展培训、研究和技术援助等能力建设项目的多边性机构。联盟主席负责协调和组织联盟工作计划及培训项目的实施；下设联盟办公室负责统筹开展"一带一路"税务学院及联盟其他相关工作，与合作机制秘书处在北京合署办公。截至目前，有 19 个"一带一路"税收征管能力促进联盟成员，14 个"一带一路"税收征管能力促进联盟合作方（见表3、表4）[①]。

---

① 国家税务总局国际税务司．乌镇声明［EB/OL］．（2019－04－20）．https://www.chinatax.gov.cn/n810219/n810724/c4308333/content.html?eqid=e8cec6de000253930000000364424d77.

表3 "一带一路"税收征管能力促进联盟成员

序号	国家/地区	机构名称	序号	国家/地区	机构名称
1	阿富汗	阿富汗财政部	11	澳门特别行政区	澳门财政局
2	孟加拉国	孟加拉国税局	12	蒙古国	蒙古国税务局
3	柬埔寨	柬埔寨税务局	13	尼日利亚	联邦税务局
4	喀麦隆	喀麦隆税务局	14	卢旺达	卢旺达税务局
5	中国	国家税务总局	15	沙特阿拉伯	沙特阿拉伯税务局
6	吉布提	吉布提预算部	16	塞内加尔	塞内加尔财产和税务局
7	加蓬	加蓬税务局	17	索马里	索马里财政部
8	格鲁吉亚	格鲁吉亚税务局	18	乌克兰	乌克兰国家财政局
9	哈萨克斯坦	哈萨克斯坦财政部国家收入委员会	19	乌拉圭	乌拉圭税务局
10	科威特	科威特财政部			

表4 "一带一路"税收征管能力促进联盟合作方

序号	国家/地区/国际组织	机构名称	序号	国家/地区/国际组织	机构名称
1	安哥拉	安哥拉税务局	8	塔吉克斯坦	塔吉克斯坦国家税务委员会
2	亚美尼亚	亚美尼亚国家收入委员会	9	国际组织	非洲税收管理论坛
3	塞浦路斯	塞浦路斯税务局	10	国际组织	中国国际商会
4	印度尼西亚	印度尼西亚财政部税务总局	11	国际组织	美洲税收管理组织
5	伊朗	伊朗国家税务局	12	学术机构	荷兰国际财政文献局
6	新加坡	新加坡国内收入局	13	学术机构	莱顿国际税法中心
7	南苏丹	财政经济计划部	14	学术机构	维也纳经济大学奥地利和国际税法学院全球税收政策中心

（3）成立"一带一路"税务学院构建联盟课程体系。

截至2023年9月，已有5所"一带一路"税务学院在中国扬州、中国北京、中国澳门、哈萨克斯坦阿斯塔纳、沙特阿拉伯利雅得先后成立，构建辐射英语、汉语、葡萄牙语、俄语、阿拉伯语地区的多语种培训机构网络，并通过"自办、合办、协办"等培训模式，组织60余期培训，共有来自120多个国家（地区）的3 500余名财税官员参加。

联盟为满足共建"一带一路"国家税收征管能力建设需求，紧跟国际税改前沿，形成以"税收制度、税收征管及数字化、税收营商环境及纳税服务、税收合作"为主题的培训课程体系，于 2023 年 2 月在"一带一路"税收征管合作机制官网向全球公开发布设置了 8 个专题、27 个子专题、65 门课程的培训课程体系 1.0 版（见表 5）。

表 5 现阶段联盟课程体系 1.0 版四个主题的主要内容

课程主题		主要内容	开设目的
税收制度	税收制度介绍	包括商品和服务税、所得税、财产和行为税以及其他税 4 个子专题，共 17 门课程	帮助学员了解各类税收的基本原理和特定管辖区的做法，以及国际税收方面的知识和最新发展，以提高税收立法和执法能力
	国际税收规则介绍	包括国际税收条约、国际反避税规则、跨境所得税管理、BEPS 行动计划和引入国际规则以应对经济数字化带来的税务挑战 5 个子专题，共 9 门课程	
税收征管及数字化	税务征管	包括税收征管结构和税收征管制度 2 个子专题，共 4 门课程。说明税收征管活动的主要要素、税务机关执法、税源管理、纳税人权利保护等，并分享 BRI 管辖区的税务管理经验	帮助学员了解税务管理的规律，促进税务管理的数字化升级和智能化转型，提高精准监管的有效性
	税务征管数字化	包括 DTA 基础、DTA 的演变和应用、DTA 技术基础、税务大数据和实际采用 4 个子专题，共 11 门课程。系统地解释了"一带一路"管辖区内 DTA 的具体实践，以期促进 DTA 的发展和应用	
税收营商环境及纳税服务	税收营商环境优化	包括税收营商环境指标设计与评价，以及优化税收营商环境的实践 2 个子专题，共 3 门课程。介绍了如何设计和使用税收环境指标，以及 BRI 管辖区的税收营商环境改革实践	帮助学员加强对相关概念的理解，并学习最佳实践。通过学习，税务人员将能够构建适合本国国情和国际规范的本辖区税收环境和纳税人服务评估矩阵，共同提高纳税人服务水平
	纳税服务	包括纳税人服务概述、大企业税务服务、中小企业税务服务和个人税务服务 4 个子专题，共 6 门课程	
税收合作	国际税收合作	设置了多边税务合作、税务管理互助和国际税务纠纷解决 3 个子专题，共 10 门课程。介绍了当前税务领域多边合作的主要平台，它们的运作及其在国际税收领域所发挥的作用，概述了当前国际税务管理相互合作的发展，分析了税务纠纷的原因和共同的解决机制，以及讨论加快解决税务纠纷的有效途径	帮助税务人员提高国际国内税务纠纷解决能力以及国际合作和国内组织间税务协同治理能力
	国内税收协同治理	包括税务机关和海关之间的组织间合作的案例分享，以及发展税收共同治理体系的典型实践 3 个子专题，共 5 门课程。介绍了国内税务纠纷解决机制，并从制度和实践两个角度对解决实际问题进行了有益的探索	

（4）上线"一带一路"税收征管合作机制官方网站。

"一带一路"税收征管合作机制正在加速打造经验分享及宣传阵地。上线的官方网站，现已实时发布合作机制各项活动相关资讯和最新知识产品，并正在努力完善更新专题栏目、会议服务功能等，实用性、专业性特点日益突出。截至 2023 年 8 月，该官网累计访问量已超过 20 万次，访客遍布 171 个国家（地区），影响力持续扩大。

（5）创办《"一带一路"税收（英文）》期刊。

该期刊是征管合作机制主要知识产品，反映共建"一带一路"国家税收法治、政策、制度、征管、服务等动态进展，是国内第一本以"一带一路"税收合作为主题、向国内外公开发行的英文期刊，创设了共建"一带一路"国家税务部门、纳税人、第三方、学术界及国际组织间的良好沟通交流、互学互鉴平台。目前已发表了 120 余篇文章、英文字数累计 60 余万字。

2.3 我国推进"一带一路"跨境投资税收服务体系建设情况

2.3.1 税务总局官网开办"一带一路"税收服务专栏

税务总局网站开设了税收服务"一带一路"专题，涵盖了"一带一路"税收征管合作机制情况、工作动态、政策法规、税收条约、国别（地区）投资税收指南、"走出去"税收指引等相应内容。跨国企业可以通过该平台查询到共建"一带一路"国家（地区）税收信息，在充分了解投资国家相关情况的基础上有效降低对外投资风险（见图 2）。

图 2 税收服务"一带一路"倡议专题网页面

2.3.2 签订"一带一路"合作文件与税收协定

截至 2023 年 10 月,我国已与阿根廷、毛里塔尼亚、格鲁吉亚、塞尔维亚、埃及等 152 个国家和非洲联盟委员会、欧盟、东盟、阿拉伯国家联盟等 32 个国际组织签署了 200 多份共建"一带一路"合作文件,覆盖我国 83% 的建交国,共建国家签署投资合作备忘录达 31 个。①

2023 年 10 月 17 日,中国分别与塞内加尔、喀麦隆两国政府签署税收协定,进一步深化"一带一路"国家税收合作。至此,中国税收协定网络覆盖范围增至 114 个国家和地区,与 57 个沿线国家签订了税收协定。② 我国签订的多边税收条约如表 6 所示。

表 6 我国签订的多边税收条约

名称	签署日期	生效日期	执行日期
《多边税收征管互助公约》	2013 年 8 月 27 日	2016 年 2 月 1 日	2017 年 1 月 1 日
《金融账户涉税信息自动交换多边主管当局间协议》(CRS 专题网页)	2015 年 12 月 16 日	2017 年 5 月	2017 年 7 月
《实施税收协定相关措施以防止税基侵蚀和利润转移的多边公约》	2017 年 6 月 7 日	2022 年 9 月 1 日	—

通过签订这些条约,广泛构建起全球税收协定网络,有利于促进各国之间提高税收透明度,加强成员国之间的税务信息共享并开展便利化税务合作,共同面对风险挑战,防范化解税务冲突;有利于保护跨境投资者合法权益,确保成员国之间的税收利益在增进协调中共赢发展。

2.3.3 创新打造"税路通"专业服务特色品牌

2023 年 10 月 13 日,国家税务总局宣布推出"税路通",以服务跨境投资全生命周期为中心服务高水平对外开放,推动实现跨境投资"信息通""政策通""服务通"(见表 7),着力使我国税收专业服务更加规范化、国际化和高效化。"税路通"服务品牌旨在通过具体营造:一个服务矩阵(税务总局及各地税务机关特色国际税收服务平台),以追求税收专业服务的全面性和多样

---

① 新华社. 我国已与 152 个国家、32 个国际组织签署共建"一带一路"合作文件[EB/OL]. (2023–08–24). https://www.gov.cn/lianbo/bumen/202308/content_6899977.htm.
② 国家税务总局. 我国签订的避免双重征税协定[EB/OL]. (2023–10–17). https://www.chinatax.gov.cn/chinatax/n810341/n810770/common_list_ssty.html.

性；两级服务团队（各地税务机关组成的基层服务团队和税务总局组织的专家团队），以保证服务的专业性和高效性；三个服务机制（跨境纳税人沟通机制、税收政策服务机制和涉税诉求解决机制），以满足不同需求的跨境纳税人；四个知识产品［提供国别（地区）投资税收指南、"走出去"税收指引、海外税收案例库和跨境纳税人缴费人常见问题解答］，以帮助跨境投资者更好地了解税收政策、规避纳税风险、提高税法遵从能力与水平①。在"1234"的基础上，各地税务机关结合自身特色，深入拓展"税路通"服务品牌内涵，推出了众多"税路通"子品牌，税收跨境服务体系具体可概括为"1234＋N"。例如，上海推出"税路通·一路沪航"服务品牌；新疆推出"税路通·新丝路"跨境税费服务品牌；湖北推出"税路通·惟楚有道"跨境税收服务品牌等②。

表7　　　　　　　　　"税路通"服务品牌的具体内涵

信息通	税务部门通过政策宣讲、提供国别（地区）投资税收指南、建立海外税收案例库和跨境纳税人缴费人常见问题解答等专业服务，实现跨境税收服务产品"一站式"供应，帮助跨境纳税人了解东道国税收投资环境和税收争议的法律救济渠道，做好税法遵从与风险防控，满足跨境纳税人进入新投资环境时"应知"的需求
政策通	税务部门不断完善跨境投资的税收法律法规，包括税收协定等国际条约，并加强政策解读与辅导，建设国际化电子税务局，利用数字化手段精准推送有关政策和风险提示，满足跨境纳税人对税收法律法规"应用"的需求
服务通	税务部门组建专家团队对跨境纳税人的需求做出及时、专业的响应，包括通过12366热线、咨询辅导等服务手段答疑解惑，通过优化征管降低遵从成本，通过预约定价安排等为复杂事项提供确定性，通过国内、国际法律救济渠道解决跨境税收争议等，满足跨境纳税人对具体问题"应答"的期待

（1）国别（地区）投资税收指南。

《国别（地区）投资税收指南》（以下简称《指南》）是"税路通"服务品牌的重要产品之一。国家税务总局从2015年起开始编制发布该指南，截至2024年8月，国家税务总局已经发布106份共建"一带一路"国家（地区）投资税收指南③，帮助"走出去"纳税人了解投资国的基本营商环境、现行税收制度等（见表8）。《指南》向纳税人介绍了该国家（地区）的基本经济社

①　国家税务总局办公厅. 国家税务总局"税收服务高水平对外开放"新闻发布会实录［EB/OL］.（2023－10－13）. https：//www. chinatax. gov. cn/chinatax/n810219/n810724/c5215162/content. html.
②　税务总局新媒体. "税路通"子品牌又上新！　创新服务护航企业跨境经营［EB/OL］.（2024－01－11）. https：//www. chinatax. gov. cn/chinatax/c102312/c5220388/content. html.
③　国别（地区）投资税收指南［EB/OL］.（2024－06－30）. https：//www. chinatax. gov. cn/chinatax/c102035/gbtzsszn. html.

会发展、投资环境、税制状况、税收征管、税收协定等方面的情况。

表8 　　　现阶段共建"一带一路"国别（地区）投资税收指南发布情况

亚洲	阿富汗	巴基斯坦	不丹	朝鲜	东帝汶
	菲律宾	韩国	柬埔寨	老挝	马尔代夫
	马来西亚	蒙古国	孟加拉国	缅甸	尼泊尔
	日本	斯里兰卡	泰国	土耳其共和国	文莱
	新加坡	伊朗	印度尼西亚	印度	越南
	中国澳门	中国台湾	中国香港		
西亚、非洲	阿尔及利亚	阿联酋	阿曼	埃及	埃塞俄比亚
	安哥拉	巴勒斯坦	巴林	刚果共和国	加纳
	卡塔尔	科威特	肯尼亚	黎巴嫩	毛里求斯
	摩洛哥	南非	尼日利亚	沙特阿拉伯	苏丹
	坦桑尼亚	叙利亚	也门	伊拉克	以色列
	约旦	赞比亚	乌干达		
美洲、大洋洲	阿根廷共和国	澳大利亚	巴拿马	秘鲁	巴西
	加拿大	美国	墨西哥	委内瑞拉	新西兰
	牙买加				
欧洲	阿尔巴尼亚共和国	爱沙尼亚	奥地利	保加利亚	北马其顿
	波黑	波兰	德国	法国	荷兰
	黑山	捷克	克罗地亚	拉脱维亚	立陶宛
	卢森堡	罗马尼亚	挪威	瑞典	瑞士
	塞尔维亚	斯洛伐克共和国	斯洛文尼亚	匈牙利	意大利共和国
	英国				
欧亚	阿塞拜疆共和国	白俄罗斯	俄罗斯	格鲁吉亚	哈萨克斯坦
	吉尔吉斯共和国	摩尔多瓦	塔吉克斯坦	土库曼斯坦	乌克兰
	乌兹别克斯坦	亚美尼亚共和国			

资料来源：国别（地区）投资税收指南［EB/OL］.（2024－06－30）. https：//www.chinatax. gov. cn/chinatax/c102035/gbtzsszn. html.

（2）"走出去"税收指引。

为充分发挥税收专业服务功能，国家税务总局国际税务司对"走出去"纳税人相关的税收政策及110个税收协定（安排、协议）进行了归纳整理，总结其中的共性涉税问题，截至2021年9月30日，编制了《"走出去"税收指引》2021年修订版。

《"走出去"税收指引》共分为四章,从税收政策、税收协定、管理规定及服务举措四个方面,按照适用主体、政策(协定)规定、适用条件、政策依据详细列举了"走出去"纳税人涉及的 99 个事项,为我国"走出去"纳税人提供税收法律法规方面的指引,帮助纳税人有效规避税收风险,为优化营商环境、促进贸易畅通和投资便利做出积极贡献。

(3)海外税收案例库。

为帮助"走出去"纳税人有效防范和应对境外税收风险,了解通过法律程序解决涉税争议的方案,依法维护自身权益,国家税务总局编制了海外税收案例库。现已更新 10 个经典案例(见表 9),每个案例均包含案例描述、争议焦点、最终裁决和启示四部分,可助力纳税人在遇到类似税收问题时加以参考借鉴。

表9　　　　　　　　　　　海外税收案例库中的 10 个经典案例

序号	经典案例	序号	经典案例
1	代理型常设机构的认定	6	如何协调国内法与税收协定的关系
2	国际运输代理所得无法享受免税待遇	7	税收居民身份的认定
3	进口软件所得性质判定	8	潜水员的收入是受雇所得还是经营所得?
4	和税务局打交道须注意程序细节	9	代理人协议会带来代理型常设机构风险吗?
5	欧盟资本自由流动原则在税收判例中的应用	10	EPC 合同"设备采购"征税问题

(4)跨境纳税人缴费人常见问题解答。

本模块对跨境纳税人缴费人常见的税收问题和税务机关的专业解答进行了集中收录展示,其解答包括具体的文件和详细的条文,并持续更新。有利于跨境纳税人缴费人在遇到相关常见问题时能快速找到解决方案并有相关法律规定可以依据,如跨境企业能享受到的税收优惠政策内容、办理相应业务应准备的资料、各种表的正确填写、各种税收的申报时间等。

2.4　各省份"一带一路"税收征管服务中特色品牌的应用

"一带一路"倡议提出以来,全国各地税务部门因地制宜,结合当地"走出去"企业的实际情况和税收服务诉求,推出了众多特色服务。

国家税务总局内蒙古自治区税务局在呼和浩特市、满洲里市、二连浩特市建立了俄罗斯、蒙古国、捷克、斯洛伐克等多个税收信息研究室,每季度定时发布《俄蒙捷斯国别税讯》,快速精准地推送有关境外投资项目讯息,帮助"走出去"企业及时了解该国税收政策变动、税收信息简讯、双边经贸往来、经济社会动态、境外投资指南等情况。翻译了 21 部蒙古国税收法律、18 部蒙古国税收法规,编制形成了《蒙古国税收法典》。结合民营企业境外投资特点,编制海外税收案例,帮助"走出去"纳税人有效防范和应对境外税收风险,依法维护自身权益。

国家税务总局青岛市税务局面向日本、韩国、印度、巴基斯坦、以色列等10 个国家,使用汉、日、韩、英、俄 5 种语言文字编印了税收服务"一带一路"系列手册。深化推行全流程网上"非接触式"办理,集成整合税收优惠、税收协定、备案、身份证明、相互磋商等各类国际税收业务事项,实现国际税收业务事项"一站式""场景式"办理。依托"税费管家"服务机制,扩大国际税收"税路通"品牌效应,联合为外资企业开展全生命周期纳税服务,提升服务质效。在政策落实、风险防范、业务办理等方面提供个性化和"菜单式"服务,为企业走出国门注入了强劲动力①。

国家税务总局新疆维吾尔自治区税务局立足其"一带一路"核心区特点,利用大数据精准匹配政策信息,建立专精特新企业成长档案,为企业及时推送税收政策;发挥新疆向西开放优势,编印中亚五国投资税收指南,帮助企业更好"走出去";组建 177 支双语辅导团队,制作 300 多款双语辅导产品;各地税务部门因地制宜,开通"马背上的税费宣传队"和"双语流动办税服务车",推出"古丽说税""北庭税花"等一系列富有地域特色、生动活泼的税收宣传品牌,支持新疆特色产业、新兴产业发展②。

国家税务总局云南省税务局依据其面向南亚东南亚辐射中心发展定位和自身区位优势,在落实税收优惠、加强国际税收征管合作、优化跨境税收营商环境等方面持续发力,支持"走出去"企业畅行"一带一路"。现已组织编写并持续更新了中老、中缅等四国《中国居民投资税收指南》,制作中老、中缅双语政策宣传册、中英老三语宣传动漫,持续开展"税收口岸行"活动,打造"服务'一带一路'国际税收伴你行""国际税收小课堂"两个服务品牌,用实际行动把共建"一带一路"倡议转化为实际成效③。

---

① 助力造福世界的幸福之路铺得更宽更远——中国税务部门服务共建"一带一路"十年综述 [EB/OL].(2023 – 09 – 12).http://www.ce.cn/xwzx/gnsz/gdxw/202309/12/t20230912_38711542.shtml.
② 新疆:优化营商环境 助力经营主体发展 [EB/OL].(2023 – 08 – 02).https://www.chinatax.gov.cn/chinatax/n810219/n810739/c5210472/content.html.
③ 稳定信心 中国不断改善税收营商环境 [EB/OL].(2023 – 06 – 15).https://www.chinatax.gov.cn/chinatax/n810219/n810780/c5205375/content.html.

3. 当前"一带一路"税收专业 服务工作中存在的不足

3.1 "一带一路"税收征管合作机制执行方面

3.1.1 参与主体覆盖范围有待扩展

截至2023年10月，由中国税务部门发起的"一带一路"税收征管合作机制已有36个理事会成员、30个观察员参加；在征管能力促进联盟建设方面，目前已有19个成员和14个合作方加入。但与"一带一路"共建国家（地区）数量相比，参与主体覆盖面还不够广泛，对提升国际税收治理实效有一定程度影响。

3.1.2 合作形式有限，合作内容程度有待提高

2019年成立的"一带一路"税收征管合作机制还处在成长初期，各领域合作尚处在初级阶段。当前"一带一路"税收征管合作机制工作开展形式仍然相对有限，征管合作论坛和能力促进联盟主要为共建国家提供沟通交流平台和开展征管能力培训、研究和技术援助活动。与国际上其他较成熟的税收合作机制相比，还未深度融入国际税收治理实践活动。

机制建设目的是不断加强国际税收合作，促进优化国际税收营商环境，支持全球贸易自由化和投资便利化。但共建"一带一路"国家数量众多，税制差异大，各方面诉求多样，现在合作内容主要还停留在税收普惠服务层面，其范围仍较窄，要达到预期作用还需要较长时间的努力。

3.1.3 治理工具以软法规范为主

2019年4月《"一带一路"税收征管合作机制谅解备忘录》的签署标志着"一带一路"税收征管合作机制的建立，但该备忘录不是正式的多边公约，而是属于原则性共识的软法性文件。现阶段主要依托各种培训计划等推动"一带一路"税收征管初期合作，目前尚无适用于所有共建国家税收工作合力深入开展的硬法规范。硬法规范与软法规范各有其优缺点。软法规范签署灵活便

捷,对参与国的需求可以及时回应,能体现"一带一路"倡议的包容性,有利于扩大吸引力和提高国际参与度;但软法缺乏强制约束力,推行和实施效果较难保证。

3.2 "一带一路"跨境投资纳税服务体系运行方面

3.2.1 相应税收协定协调性还需扩大

第一,税收协定签署范围不够广泛,未能覆盖全部"一带一路"共建国家(地区),不利于国家(地区)间税收合作交流。第二,大部分税收协定签订时间较早,签订之后沿用至今,但国际形势发展日新月异,早期谈签的税收协定无法适应新变化和新情况。第三,税收协定中涉及的税种较少,全面性和公平性受到影响。现签订的税收协定中只有少数涉及财产税,大多还是以企业所得税和个人所得税为主。第四,税收饶让适用范围也有待调整。目前仅有28个国家与我国相互给予税收饶让,会对拓展跨境投资造成一定束缚。

3.2.2 涉外税收信息指引服务效用受限

为方便跨境投资企业在驻在国(地区)开展经济活动,我国制定了国别(地区)投资税收指南,但具体应用中主要存在以下问题。第一,部分国别(地区)税收信息相对滞后,未能较快适时动态更新,不利于纳税人掌握最新情况。第二,相应指南内容的准确性有待进一步提高。由于国别间经济社会发展动态变化、翻译等各种因素的影响,一些沿线发展中国家税收法治水平还较为落后,法律制度不健全、信息缺失等问题普遍存在,我国税务部门在整理时存在一定困难。第三,企业对接税收信息的掌握利用程度参差不齐。部分"走出去"企业尚未能很好地利用税收协定充分享受税收优惠,针对性应对和解决纳税风险意识欠缺,效果受到影响。

3.3 各地"一带一路"税收专业服务中特色品牌的应用方面

3.3.1 缺少国际化税收专业服务人才

目前,因人才培养成本和培养周期较长等限制,涉外税收专业服务人才极为短缺。当前各地税务机关急需一批既懂外语,又了解当地法律、政策和市场的复合型专业人才，以提高税务部门在"一带一路"建设中的专业服务水平。

3.3.2 涉外税收宣传力度不足

税务部门对"一带一路"跨境企业税收相关法律法规的宣传渠道相对单一，宣传内容主要通过主流媒体和官网、微信公众号等平台进行政策信息推送，针对具体跨境投资企业诉求进行的个性化宣传服务还应加强。

3.3.3 地方税务机关与当地跨境企业的税收专业服务还应细化加强

目前税务部门对"走出去"企业提供税收服务模式仍较传统，各业务部门之间数据统计标准口径不一，内外互联互通工作较难快速精准实施。一些"走出去"企业办理涉税业务存在"反复跑""多头跑"现象。随着参与共建"一带一路"的"走出去"企业数量不断增加，利益诉求多样，税务机关对"走出去"企业的帮扶效率有待进一步提高。

4. 高质量发展"一带一路"
税收专业服务的优化建议

4.1 健全"一带一路"税收征管合作机制作为

4.1.1 扩展参与主体范围

加大对"一带一路"税收征管合作论坛的宣传力度，扩大其影响力。提高其余国家（地区）和国际组织的参与积极性，不断吸引共建国家（地区）加入税收征管合作机制建设，促进中国与广大发达国家和发展中家的税收征管合作交流。

4.1.2 丰富机制建设形式与内容，提升国际税收治理实效

国际税收合作的目的主要反映在保障和维护国家与纳税人利益两方面。从

国家层面来看,重点是解决国与国之间的税收利益冲突,做好国际税收协调发展;从纳税人层面来看,更需要为其提供各种所需的跨境纳税服务,兼顾好国家利益与纳税人合法权益。随着共建"一带一路"税收征管合作机制向纵深发展,需要通过制定有关硬法规则以加强"一带一路"国际税收治理合作共赢成效。

4.2 完善"一带一路"企业跨境纳税服务体系

4.2.1 拓展相关税收协定协调力

第一,扩大税收协定签署国家范围。以保障我国与"一带一路"共建国家之间的税收交流合作持续深化。第二,适时对早期签订的有关税收协定进行调整修改。相关国家(地区)的经济社会形势不断变化,应对税收协定进行及时调整或者重新修订。第三,增强税收协定所涉及税种及其征管合作。除所得税性质税种外,财产税性质的税种也应该适时加入合作协议执行。第四,增加"一带一路"共建国家的税收饶让条款执行,助力早日实现共建"一带一路"、促进共同繁荣的倡议目标。

4.2.2 增进涉外税收信息指引等机制作为

第一,实时关注相应国家涉税政策的变化,及时对国别(地区)投资税收指南进行更新,以保证指南的准确性和有效性。第二,加强与其他国家(地区)的税务部门和相关国家政府机构、国际组织的交流与培训合作,使"走出去"企业能够及时、准确、全面掌握驻在国(地区)税收政策资讯。第三,针对性加强"走出去"企业具体涉税帮扶。税务机关应加大对当地"走出去"企业的专门涉税培训,并跟进其跨境投资风险识别、预判和应对能力追踪培育,确保"走出去"企业切实提升在该国的合法经营管理能力,维护保障好国家与纳税人权利。现我国税务部门已在努力打造电子税务局国际化办税场景,助推实践"用户全覆盖、办税无国界"目标。

4.3 优化"一带一路"税收专业服务特色品牌应用

4.3.1 大力培养国际化税收专业人才

面对"一带一路""走出去"企业不断增长的税收专业服务迫切需求,我国税务机关已经着手建设国际税收专业人才库和智库，依托"中国—OECD 联合培养税务法学硕士项目"等加强培育一批理论基础夯实，涉外税务实践经验丰富的税收专业人才队伍，为持续深化共建"一带一路"税收征管合作提供核心治理支持力量。

4.3.2　加大精准宣传服务，加强部门间协调合作，促进对当地跨境企业的有效帮扶

构建智慧税务平台，强化各部门之间信息共享，深化涉税数据的共享和有效利用。针对不同"走出去"企业在驻在国的具体涉税问题诉求，向其精准推送与投资国相关的税收协定、税收政策，提供针对性的个性化税收专业服务。

参考文献：

［1］本刊编辑部．"一带一路"税收征管合作机制大事回眸［J］．中国税务，2023（10）：18 - 23.

［2］本刊特约评论员．税收助力描绘"一带一路"共赢画卷［J］．中国税务，2023（10）：1.

［3］崔晓静，孙奕．借鉴区域税收协调经验进一步完善"一带一路"税收征管合作机制［J］．国际税收，2023（10）：17 - 26.

［4］打造跨境投资服务体系——税收营商环境持续优化［EB/OL］.（2023 - 10 - 15）．https：//www. gov. cn/yaowen/liebiao/202310/content_6909238. htm.

［5］邓力平，陈丽．推进高水平对外开放中的税收新发展——基于共建"一带一路"十周年经验的思考［J］．国际税收，2023（10）：3 - 10.

［6］邓汝宇．深化"一带一路"税收合作推动信息化能力建设——第二届"一带一路"税收征管合作论坛综述［J］．国际税收，2021（10）：3 - 9.

［7］邓永勤．基于"一带一路"发展战略的纳税服务体系构建［J］．国际税收，2016（11）：55 - 58.

［8］国家税务总局"税收服务高水平对外开放"新闻发布会实录［EB/OL］.（2023 - 10 - 13）．https：//www. chinatax. gov. cn/chinatax/n810219/n810724/c5215162/content. html.

［9］李军．十年相伴：看高质量税收服务助力"一带一路"建设［J］．中国税务，2023（5）：74 - 75.

推进"一带一路"税收征管合作高质量发展中的专业服务

［10］梁若莲. 依托"一带一路"税收征管合作机制提升我国税收话语权［J］. 国际税收，2023（10）：35－43.

［11］刘磊，张云华，崔希."一带一路"共建背景下国际税收治理体系建设研究［J］. 国际税收，2022（12）：26－32.

［12］楼雯倩，裴玲玲."一带一路"沿线国家营商环境综合评价［J］. 统计与决策，2020，36（14）：152－156.

［13］马蔡琛，龙伊云."一带一路"税收治理：回顾与展望［J］. 国际税收，2023（10）：27－34.

［14］税务总局举行"税收服务高水平对外开放"新闻发布会：服务高质量共建"一带一路"推动全球税收精诚共治［N］. 中国税务报，2023－10－16.

［15］The BRITACOM Secretariat. 弘扬伟大丝路精神共促合作机制建设［J］. 国际税收，2023（10）：11－16.

［16］王文清，许小欢，吉伟，等. 优化税收征管与纳税服务助力"丝绸之路经济带"外向型经济发展——以新疆石河子核心区建设为例［J］. 国际税收，2017（11）：54－59.

［17］向坤柯."一带一路"走出去企业税收服务问题与对策研究——以成都为例［D］. 成都：西南交通大学，2021.

［18］俞晓凡. 依托"一带一路"税收分析促进税收服务"一带一路"建设［J］. 国际税收，2020（9）：67－70.

［19］助力造福世界的幸福之路铺得更宽更远——中国税务部门服务共建"一带一路"十年综述［EB/OL］.（2023－09－11）. https：//www. chinatax. gov. cn/chinatax/n810219/n810724/c5211757/content. html.

"税路通"品牌助力"一带一路"税收征管合作机制高质量发展

——以中印尼税收合作情况为例

【摘　要】共建"一带一路"国家在税制及其法治化程度、征管能力水平等方面的差异较大,要求税收服务"一带一路"发展战略进程中持续推进优化税收征管合作机制,为高质量促进共建国家之间开放合作共赢创设新思路,提供新动能。对此,国家税务总局聚焦税收服务高质量"引进来"和高水平"走出去",不断积聚各方面征管资源力量,整合、优化、出台了一系列服务跨境投资者的务实举措,于2023年推出了"税路通"服务高水平对外开放品牌。展望未来,"一带一路"税收合作前景广阔,需要共建国家(地区)继续携手参与、共同应对国际税收治理中的新情况与新挑战,进一步优化国际税收营商环境,加快推动经济全球化和区域经济一体化繁荣发展。

【关键词】"一带一路"倡议;税收征管合作机制;"税路通"服务品牌

【思政在线】

"共建'一带一路'正在成为我国参与全球开放合作、改善全球经济治理体系、促进全球共同发展繁荣、推动构建人类命运共同体的中国方案。"

——习近平总书记出席推进"一带一路"建设工作5周年座谈会并发表重要讲话

1. 案 例 背 景

20世纪90年代,全球各地掀起了区域经济合作热潮。在2013年出访哈萨克斯坦、印度尼西亚(以下简称"印尼")等中亚、东南亚国家时,习近平主席先后提出了共建"丝绸之路经济带"和"21世纪海上丝绸之路"倡议（合称"一带一路"倡议）。该倡议的提出对维护世界自由贸易体系、推动区域经济合作大有裨益，受到了国际社会的广泛关注与热烈欢迎。2014年11月16日，在澳大利亚布里斯班二十国集团（G20）峰会上，习近平主席指出要："加强全球税收合作，打击国际逃避税，帮助发展中国家和低收入国家提高税收征管能力。"① 这为中国税务部门做好服务共建"一带一路"及国际税收工作指明了方向，开启了新篇章。在此背景下，2019年4月由中国发起的"一带一路"税收征管合作机制应运而生②，现已有合作机制理事会成员36个，观察员30个，正逐步构建起一个多边税收合作的平台，在共同促进税收征管现代化转型与能力建设、营造增长友好型税收营商环境对推进区域经济发展等方面发挥了积极作用。

2013～2022年，我国与共建"一带一路"国家货物贸易额从1.04万亿美元扩大到2.07万亿美元，翻了一番；我国与共建国家双向投资累计超过2 700亿美元。十年间，我国已经同150多个国家、30多个国际组织签署了230多份共建"一带一路"合作文件。2023年是共建"一带一路"倡议提出十周年，在全面梳理国际税收征管改革十年成果的基础上，国家税务总局坚持以纳税人需求为导向，创新打造了"税路通"服务品牌③，为"一带一路"税收征管合作机制建设贡献了新兴力量。"税路通"服务品牌的主要内容可概括为"一二三四"。一是指一个服务矩阵，即"税路通"服务品牌及旗下各地税务机关特色国际税收服务平台组成的服务矩阵；二是指两级服务团队，即由各地税务机关组成的基层服务团队和税务总局组成的专家团队；三是指三个服务机制，包括跨境纳税人沟通机制、税收政策服务机制和涉税诉求解决机制；四是指服务跨境投资者的四个知识产品，分别是国别（地区）投资税收指南、"走出去"税收指引、海外税收案例库和跨境纳税人缴费人常见问题解答。"税路通"服务品牌以"信息通""政策通""服务通"为核心内涵，致力于为跨境投资经营者提供全方位的税收服务。该品牌的推出，为在华和跨境投资经营纳税人提供了更精确高效的涉税政策和法律确定性，增进其税法遵从与风险防控能力，提升了我国税收服务高水平对外开放的征管效率；同时助力"一带一路"共建国家税收征管合作机制建设，合力加快实践开放包容、互利共赢的税务合作

---

① 习近平：中方有信心当好2016年二十国集团领导人峰会主席国 ［EB/OL］.（2014 - 11 - 16）. https：//www. gov. cn/xinwen/2014 - 11/16/content_2779491. htm.

② "一带一路"税收征管合作机制在我国宣告成立 ［EB/OL］.（2019 - 04 - 19）. https：//www. chinatax. gov. cn/chinatax/n810219/n810780/c4270472/content. html.

③ 高质量服务高水平对外开放　税务总局推出"税路通"服务品牌 ［EB/OL］.（2023 - 11 - 12）. https：//baijiahao. baidu. com/s?id = 1779645647784891460&wfr = spider&for = pc.

模式。

随着全球化3.0时代到来，互联网技术的飞跃进步为"一带一路"税收征管合作提质增效带来了新机遇，同时也面临着一系列变革挑战。现阶段"一带一路"税收征管合作机制因共建国家税制设计及其法治化程度不一、税收信息化管理水平差异较大等，导致税收协作网络覆盖范围不够大、税收政策协调性不强、跨国税收争议解决效率有待提高等问题较为突出；同时，随着数字经济的发展，新技术应用和新商业化模式、业态萌发正在促使包括"一带一路"共建国家在内的国际社会加快进行各国以及国际税收治理中的征管数字化转型升级和智能化改造，"一带一路"税收征管合作机制建设任重道远。

2. "税路通"品牌助力"一带一路"税收征管合作机制高质量发展及中印尼税收合作情况

印尼是世界第四人口大国、东南亚最大经济体及20国集团成员国，也是东盟创立国之一和"一带一路"倡议的第一批参与者，拥有优越的地理位置、丰富的自然资源，人口红利优势明显，基础设施发展潜力较大。佐科政府自2014年执政以来，高度重视基础设施建设，所发布的《2020—2024年国家中期发展计划》明确把基础设施建设作为优先发展目标。2023年印度尼西亚基础设施发展指数为134，在"一带一路"共建国家中排名第1位，保持领先地位。

进入21世纪以来，在投资和贸易等领域，中国一直是印尼最大和最重要的合作伙伴。目前，两国政府之间以及民间经贸、科技、文化教育等合作往来关系良好，现阶段正在围绕基础设施、产能、绿色发展、数字经济、电子商务等重点领域持续深化交流合作，积极进行的中（福建）印尼"两国双园"合作等项目在海洋经济、食品加工、跨境贸易等产业链纵深拓展，加快推进了与印尼方面共同打造"全球渔业中心"和海洋经济发展新高地。2023年是中国和印尼建立全面战略伙伴关系十周年。10月17日，中国和印尼两国元首共同为雅加达至万隆高速铁路（以下简称"雅万高铁"）正式开通运营揭幕。作为中国高铁首次全系统、全要素、全产业链在海外落地，共建"一带一路"倡议与印尼"全球海洋支点"构想对接、中印尼两国务实合作的标志性项目，雅万高铁的正式启用是发展中国家携手共同迈向现代化的成功范例。雅万高铁开通后，其"辐射效应"将为印尼当地打造新的"经济增长带"，形成经济发展新动能，同时凸显了中印尼两国发展战略对接的"协同效应"，彰显了"一带一路"倡议在东南亚地区的引领地位。

本文围绕"一带一路"税收征管合作机制建设，着重从"税路通"品牌有关跨境纳税人沟通机制、税收政策服务机制和涉税诉求解决机制三个主要方面，对我国与印尼开展的相关税收合作情况进行探讨分析。

2.1 跨境纳税人沟通机制运转情况

2.1.1 我国推进跨境纳税人沟通机制建设作为

随着经济全球化和跨境经济活动的增加，涉外税收征管面临了新的挑战。构建有效的跨境纳税人沟通机制，对加强跨境纳税人涉税信息沟通协调指导、促进国家之间税收征管合作、有效解决我国与共建"一带一路"国家之间发生的跨境税收争议，从而推进共建"一带一路"国家经贸畅通至关重要。

我国政府一直致力于优化跨境贸易税收管理，畅通涉外税收沟通机制，确保积极通过互联网税收服务，为跨境纳税人提供办税便利和支持。国家税务总局先后和海关总署、商务部、国家外汇管理局等建立了联合工作机制，加强与相关部门的数据共享和沟通协调，视需要召开国别、行业、特定主题会议、税企沙龙等解决问题，通过专家服务团队等"点对点"向重点外资企业和重大外资项目提供专业服务；同时，强化了与相关国家税务机构的合作和交流，进一步规范和完善了跨国企业税务管理，不断提高跨境纳税人办税效率，为跨境贸易者提供了更加稳健高效的税收管理保障。2015 年，国家税务总局在国际税务司下设立了境外税务处，专司境外税收服务与管理；当年起，开始公开发布并定期更新国别（地区）投资税收指南，至今已涵盖 105 个国家（地区），帮助赴海外投资的企业更好地了解该国的投资环境及税收制度，防范对外投资税收风险；2016 年 11 月 18 日，中国国际税收服务热线在 12366 上海（国际）纳税服务中心开通，以推动实施"一带一路"倡议为重点，加强国际税收政策咨询服务，拓展国际税收风险提示服务，为纳税人提供"能问、能查、能看、能听、能约、能办"的"六能"型服务[①]；2017 年 1 月 20 日，升级后的全国税务系统 12366 纳税服务平台正式上线[②]，以信息技术为支撑，集纳税咨

---

① 中国国际税收服务热线开通［EB/OL］．（2023 – 11 – 09）．https：//www.gov.cn/xinwen/2016 – 11/19/content_5134527.htm.

② 12366 纳税服务平台上线 便民办税实现"开门红"［EB/OL］．（2023 – 11 – 09）．https：// www.chinatax.gov.cn/chinatax/n810219/n810780/c2459991/content.html.

询、税法宣传、办税服务、投诉受理、需求管理、纳税人满意度调查 6 项功能于一体，优化升级了便民办税服务产品。2022 年，国际税收领域最具影响力的权威杂志《国际税收评论》，将"一带一路"税收征管合作机制评为 2021～2022 年度全球最具影响力合作机制。

2023 年以来，各地税务部门以国家税务总局推出的"税路通"服务品牌为统领，着力提升对跨国企业税费服务水平。为确保"税路通"服务效果，我国税务部门正在着手健全定期沟通机制，全方位与跨境纳税人及相关国家税务组织加强交流，回应纳税人建议并聚焦其投资前、投资中、投资后等各阶段的差异化涉税需求，建立专业服务团队、畅通沟通机制、创新知识产品、提供全周期服务。下一步，12366 上海（国际）纳税服务中心将紧紧围绕"税路通"服务品牌建设要求和方向，向打造更为人性化、国际化、现代化的高质量纳税服务平台迈进，更好地服务跨境纳税主体，为其提供智能咨询、人工服务、可视答疑等线上服务，带来"精准推送、智能交互、问办协同、全程互动"的服务新体验。在提高税收确定性方面，我国已经覆盖 114 个国家（地区）的税收协定网络，为消除国际重复征税和解决跨境涉税争议提供了跨国税收法律的强力保障。2023 年 10 月 19 日至 20 日，税收征管数字化高级别国际研讨会在北京召开，来自阿尔及利亚、澳大利亚、巴西、格鲁吉亚、匈牙利、印度尼西亚、日本、哈萨克斯坦、韩国、马来西亚、尼日利亚、沙特阿拉伯、塞拉利昂、新加坡、西班牙、泰国、荷兰、菲律宾、阿联酋 19 个国家税务部门的负责人和亚洲开发银行（ADB）、美洲税收管理组织（CIAT）、荷兰国际财政文献局（IBFD）、国际货币基金组织（IMF）、经济合作与发展组织（OECD）、亚太税收管理与研究组织（SGATAR）6 个国际组织，围绕电子发票、纳税服务创新、跨境协作与思维领导、数字化转型成熟度模型、税收规则嵌入纳税人自有系统五个议题进行了讨论，达成了多项共识，助力推进了能够更加密切交流、更高质量发展的国际税收征管合作体系建设[①]。

2.1.2 中印尼跨境纳税人沟通机制运行情况

在我国与印尼的跨境纳税人沟通机制建设方面，双方建立了包括高层访问对话、税务专家会议等定期工作交流机制，有力促进了中印尼两国乃至亚洲地区各国间的税收征管合作水平提升。

---

① 更高质量共商共建共享　开启国际税收征管数字化发展新征程——税收征管数字化高级别国际研讨会侧记［EB/OL］.（2023 - 11 - 21）. https://www.chinatax.gov.cn/chinatax/n810219/n810724/c5215501/content.html.

2022 年 2 月 16 日，"亚洲倡议"高级别会议①以视频方式在线上召开。作为税收领域最大的国际组织，此次会议由税收透明度全球论坛与印度尼西亚税务局联合举办，印度尼西亚税务局局长苏约（Suryo Utomo）先生主持会议，就 G20 税收以及印尼税务部门在推动经济复苏方面的实践和成果作了交流，来自中国、蒙古国、巴基斯坦、印尼等 18 个亚洲国家（地区）的税务局局长/副局长和 OECD 等国际组织代表参加了会议。为促进亚洲地区实施全球论坛关于透明度和信息交换的国际商定标准（税收透明度标准），会议围绕后疫情时代各国税务部门为推动经济复苏所采取的措施、亚洲地区税收征管合作重点等议题和"亚洲倡议"工作机制进行了讨论，形成了《"亚洲倡议"宣言》草案并制定了工作组管理框架。

在高层对话方面，2023 年 10 月 16 日至 18 日，应习近平主席邀请，印度尼西亚共和国总统佐科·维多多（Joko Widodo）来华出席了第三届"一带一路"国际合作高峰论坛，并对中华人民共和国进行国事访问②。两国元首共同见证签署了加强全面战略伙伴关系行动计划（2022－2026）、共建"一带一路"合作规划以及经贸合作、数字经济、职业教育、药用植物等领域的合作文件。

我国不断推进两国双边乃至多边框架下的多领域及国际税收合作与信息交换，为未来税收透明度国际标准的制定修订，优化建设公平透明高效的国际税收环境作出了积极努力和贡献。2023 年，通过召开税收征管数字化高级别国际研讨会、"一带一路"税收征管合作机制信息化专题线上业务研讨会、"一带一路"税收征管合作机制提高税收确定性专题线上业务研讨会等会议，包括中印尼在内的共建国家交流了本国的税收征管信息化实践探索经验，以及税法制定执行和国内争议解决、税收确定性实践情况等，积极推动了两国间的涉税沟通平台建设，促进了理事会成员和观察员间的沟通交流，形成"一带一路"合作国家共商共建共享、互学互助互鉴的良好条件。

2.2 税收政策服务机制运转情况

正如印度尼西亚税务局国际税务司司长梅克尔·萨特里亚·乌塔玛所言："税收在资源配置、生产要素跨境流动和全球经济商业纽带中发挥着日益重要

---

① 深化合作促发展 携手共进向未来——王军局长在"亚洲倡议"高级别会议上的发言［EB/OL］.（2023－02－16）. https：//www. chinatax. gov. cn/chinatax/n810219/n810724/c5172840/content. html.
② 中华人民共和国和印度尼西亚共和国关于深化全方位战略合作的联合声明［EB/OL］.（2023－10－18）. https：//www. gov. cn/govweb/yaowen/liebiao/202310/content_6909995. htm.

作用。"① 税收政策服务机制建设对更好地为跨境纳税人提供税收政策咨询指导、高质量服务"一带一路"共建国家合作共赢至关重要。

2.2.1 我国推进跨境纳税人税收政策服务机制建设作为

一方面，我国税务部门通过提供多国别（地区）税收投资指南，创新"税路通"服务品牌精确高效促进跨境投资贸易企业合法合规运营、提升海外经营和生存能力。2023 年 10 月 13 日，国家税务总局宣布发布涵盖 105 个国家（地区）的最新版《国别（地区）投资税收指南》与《中国税收营商环境发展报告（2013 – 2022 年）》②，满足跨境纳税人进入新的投资经营环境时的"应知"需求，助力"走出去"企业更好地加强税法遵从与风险防控。全国开通的 12366 跨境税收服务专线，累计为"走出去""引进来"企业提供人工中英双语涉税咨询服务 11.7 万次。推出英语智能语音系统，实现了在线虚拟座席全天候实时咨询服务。同时，利用信息化手段精准推送税费政策，2023 年全年累计向超 13 万户跨境纳税人定向推送了国别（地区）投资税收指南和税收红利账单③。

另一方面，通过不断扩展共建国家间的税收协定网络，利用相互协商、预约定价安排等国际法律工具为跨境纳税人提供税收确定性，有效降低了国内外所得税制度差异对企业跨境投资交易造成的税负，并助益共建国家深化利益合作、促进政治互信，达成更广泛合作共识。截至 2023 年，中国税务部门已经与包括 87 个"一带一路"合作伙伴在内的 112 个国家（地区）签署了避免双重征税协定；已更新发布的 105 个国别（地区）税收投资指南和 99 个"走出去"税收指引、15 个海外税收案例、34 个跨境纳税人缴费人常见问题解答共同搭建了专业化、规范化、国际化的税费跨境税收服务产品"一站式"供应平台④。

2.2.2 中印尼税收政策服务机制运行情况

印尼实行中央和地方两级课税制度，现行主要税种 15 个：企业所得税、

---

① 助力造福世界的幸福之路铺得更宽更远——中国税务部门服务共建"一带一路"十年综述 [EB/OL]. (2023 – 09 – 12). https://baijiahao.baidu.com/s?id=1776813067803203628&wfr=spider&for=pc.

② 打造跨境投资服务体系——税收营商环境持续优化 [EB/OL]. (2023 – 10 – 15). https://www.gov.cn/yaowen/liebiao/202310/content_6909238.htm.

③ 国家税务总局：去年累计向超 13 万户跨境纳税人定向推送国别（地区）投资税收指南和税收红利账单 [EB/OL]. (2024 – 01 – 18). https://www.sohu.com/a/752647108_116237.

④ 国务院新闻办就税收服务高质量发展举行发布会 [EB/OL]. (2024 – 01 – 18). https://www.gov.cn/zhengce/202401/content_6926882.htm.

个人所得税、增值税、奢侈品销售税、土地和建筑物税、离境税、印花税、娱乐税、电台与电视税、道路税、机动车税、自行车税、广告税、外国人税和发展税；其中，增值税、企业所得税、个人所得税、奢侈品销售税、房地产税、印花税、机动车税等税种两国均有相应（类似）开征、性质比较接近，但印尼的娱乐税、电台与电视税、道路税等8个税种与我国其他税种存在较大区别。近两年来印度尼西亚进行的税制改革，分阶段降低了2020年和2022年及以后的企业所得税税率并颁布了税收优惠政策，这使得印尼对中国投资者的吸引力有所增加。在对印尼开展经贸投资活动时，需要对印尼税制政策变动及其征管情况做好充分了解。

国家间税收协定的签署生效执行，有利于为纳税人跨境开展经营活动的税收确定性、减轻重复征税及推动有关涉税争议解决，创造稳定透明、合作共赢的税收环境，激励合作国家形成共同价值观、创造共同利益、增进认同感，推动区域经济高质量发展。

在2001年11月7日签署、自2003年8月25日起生效执行《中华人民共和国政府和印度尼西亚共和国政府关于对所得避免双重征税和防止偷漏税的协定》①（以下简称《中印尼双边税收协定》）的基础上，2015年3月26日，我国与印尼又在北京正式签署了相应议定书（以下简称"议定书"）和谅解备忘录。《中印尼双边税收协定》主体部分包括了协定的适用范围、双重征税的解决方法、无差别待遇、两国相互协商程序以及情报交换等内容。议定书进一步规定两国对从事国际运输的对方家航空企业互免增值税，进一步降低了企业税收负担，有利于促进两国经贸往来与合作；谅解备忘录列明了双方各自可享受免税待遇的金融机构，为两国政府全资拥有的金融机构在对方国家获取利息免税待遇提供了确定性。2017年6月7日，印尼参与签署了利润转移（BEPS）项目与《实施税收协定相关措施以防止税基侵蚀和利润转移的多边公约》。至此，印尼在避免双重征税有关协定中提供的税收优惠，包括免除对服务费的预提税以及减征对协定国的纳税居民收取的股息、利息、特许权使用费和分支机构利润的预提税。通过上述税收协定及议定书等的签订，保障了中印尼两国跨境投资纳税人的合法权益，搭建了双边税收征管合作有利条件，有助于减少双重征税与偷逃税行为，增强双方促进贸易和投资发展可持续性和稳定性。

随着"一带一路"倡议带来的深化共商共建共享水平不断提高，我国与印尼之间加强相关政策沟通、设施联通、贸易畅通、资金融通、民心相通的成

---

① 中华人民共和国政府和印度尼西亚共和国政府关于对所得避免双重征税和防止偷漏税的协定［EB/OL］.（2001－11－07）. https：//www.chinatax.gov.cn/chinatax/n810341/n810770/c1153722/5027056/files/11537221.pdf.

效不断提升；但"一带一路"共建国家多为发展中国家，我国与印尼在地理条件、经济发展水平和税制结构、征管法治化程度等方面差异较大，为纵深加快区域经济一体化发展，需要共同提升税收征管能力水平，努力推进税收现代化建设。为此，在"一带一路"税收征管合作机制框架下，我国主导建立了"一带一路"税收征管能力促进联盟（以下简称联盟），截至 2023 年 9 月，已相继推动成立中国扬州、中国北京、中国澳门、哈萨克斯坦阿斯塔纳、沙特阿拉伯利雅得 5 所"一带一路"税务学院，构建起辐射英语、汉语、葡萄牙语、俄语、阿拉伯语地区的多语种培训机构网络，并通过"自办、合办、协办"等培训模式，组织 60 余期培训，共有来自包括印尼在内 120 多个国家（地区）的 3 500 余名财税官员参加。此外，联盟还契合共建"一带一路"国家税收征管能力建设需求，紧跟国际税改前沿，形成以"税收制度、税收征管及数字化、税收营商环境及纳税服务、税收合作"4 个主题为主体框架的培训课程体系，于 2023 年 2 月向全球公开发布设置 8 个专题、27 个子专题、65 门课程的培训课程体系 1.0 版①。2023 年 11 月，联盟与中国—国际货币基金组织联合能力建设中心（CICDC）在中国合作举办了"税收政策与管理——理论与实践""当前税法设计中的国际税收问题"主题研修班，来自 14 个共建"一带一路"国家的 75 名学员参加了学习，有力推动了各国税务部门加深交流互鉴，不断完善共建国家间透明、高效、稳定、可预期的税收合作机制②。

2.3　涉税诉求解决机制运转情况

2.3.1　我国涉税诉求解决机制建设作为

集成"税路通"服务品牌下，涉外税收诉求解决机制是为维护"走出去"企业纳税人合法权益，进行投资活动遇到税收问题能依法得到妥善解决所做的机制保障。我国各地税务部门为跨境纳税人建立了专门联系渠道，并融入当地政府服务跨境投资者工作机制，能够及时解决对外投资企业的相关涉税诉求。

目前，我国与共建"一带一路"国家涉税争议问题的解决主要有以下两种途径：一是直接与东道国税务机关进行沟通，如通过提请仲裁程序等以维护我国及中方跨境纳税人合法权益；二是申请启动相互协商程序（以下简称

————————

①　助力造福世界的幸福之路铺得更宽更远——中国税务部门服务共建"一带一路"十年综述［EB/OL］.（2023 – 09 – 12）. https：//baijiahao. baidu. com/s?id=1776813067803203628&wfr=spider&for=pc.

②　联盟与 CICDC 合作举办税收主题研修班［EB/OL］.（2023 – 11 – 21）. https：//www. chinatax. gov. cn/chinatax/n810219/n810744/n1671176/n3465625/c5216814/content. html.

"MAP")。在过去十年，国家税务总局积极开展国家间税收协商工作，为"引进来"和"走出去"纳税人减轻国际重复征税，维护其合法税收权益。"十三五"时期，国家税务总局与有关国家（地区）税务主管当局开展相互协商500余例（次）；2013～2022年，我国税务部门通过税收协定项下的相互协商机制，累计为纳税人消除国际重复征税超300亿元[①]。相互协商程序下我国涉外税收争议的解决途径如图1所示。

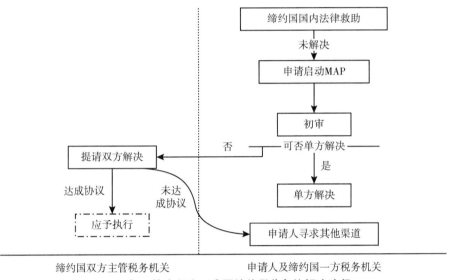

图1 相互协商程序下我国涉外税收争议解决途径

2.3.2 赴印尼跨境投资经营企业涉税诉求解决情况

因共建国家法律制度不同，税收争议解决机制千差万别，现阶段在"一带一路"共建国家所签订的双边税收协定中，相互协商程序仍是解决跨境税收争议的主要法律救济手段；但由于缺乏约束机制，以及受投资国税收营商环境条件不一等主要原因影响，此程序难以解决好跨境税收争议。

近两年来，有观点认为国际投资仲裁相对于传统国际税收争议解决机制更具中立性、有效性，未来会成为国际税收争议解决的新路径。而大多数发展中国家对此持反对意见，其理由主要有以下几个方面：首先，国家税收主权是一大难题。若要通过仲裁解决跨国税收争议问题，需要有关各方向国际第三方组织提出申请；如果不参加仲裁，实质上也就很难影响国际组织对争议的解决结

---

① 助力造福世界的幸福之路铺得更宽更远——中国税务部门服务共建"一带一路"十年综述 [EB/OL]. (2023－09－12). https：//baijiahao. baidu. com/s?id = 1776813067803203628&wfr = spider&for = pc.

果。其次，发展中国家经验非常有限，且缺少专业人才，难以组建专门的工作小组，参与仲裁成本太高。最后，在挑选并确保国际仲裁员公正、公平仲裁方面困难重重。目前发达国家在国际税收治理领域仍占有主导权，税务仲裁的透明度不够，各国仲裁员对仲裁当事国的经济、社会条件认知可能存在差异，很难保证裁决的客观公正性和中立性，从而常常让发展中国家觉得国际仲裁的最终结果多会损害其税收主权。

作为一个典型的发展中国家，印尼对税务仲裁也并不支持，对于相关税收争议的解决现只能通过 MAP 来解决。《中印尼双边税收协定》第二十五条对相互协商程序作出了规定，缔约国双方主管当局可以相互直接联系。为有助于达成协议，双方主管当局的代表可以进行会谈或口头交换意见。如果中国居民认为印尼当地税务部门所采取的措施，已经或将会导致不符合税收协定所规定的征税行为，可以按我国国家税务总局《税收协定相互协商程序实施办法》规定向省税务局提出申请，请求国家税务总局与印尼方主管当局通过 MAP 解决有关问题。该项案情必须在不符合本协定规定的征税措施第一次通知之日起三年内提出。

在解决实务问题的过程中，"走出去"企业纳税人在产生涉税诉求时，直接与投资国当地税务局进行沟通或通过专业中介机构来协助沟通也是一种选择，可以较快维护自身合法权益。另外，企业应积极与我国驻当地使领馆等联系，保持密切交流，有助于在面临实际问题时能够得到切实帮助和指导。

2.4 现阶段我国与"一带一路"共建国家税收合作存在的主要问题与挑战

2.4.1 税收协定的谈签范围尚未全面覆盖

当前，我国税收协定网络现已基本涵盖了我国对外投资主要目的地以及来华投资主要国家（地区）。近年来，随着"一带一路"倡议的推进实施，尽管共建国家间签署的税收协议数量总体大幅增长，但还未覆盖所有共建国家，如在约旦、不丹等尚未与我国签署税收协议的国家开展跨境贸易，将大大增加税收风险发生概率，不利于"一带一路"倡议的广泛多元化发展。自"一带一路"税收征管合作机制建立以来，成员国间的税收合作网络已初具规模，但尚需进一步扩大，以加快推进共建国家经贸畅通，实现共同繁荣。

2.4.2 经济全球化、数字化等新挑战、新问题频发迫切要求加强税收纵深合作

近几年来，随着全球数字经济加快发展，各种新型商业模式、业态层出不穷；同时国际经济形势复杂多变，所带来的税收新问题与挑战愈发突出。而"一带一路"共建国家大多是不发达国家，其经济发展程度、税收征管能力水平等参差不齐，一些国家因国内经济基础薄弱，加之政局多变，同我国进行经贸合作时因税收政策时常调改、税收确定性较差、征管执行不透明等导致涉税风险较高。

以印尼情况为例，2022～2024 年是印尼新首都建设的第一阶段，重点包括基本的城市建设、基础设施建设和经济建设。为提升新首都相关基建项目的投资吸引力，印尼公布了最新的税收减免政策，并放宽了关于土地使用期限的规定。根据印尼财政部预测，第一阶段基础设施领域投资需求将达到 325 亿至 340 亿美元，其中仅 19% 的资金将来自政府财政，其余资金将来自私营部门。2023 年 7 月，印尼总统佐科访问中国期间曾表示"在新首都的建设过程中，希望中国能继续保持战略伙伴关系"。但同时必须注意到，受 2024 年印尼总统大选影响，印尼新首都建设将面临一定挑战，部分投资人对印尼下一任政府是否能持续推进新首都建设持观望态度。

此外，现"一带一路"区域税收合作主要集中在税收征管领域，合作的法律工具主要是声明等软法性文件规范，还较少涉及国家间税收实体法治内容及涉税权益的实质拓展维护，有待从广度和深度上合力加强，提升合作实效。

3. 未 来 展 望

3.1 以丝路精神指引加强"一带一路"共建国家税收征管合作再上新台阶

"一带一路"税收征管合作机制的推行与成效提升需要各个国家或地区积极参与，持续建设。在未来，应进一步弘扬和平合作、开放包容、互学互鉴、互利共赢的丝绸之路精神，增强共建国家间共商共建共享理念，积极加快谈签（更新修订）税收协定，扩展共建国家税收合作网络；在共享资源与经验，提

高征管服务质量、解决好涉税争议，促进税收遵从、法治现代化，切实加强政府及其相应职能部门间协同治税水平和能力建设等方面，通过健全跨境投资税收征管合作长效机制，以更大作为更好服务高质量"引进来"和高水平"走出去"，促进资本、技术、人员跨境流动，实现跨境投资信息通、政策通、服务通，从而合力加快共建国家市场化、法治化、国际化税收营商环境，助力实现更高质量的区域乃至全球经济繁荣发展。

3.2 积极构建有效应对跨境税收风险机制

近期，国家间征税权划分规则正在重塑，国际税收治理面临国际政治经济格局剧烈变动调整带来的冲击和影响巨大；"一带一路"共建国家在传统和网络基础设施建设方面需求旺盛，数字丝绸之路建设亟待大量资金、技术、专业人才帮扶。我国自 2021 年以来，逐渐深度参与数字经济国际税收规则制定，积极表明发展中国家立场，代表广大发展中国家争取重构公平合理国际税收秩序。应加快完善国内涉外税收相关法治政策，推进构建跨国税收信息共享使用平台，加强各国税收情报交换，共同打击跨境走私、偷逃税等涉税违法犯罪活动；完善派驻境外税务参赞制度，大力推进共建国家间技术援助和信息化课程、改革项目交流培训，持续增强区域国家税收确定性、吸引力和竞争力，提高共建国家化解国际税收风险的能力水平。

2023 年 10 月 18 日，习近平主席在出席第三届"一带一路"国际合作高峰论坛开幕式并发表主旨演讲中宣布："在共建'一带一路'进入高质量发展新阶段进程里，我国将为支持高质量共建'一带一路'推出八项行动"，包括"完善'一带一路'国际合作机制。中方将同共建'一带一路'各国加强能源、税收、金融、绿色发展、减灾、反腐败、智库、媒体、文化等领域的多边合作平台建设。"① 相信随着我国与共建国家的不断深化合作探索，"一带一路"倡议将为区域地区乃至全球国际政治、经济、社会、文化繁荣进步开创更加光明美好的未来。

参考文献：

［1］蔡岩红. 税务部门打造"税路通"品牌服务高水平对外开放［N］.

---

① 习近平在第三届"一带一路"国际合作高峰论坛开幕式上的主旨演讲（全文）［EB/OL］. (2023 - 10 - 18). http://big5. news. cn/gate/big5/www. news. cn/world/2023 - 10/18/c_1129922670. htm.

法治日报，2023 – 11 – 03（7）.

［2］崔晓静，孙奕 . 借鉴区域税收协调经验进一步完善"一带一路"税收征管合作机制［J］. 国际税收，2023（10）：17 – 26.

［3］邓汝宇，高阳 . 税收征管数字化转型升级的全球浪潮——2023 年税收征管数字化高级别国际研讨会综述［J］. 国际税收，2023（12）：29 – 34.

［4］董碧娟 . 税收征管合作机制成果丰硕［N］. 经济日报，2023 – 10 – 13（7）.

［5］侯燕磊，魏巍 . 新发展格局下国际税收合作助力"一带一路"建设的路径研究［J］. 中国物价，2023（5）：32 – 35.

［6］励贺林 . 更好参与全球税收治理　助力中国式现代化［J］. 税务研究，2023（4）：36 – 41.

［7］励贺林 ."一带一路"税收征管合作机制将发挥更大全球影响力［J］. 税收征纳，2023（11）：12 – 14.

［8］刘磊，张云华，崔希 ."一带一路"共建背景下国际税收治理体系建设研究［J］. 国际税收，2022（12）：26 – 32.

［9］马蔡琛，管艳茹 ."一带一路"税收征管合作机制研究［J］. 国际税收，2022（1）：66 – 73.

［10］孙红梅，刘峰，王新曼，等 . 税收服务"一带一路"高质量发展研究综述［J］. 国际税收，2023（12）：35 – 43.

［11］王曙光，张泽群，王晰 . 数字经济下"一带一路"税收征管质效初探［J］. 国际税收，2022（5）：77 – 81.

［12］王伟域 ."一带一路"倡议下我国参与全球税收治理的思考［J］. 国际税收，2022（9）：65 – 69.

［13］赵洲 ."一带一路"税收征管能力共建提升机制［J］. 理论与改革，2021（6）：95 – 115.

共建"一带一路"税收征管合作机制中的
税务信息安全管理：中国经验

【摘　要】"一带一路"倡议着眼于构建人类命运共同体理念，为推动全球治
　　　　　理体系变革作出了中国贡献。在全球经济数字化开放共享进程加快
　　　　　的背景下，"一带一路"建设已步入融合发展的新阶段。其中，"一
　　　　　带一路"税收征管合作机制是为"一带一路"共建国家高质量发展
　　　　　提供高水平税收专业服务、提升征管能力而打造的重要平台，税收
　　　　　征管数字化合作是该机制的核心议题之一。本文对近几年来我国税
　　　　　务信息安全管理的做法与实践进行总结研究，并在分析当前实践过
　　　　　程中存在的问题后提出进一步优化建议，以期为"一带一路"共建
　　　　　国家税收征管数字化转型升级过程中的税务信息安全管理提供更加
　　　　　安全有效的参考。

【关键词】"一带一路"税收征管合作机制；税务信息安全管理；中国经验

> 【思政在线】
>
> 　"和平合作、开放包容、互学互鉴、互利共赢的丝路精神，是共建'一带一路'最重要的力量源泉。"
> 　　　　——2023 年 10 月 18 日习近平主席在第三届"一带一路"国际合作高峰论坛开幕式上的主旨演讲

1. 案例背景

在"一带一路"倡议的引领下，2019 年 4 月，由中国发起建立的"一带一路"税收征管合作机制（以下简称"合作机制"）正式成立。该合作机制旨在促进"一带一路"共建国家在税收管理工作方面的协作与互利，以推动共

建共赢发展的税收营商环境，是当前世界范围内最具影响力的多边税收合作平台之一。2023 年 9 月 11 日，第四届"一带一路"税收征管合作论坛在格鲁吉亚首都第比利斯开幕，国家税务总局局长王军提出倡议，指出要加快数字技术与税收业务深度融合，贯通国内国外、线上线下涉税数据，精准提升税收征管能力。

随着数字经济的蓬勃发展，人类社会正迈向信息化时代，为了跟上快速的经济变化，必须全面推进税收征管数字化、智能化转型。"一带一路"税收征管合作机制现阶段已在促进税收征管数字化转型中取得了丰硕的成果，通过成立"一带一路"税收征管能力促进联盟构建数字化培训、科研和技术支持等方面的工作平台、制定数字化路径图和开展线上线下培训等手段，帮助成员国解决数字化转型中面临的诸多难题。对于税务部门来说，最突出的一个表现即是在税收征管数字化转型的过程中，海量数据被纳入税务管理系统，税务信息安全不仅涉及税务部门日常运营的稳定性，更关系到广泛纳税人涉税信息的保护利用和国家利益安全。因此，强化税务部门的信息安全管理，确保网络数据的完整性、机密性和可用性，是"以数治税"必须解决好的根本前提。为了应对税收征管数字化转型和智能化升级中的税务信息安全管理问题，我国正在积极完善设计和实践相应管理，并向各成员国提供有关经验做法以供参考。

2. 我国在税务信息安全管理方面的经验做法

2.1 税务信息安全管理制度体系建设情况

近年来，我国不断加快推进网络安全领域的顶层设计，现已构建起以《中华人民共和国网络安全法》为核心，以及《中华人民共和国数据安全法》《中华人民共和国个人信息保护法》《关键信息基础设施安全保护条例》等法律法规在内的较为科学完备、切实可行的网络安全法治规范体系，较好地筑牢了我国网络安全管理防线，提高了网络安全保障维护水平。情况如表 1所示。

表1 现阶段我国主要的网络安全法律法规概况

发布时间	文件名称	生效时间	主要内容
2007年6月22日	《信息安全等级保护管理办法》	2007年6月22日	规范信息安全等级保护管理
2016年12月27日	《国家网络空间安全战略》	2016年12月27日	指导中国网络安全工作，维护国家在网络空间的主权、安全、发展利益
2016年11月7日	《中华人民共和国网络安全法》	2017年6月1日	保障网络安全，维护网络空间主权和国家安全、社会公共利益
2019年10月28日	《中华人民共和国密码法》	2020年1月1日	规范密码应用和管理，促进密码事业发展，保障网络与信息安全，维护国家安全和社会公共利益
2021年7月30日	《关键信息基础设施安全保护条例》	2021年9月1日	保障关键信息基础设施安全，维护网络安全
2021年6月10日	《中华人民共和国数据安全法》	2021年9月1日	规范数据处理活动，保障数据安全，促进数据开发利用，保护个人、组织的合法权益，维护国家主权、安全和发展利益
2021年8月23日	《中华人民共和国个人信息保护法》	2021年11月1日	保护个人信息权益，规范个人信息处理活动，促进个人信息合理利用

随着税收信息化建设的深入开展，我国税务管理系统积累存储了大量敏感数据，在税收管理服务中发挥着重要作用，但税收数据的运用风险也日益突出，加强数据安全管理成为当务之急。为了应对税务系统领域的信息安全管理问题，国家税务总局先后下发了一系列有关税务信息安全的规范制度，如表2所示。2021年，中办、国办联合印发的《关于进一步深化税收征管改革的意见》（以下简称《意见》），明确提到应建立健全税务大数据的安全监管体制。另外，我国现行《中华人民共和国税收征收管理法》中也初步原则性地确立了涉税信息共享条款和税收信息保密条款。

表2 国家税务总局有关信息安全规范管理的制度一览

颁布时间	文号	文件名称	主要内容
1999年7月12日	国税发〔1999〕131号	《税务计算机信息系统安全管理规定》	加强全国税务机关计算机信息系统安全保护工作，保证税收电子化事业的顺利发展
2008年10月9日	国税发〔2008〕93号	《纳税人涉税保密信息管理暂行办法》	完善税务机关对纳税人涉税信息资料的保密管理制度，规范税务机关受理外部门查询纳税人涉税保密信息的程序

颁布时间	文号	文件名称	主要内容
2012 年 9 月 6 日	国税发〔2012〕84 号	《国家税务总局关于加强税务系统保密工作的意见》	完善税务系统保密工作体制机制，增强保密管理能力
2015 年 9 月 28 日	税总发〔2015〕113 号	《"互联网＋税务"行动计划》	提出要建设安全高效的数据平台，做好数据分级保护
2016 年 3 月 22 日	税总办发〔2016〕57 号	《国家税务局　地方税务局办税服务厅联合办税网络接入与安全管理技术方案》	明确办税网络接入模式和安全管理技术方案，满足各地税务机关推行联合大厅办税服务的需求
2016 年 6 月 30 日	国家税务总局公告 2016 年第 41 号	《涉税信息查询管理办法》	规范涉税信息查询管理，推进税务部门信息公开，促进税法遵从，便利和服务纳税人
2022 年 1 月 7 日	税总财行发〔2022〕1 号	《国家税务总局　自然资源部关于进一步深化信息共享　便利不动产登记和办税的通知》	深化税务部门和自然资源主管部门协作、加强信息共享

资料来源：国家税务总局官网及税屋网整理。

另外，我国在推动"一带一路"税收征管合作机制建设的过程中，积极与各成员国建立税收情报交换机制。目前，我国已与巴哈马、英属维尔京群岛、马恩岛等 10 个国家（地区）签订了税收情报交换协定，如表 3 所示。并且在其中均规定了保密条款，缔约双方主管当局提供和收到的所有情报应作密件处理，未经主管当局书面明确许可，情报不得用于其他目的，不得向任何其他人、实体或机构披露。

表 3　　　　　　　　　现阶段我国签署的税收情报交换协定概况

序号	国家或地区	签署日期	生效日期	执行日期
1	巴哈马	2009 年 12 月 1 日	2010 年 8 月 28 日	2011 年 1 月 1 日
2	英属维尔京群岛	2009 年 12 月 7 日	2010 年 12 月 30 日	2011 年 1 月 1 日
3	马恩岛	2010 年 10 月 26 日	2011 年 8 月 14 日	2012 年 1 月 1 日
4	根西	2010 年 10 月 27 日	2011 年 8 月 17 日	2012 年 1 月 1 日
5	泽西	2010 年 10 月 29 日	2011 年 11 月 10 日	2012 年 1 月 1 日
6	百慕大	2010 年 12 月 2 日	2011 年 12 月 31 日	2012 年 1 月 1 日
7	阿根廷	2010 年 12 月 13 日	2011 年 9 月 16 日	2012 年 1 月 1 日
8	开曼	2011 年 9 月 26 日	2012 年 11 月 15 日	2013 年 1 月 1 日
9	圣马力诺	2012 年 7 月 9 日	2013 年 4 月 30 日	2014 年 1 月 1 日

序号	国家或地区	签署日期	生效日期	执行日期
10	列支敦士登	2014 年 1 月 27 日	2014 年 8 月 2 日	2015 年 1 月 1 日

资料来源：国家税务总局. 我国签署的税收情报交换协定一览表［EB/OL］. （2020－07－01）［2024－01－03］. https：//www. chinatax. gov. cn/chinatax/n810341/n810770/common_list_ssty. html.

2.2 我国加强税务信息安全管理的平台建设情况

2.2.1 建立税务网络统一身份认证平台

税收信息化建设提升了税收征管的效能，纳税人通过网上办税平台办理涉税事宜，大量的涉税信息被纳入税务管理信息系统。针对税务网络实体接入数量快速增长、方式变化多样的特点和税务应用系统用户安全接入的需求，为避免纳税人网上办税身份信息泄露风险发生，国家税务总局围绕纳税人从实名身份建立到使用、维护、撤销的全生命周期管理，构建了税务网络统一身份认证平台。其中，统一身份认证是以法定身份为基础，以密码技术为支持，以制度规范为保证而构建起的纳税人身份管理体系基础。纳税人在进行身份注册时，税务机关通过与全国人口数据库中的个体数据进行直接或间接对比，以核实其真实身份。"统一身份认证"在业务上将"人企"关系规范为"5 员"，即法定代表人、财务主管、税务主管、代理人和开票员 5 类。企业与办税人员必须在双方相互验证通过后方能建立起关联关系，只有当关系被确认后，办税人员才能登录系统后在自己的权限之内办理税费业务。除此之外，"统一身份认证"还提供了密码、短信、人脸扫描、扫二维码、数字证书等多因子联合识别功能，可通过不同验证等级使用相应验证手段确保本人身份安全登录税务应用系统。目前，"统一身份认证"参照《国家政务服务平台可信身份等级定级要求（ZWFWC0114－2018）》，在五级验证等级和相应实名核验方式下，为不同的税收业务场景设置不同等级的核验方式，如表 4 所示，以保障纳税人安全办税。例如，办税人员办理数电票开具类业务，验证方式为四级以上。

表 4 税务网络系统实名验证等级及核验方式

验证等级	实名核验方式
一级	账号口令验证
二级	手机号、短信码验证
三级	身份证实名核验/社保核验

续表

验证等级	实名核验方式
四级	三级＋人脸或其他生物特征进行核验
五级	四级＋身份证专用识别设备或具有射频功能的手机配合专用 App 进行实证核验

资料来源：《国家政务服务平台可信身份等级定级要求（ZWFWC0114－2018）》。

2.2.2 确保税收大数据云平台安全运行

随着 2018 年后税收征管体制改革的不断深化，税务机关将原先分散于各个业务系统的数据进行了归集，构建了全国统一的税收大数据云平台。2020年，国家税务总局发布了《关于规范省级税收大数据平台建设和加强数据管理的通知》，明确要求各省税务机关定期开展数据使用行为巡查工作，合理设置数据操作日志保存期限，满足责任可追溯需求。对数据操作中的导出、删除、修改等敏感操作或异常行为，要出具安全分析报告。如图 1 所示，国家税务总局某省税务局根据实际业务需求与第三方社会服务机构合作，结合国家税务总局相关规定，初步建成了具备运维管控、边界防护、审计、脱敏等能力的数据安全防护体系，对数据事前、事中以及事后进行全程监控，以确保数据安全运用。

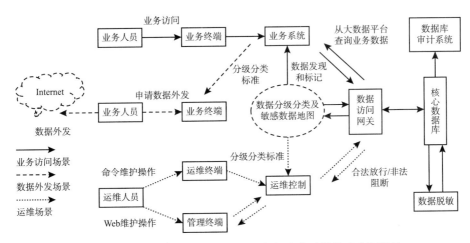

图 1　某省税务局税收大数据云平台数据安全防护体系应用场景

资料来源：国家税务总局某省税务局数据安全项目实践－安华金和－商业新知［EB/OL］．（2022－12－08）［2024－01－03］．https：//www.shangyexinzhi.com/article/5708812.html.

上述税收数据安全防护体系应用场景，向数据库业务人员和运维人员提供了一套既满足合规安全要求，又不影响数据使用效果的税收信息事前、事中及事后全程安全防护体系。其间，对敏感数据访问进行全程监管记录和脱敏处理，并针对不符合规章制度的行为予以警告，通过技术手段实现人为访问敏感数据的事中管控，风险操作的事前审批。同时对不同区域的数据访问使用场景和面临的风险进行安全监测管理，实现核心数据的安全运维管控。

该数据安全防护体系消除了传统数据安全的弊端，增强了数据使用过程中的安全防护能力，提高了数据安全威胁分析水平，为数据安全事件的回溯与分析取证提供了有效支撑。可以有效消除税务数据开放共享后面临的安全隐患，解决数据所有者共享数据的后顾之忧，织牢编密安全保障体系网，保障税务系统信息可靠、安全和高效运行。

2.3 我国加强税务信息安全管理的新技术手段

2.3.1 运用区块链技术保障税收数据安全运用

区块链技术是一种分布式账簿，通过使用去中心化的网络架构和密码学技术，使得交易各方可以在没有第三方交易机构的情况下进行可靠和安全的数据交换。该项技术具有去中心化、信息不可篡改性、透明性和隐私匿名性等特点，是税收征管实现数字化转型和智能化升级进程中的一项安全高效的新技术。近几年，全国各地的税务机关都在尝试将区块链技术应用于电子发票管理。

电子发票载明数据是纳税申报涉税信息的重要组成部分，区块链技术的使用可以将不同区域、不同企业之间的电子发票关联信息进行全链条实时生成存储。一方面，通过由多个结点联合维护的会计凭证和一致性算法，保证了发票的可信流通使用，充分记录了税务机关和企业开具发票生成的一切信息，能对该张电子发票整个开具流通过程进行跟踪，帮助税务机关实时监控发票使用者的经济活动情况，完整构建起一套针对异常交易行为的监控和分析系统；另一方面，区块链技术通过多个网络节点的协同维护来保证发票内容的真实性、准确性，可以极大降低企业在传统纸质发票交付和重复报账甚至虚开等使用中易出现的低效甚至错误问题。因此，区块链电子发票的优点突出表现在三个方面：一是发票信息不可篡改，数据不会丢失，使篡改、伪造原始发票信息成为不可能；二是所有流经环节均在税务链上实时显示，能对企业的发票使用同步嵌入深度监控，实现发票无纸化智能税务管理，减轻了受票企业的财务审核负担，减少了税务部门的税务检查成本；三是利用非对称密码学技术将业务和数据隔离，提高了对纳税人涉税信息的保护效果。

2021年，《基于区块链技术的电子发票应用推荐规程》①已由电子电器工程师协会正式颁布，成为国内第一个在税收领域实施的国际性规范。区块链电子发票的整个流转过程如图2所示：首先，税务部门通过制定增值税发票开具细则，实现对增值税发票的审批和管理；其次，开票企业通过链上申请开票，并将交易订单与识别码一起写到发票中；再次，纳税人可以在链上申请认领发票并进行识别；最后，受票企业将收到的发票进行核对、付款和报销。

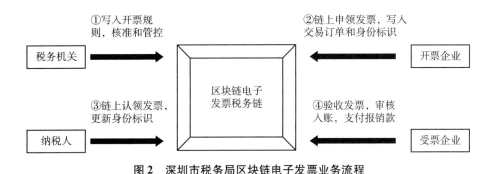

图2 深圳市税务局区块链电子发票业务流程

资料来源：腾讯区块链 + 电子发票实践 – 腾讯云开发者社区 – 腾讯云［EB/OL］.（2020 – 02 – 18）［2024 – 01 – 03］. https：//cloud. tencent. com/developer/article/1585652.

当前，区块链技术在税收征管领域的运用还处于探索阶段。2018年深圳市税务局和腾讯联合研发推出的区块链电子发票是我国建成应用最早、迄今实践经验最丰富的代表性技术应用项目。如图3所示，区块链电子发票在应用体系结构上可细分为云基础设施、区块链基础平台、电子发票业务平台以及业务应用平台几大组成部分。业务应用平台具备SDK②与API③两种界面，能够轻松访问第三方，当前支持的第三方平台有微信、招商银行、智税助手、票息通、金蝶等，以及深圳市电子税务局。电子发票业务平台包括企业的开票请求、发票开具、报销及红冲，以及对发票真实性的核查，对发票数据的监测与报警，对开票规则的管理等功能，实现了区块链电子发票的全流程监管科技创新。区块链基础平台拥有哈希算法、对称与非对称加密、数字签名等多种加密方法。云基础设施包含的硬件设施有网络基础设施、虚拟机通用和物理服务器

---

① 腾讯区块链技术获认可 首个区块链电子发票应用国际标准发布［EB/OL］.（2021 – 04 – 06）［2024 – 01 – 03］. https：//shenzhen. chinatax. gov. cn/sztax/xwdt/mtsd/202104/3a24ca5d406747a39a0c4ee59b9e7a18. shtml.
② SDK 全称"software development kit"，中文意思为"软件开发工具包"，是由硬件平台、操作系统（OS）或编程语言的制造商提供的一套工具。
③ API 全称"application programming interface"，中文意思为"应用程序编程接口"，它提供了一套稳定且简化的应用逻辑和数据入口点，使用户能够轻松地访问和重复使用其他开发者构建的应用逻辑。

资源池，以及相匹配的云安全服务平台，如云安全、云监控等，能够适应各涉税主体不同层次的服务需求。

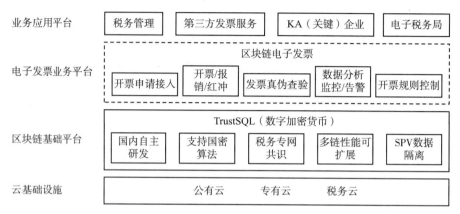

图3　区块链电子发票基础架构

资料来源：腾讯区块链＋电子发票实践－腾讯云开发者社区－腾讯云〔EB/OL〕.（2020－02－18）〔2024－01－03〕. https：//cloud. tencent. com/developer/article/1585652.

2.3.2　运用云计算提高税务机关共享网络的数据安全性

云计算将虚拟技术引入现实中，即通过对实体设备的虚拟化，将其转化为具有更高性能的最优资源单位。将云计算应用于税务管理，即在服务器、存储和网络设备等基本硬件上应用虚拟技术，构建一个由税务部门搭建的内部共享的工作环境条件，使税务部门可以在任意地点、任意终端上使用的应用服务。

在信息化税收管理模式中，大数据的安全高效利用是决定管理成效的一个关键性因素。"金税三期"管理由于使用实地桌面办公，出现了很多网络安全问题，如硬件故障、病毒入侵、软件破坏、软件配置错误、数据丢失等。随着税收大数据规模的迅猛扩展，对涉税数据的储存能力和安全性增值利用提出了更高的需求，同时对涉税数据的安全保护难度也在加大。但云计算以其特有的数据存储和保护利用模式保证了税收信息的真实性和完备性，既符合大数据信息安全管理需求，也为涉税信息进行深度发掘和利用奠定了坚实的技术基础：云计算以多副本容错、计算节点互换为手段，以分布方式对数据进行分散存储，可以有效保证海量税收数据信息的安全性与可靠性。如果误删或修改了涉税资料，也能从云端系统中再次获得或自动复原，这样既能保证税收数据的完整性，也可以防止其他违法操作行为。云计算储存数据具有容错、故障恢复等特性，能够有效地解决税务管理中因单一节点失效而导致的系统故障，从而达到对税收大数据的档案保护。从图4可以看出，税收机关采用私有云部署模式后，能够让云计算服务实现对云端低成本、高稳定和便捷访问的可控性操作，满足税务机关共享办公的网络安全管理需要。

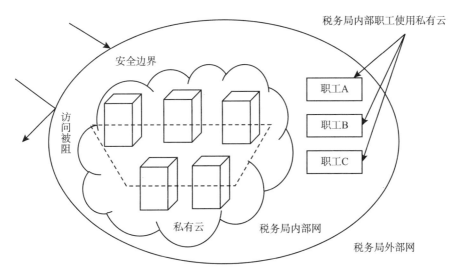

图 4　私有云部署与共享网络安全运用模式

资料来源：蔡昌，马刘丁，蔡一炜 . 云计算推进税务管理创新研究 [J]. 财政研究，2021（9）：113 – 125.

3. 我国现阶段税务信息安全管理方面存在的主要不足之处

3.1　涉税信息安全管理的相关法律制度不够健全

纵观我国目前的税收立法，对涉税信息的保护虽已有了一些基础规定，但大多是用"保密"一词来作笼统表达，较少有关于涉税信息安全管理的具体可行内容，因而在保护规制手段和力度上还存在较多欠缺。现阶段税法下相关涉税信息规范情况如表 5 所示：程序规范部分，《中华人民共和国税收征收管理法》第六条第一款对第三方涉税数据共享作了基本要求，要建立税务部门和其他相关行政管理部门之间的信息共享制度，但仅限于原则性、笼统条文规定；第八条第二款虽强调了税务机关对纳税人、扣缴义务人的信息有保密的义务，但其细化范围并未明确，"信息保密"是否等同于"信息安全"还应再深入周全考虑。《中华人民共和国税收征收管理法实施细则》中明确了税务信息化建设由国家税务总局统领，各级地方人民政府应给予支持，相应政府部门之间应实现信息共享，同时规定了国税、地税机关在税务检查时对纳税人和扣缴义务人应尽的信息保密义务，但已滞后于税收征管改革实际，可操作性不强。

表5   现行税收法治下相关涉税信息规范情况

相关税法	具体规定
《中华人民共和国税收征收管理法》	第六条第一款：国家有计划地用现代信息技术装备各级税务机关，加强税收征收管理信息系统的现代化建设，建立、健全税务机关与政府其他管理机关的信息共享制度。 第八条第二款：纳税人、扣缴义务人有权要求税务机关为纳税人、扣缴义务人的情况保密。税务机关应当依法为纳税人、扣缴义务人的情况保密
《中华人民共和国税收征收管理法实施细则》	第四条第二款：地方各级人民政府应当积极支持税务系统信息化建设，并组织有关部门实现相关信息的共享。 第十条：国家税务局、地方税务局对同一纳税人的税务登记应当采用同一代码，信息共享。 第八十七条第一款：税务机关行使税收征管法第五十四条第（六）项职权时，应当指定专人负责，凭全国统一格式的检查存款账户许可证明进行，并有责任为被检查人保守秘密
《中华人民共和国契税法》	第十三条第一款：税务机关应当与相关部门建立契税涉税信息共享和工作配合机制。自然资源、住房城乡建设、民政、公安等相关部门应当及时向税务机关提供与转移土地、房屋权属有关的信息，协助税务机关加强契税征收管理。 第十三条第二款：税务机关及其工作人员对税收征收管理过程中知悉的纳税人的个人信息，应当依法予以保密，不得泄露或者非法向他人提供
《中华人民共和国耕地占用税法》	第十三条第一款：税务机关应当与相关部门建立耕地占用税涉税信息共享机制和工作配合机制。县级以上地方人民政府自然资源、农业农村、水利等相关部门应当定期向税务机关提供农用地转用、临时占地等信息，协助税务机关加强耕地占用税征收管理
《中华人民共和国环境保护税法》	第十四条第三款：县级以上地方人民政府应当建立税务机关、生态环境主管部门和其他相关单位分工协作工作机制，加强环境保护税征收管理，保障税款及时足额入库。 第十五条第一款：生态环境主管部门和税务机关应当建立涉税信息共享平台和工作配合机制。 第十五条第二款：生态环境主管部门应当将排污单位的排污许可、污染物排放数据、环境违法和受行政处罚情况等环境保护相关信息，定期交送税务机关。 第十五条第三款：税务机关应当将纳税人的纳税申报、税款入库、减免税额、欠缴税款以及风险疑点等环境保护税涉税信息，定期交送生态环境主管部门
《中华人民共和国资源税法》	第九条第二款：税务机关与自然资源管理等相关部门应当建立工作配合机制，加强资源税征收管理

相关税法	具体规定
《中华人民共和国个人所得税法》	第十五条第一款：公安、人民银行、金融监督管理等相关部门应当协助税务机关确认纳税人的身份、金融账户信息。教育、卫生、医疗保障、民政、人力资源社会保障、住房城乡建设、公安、人民银行、金融监督管理等相关部门应当向税务机关提供纳税人子女教育、继续教育、大病医疗、住房贷款利息、住房租金、赡养老人等专项附加扣除信息。 第十五条第二款：个人转让不动产的，税务机关应当根据不动产登记等相关信息核验应缴的个人所得税，登记机构办理转移登记时，应当查验与该不动产转让相关的个人所得税的完税凭证。个人转让股权办理变更登记的，市场主体登记机关应当查验与该股权交易相关的个人所得税的完税凭证。 第十五条第三款：有关部门依法将纳税人、扣缴义务人遵守本法的情况纳入信用信息系统，并实施联合激励或者惩戒
《中华人民共和国车船税法》	第十条第一款：公安、交通运输、农业、渔业等车船登记管理部门、船舶检验机构和车船税扣缴义务人的行业主管部门应当在提供车船有关信息等方面，协助税务机关加强车船税的征收管理
《中华人民共和国关税法》	第四十一条第二款：关税征收管理应当适应对外贸易新业态新模式发展需要，提升信息化、智能化、标准化、便利化水平。 第六十一条：海关因关税征收的需要，可以依法向有关政府部门和机构查询纳税人的身份、账户、资金往来等涉及关税的信息，有关政府部门和机构应当在职责范围内予以协助和配合。海关获取的涉及关税的信息只能用于关税征收目的
《中华人民共和国土地增值税暂行条例》	第十一条：土地增值税由税务机关征收。土地管理部门、房产管理部门应当向税务机关提供有关资料，并协助税务机关依法征收土地增值税
《中华人民共和国城镇土地使用税暂行条例》	第十条：土地使用税由土地所在地的税务机关征收。土地管理机关应当向土地所在地的税务机关提供土地使用权属资料

资料来源：根据国家税务总局等官网整理而得。

依表5汇总情况，截至2024年4月，我国现行开征了18个税种，实体方面已升级为法律的有13部，另有5部行政法规；加上1部《中华人民共和国税收征管法》（程序法），其中有相应明确关于涉税信息条款的涉及10部法治规定，但其具体内容为设立"税务信息共享条款"，而没有说明"税务信息安全使用条款"规定；只有《中华人民共和国税收征管法》《中华人民共和国契税法》《中华人民共和国关税法》将"税务信息共享条款"和"税务信息安全使用条款"一同写入了法律规定内容，但是在表述上也仅基于税收征管工作的基本要求而有所反映。此外，2019年对社会公布的《中华人民共和国增值税法（征求意见稿）》第四十四条"建立增值税信息共享和工作配合机制"的规定，以及《中华人民共和国消费税法（征求意见稿）》第二十一条提出的"建立消费税信息共享和工作配合机制"等表述，均未细化明确有关"涉税信息安全保护"的内容。

3.2 现行网络空间治理中的税务信息安全管理挑战巨大

3.2.1 我国税务网络安全管理现存隐患表现

随着数字经济的发展和直接税占比加大、影响加强，税收征管数字化转型升级已经成为税收改革的主要风向标，电子税务局、自然人税收管理系统等Web上线应用不断推陈出新。然而越发广泛的线上应用不可避免地会带来更多的税收信息安全风险，税收信息的安全高效建设面临着严峻挑战。目前来看，第一，我国税务系统办公所用的一些关键核心技术产品是从国外引进的，其中潜在的安全漏洞和隐藏后门带来的风险在短时间内还不能自主有效管控；第二，当前税务系统所部署的入侵检测、防火墙、日志审计等保护手段是彼此分开的，而且功能也相对零散，还没有整合建成快速联动的防控机制；第三，随着网络黑客攻击手段和技术的翻新，税收风险越趋凸显，大数据安全管理难度不断增加。

当前我国税务机关在税务信息安全管理的内部配置条件方面仍存在许多不足：一是全国各地各级税务机关非常缺乏专职信息安全管理的专门人才，税务网络安全保障运维工作的持续稳定性不够；二是对税收大数据的安全防护措施的针对性还不太强，导致与履职需要的数据授权不相匹配，对恶意者通过安全漏洞窃取数据、进行系统攻击等活动进行快速检测识别并精准严厉打击的力度还不大。

3.2.2 安全管理意识缺乏及网络技术应用能力不强致相对人涉税信息安全管理难度大

信息技术的飞速发展使网络数据受到的攻击也变得更加频繁和隐秘。其中的一个突出情况是许多普通的管理相对人安全使用信息的意识还比较淡薄，应对的技术手段还比较落后，其涉税信息在互联网空间很容易被发现并暴露在"第三方"视线下，如何防止信息泄露、被窃取或被篡改后非法利用等问题便成为一项艰巨任务。在"以数治税"的背景下，以上情形导致现阶段相对人涉税信息安全管理的水平和能力与其大范围深度使用的需求不相适应，一旦发生病毒、黑客入侵等事件，将对其涉税信息安全产生极大的威胁。

3.3 新技术手段应用过程中存在的涉税风险

3.3.1 区块链技术应用下的涉税风险问题

将区块链技术应用于税收征管领域尚处于逐步探索阶段，如何在网络空间治理环境下实现信息共享和信息安全保护之间的平衡，是现阶段高科技运用面临的一大难题。对于税务部门来说，现阶段"区块链＋税收征管"采用的是联盟链，即与市场监管、财政等部门通过增加接口进行互联，从而共享相关信息，但安全隐患也随之增加。尽管系统具有一定的加密性，但是联盟链通常由政府相关部门和开发企业共同维护，导致系统的网络安全性能降低。

区块链电子发票实现了对企业业务、资金和物流的统一管理，通过区块链技术税务部门可以很容易地掌握企业和个人的涉税信息，并对这些涉税信息进行全方位、实时的监测使用。随着运用区块链电子发票系统开票的市场主体增加，可能会增加系统在运行过程中的安全隐患和信息泄露风险。另外，在电子政务背景下，政府各部门收集了大量的相对人信息，如何确保公共权力（包括公共信息使用权）只围绕国家利益和社会公益作用，本就是一个极其重要且须科学统筹设计与监管的重大课题。

3.3.2 云计算技术应用下的涉税风险问题

在智慧税务工作过程中，税收大数据是税务机关最有效和最宝贵的税收征管信息资源。目前，影响税收征管效能的最大问题是税务机关和其他相关单位、实体、个人之间涉税数据的互联互通和共享增值利用。云计算能够对海量数据进行深度挖掘，税务机关也正在尝试将云计算应用于税收征管领域，利用技术创新和管理创新助推实现税收治理现代化。但其运用过程中的涉税风险问题不容忽视：第一，当云计算服务由第三方提供商提供时，其内部人员特别是具有高级权限管理员的失职，可能会给税收大数据安全利用带来很大威胁，如非授权复制虚拟机镜像易导致涉税数据或机密泄露；第二，用户在使用云服务器的过程中，不可避免地要通过互联网将数据从其主机移动到云端上，并登录到云端上进行数据管理运用。云计算应用地域性弱，信息流动性大，信息服务或用户数据可以分布在不同地区或国家，不同主权国家信息安全监管等方面可能会产生管辖权运用中的纠纷问题。

4. 加强税务信息安全管理的相关建议

4.1 健全税务信息安全的有关法律制度保障

4.1.1 《中华人民共和国税收征收管理法》有关细化完善相应税务信息安全管理的修改建议

首先，为了更好地反映税收法定原则的要求并跟进数字经济发展趋势，在法律上对所有涉税主体的信息安全保障进行立法确定，建议将《中华人民共和国税收征收管理法》第八条中的"税收保密条款"提升为"税务信息安全条款"；或者补充设立"税务信息安全条款"，明确扩大其所指内涵和外延，以保证各方的税务信息安全运用。

另外，还应在《中华人民共和国税收征收管理法》中对税务信息安全保障主体的权利和义务加以明确：第一，明确税收信息共享主体如纳税人、扣缴义务人等相对人的相应权利和义务。就纳税人、扣缴义务人而言，除了依法自觉主动开展纳税申报等义务外，还应该明确对应承担的涉税信息合作提供义务，以及此过程中对信息安全的保密义务。对于第三方，应明确其应提供的安全保障责任和协助义务，以及授权给税务部门信息共享的权利，以实现信息保密和披露责任之间的法治动态平衡。第二，要明确税务机关对涉税信息的保护责任，对所掌握的外部资料通过区分密级进行分类管理，细化对其采取的不同保护措施。对一般普通资料，应按照法定要求共享利用；而对涉及相对人个人隐私和实体商业秘密的，不能以基于税收工作以外的理由向外披露。

从税收信息的完整安全性保护利用需求出发，有必要在《中华人民共和国税收征收管理法》修改中增加建立各方主体涉税信息的问责机制，具体如税收信息共享与备案审查机制，以及虚假报送信息的相应惩戒机制条款内容。

4.1.2 补充完善各实体税法中有关税收信息安全管理的相应要求

税收信息共享的前提在于信息安全，基于涉税信息的重要性以及互联网领域的信息风险挑战，必须重视涉税信息安全保障。在现行各单行税法中，可以在有关"税收信息共享条款"下专门设置"税收信息安全条款"，为保障涉税数据的安全运用提供法律支撑。例如，现行《中华人民共和国环境保护税法》中明确了税务机关要与生态环境主管部门等其他相关部门建立涉税信息共享平台和工作配合机制，但未规定税务机关与生态环境主管部门信息共享中的保密条款，因此应加设信息保密要求。《中华人民共和国个人所得税法》中规定税务机关要与民政、教育、卫生、医疗保障、人民银行、金融监督管理、公安、人力资源和社会保障等相关部门建立自然人涉税信息共享机制，这些部门应该向税务机关共享自然人专项附加扣除项目涉及的有关信息；但却未明确相关部门应对自然人涉税信息保密的义务，所以有必要补充保密信息的范围。

4.2 加强涉税数据的日常安全技术防护和运行管理

4.2.1 健全税收大数据安全技术防护体系

在"以数治税"的背景下，税收大数据的保护至关重要，可以从基础设施安全、数据资源安全和业务应用保障三个层次来加强构建一个科学可控的税收数据安全防护系统，以保证其安全可靠高效实践，如图 5 所示。

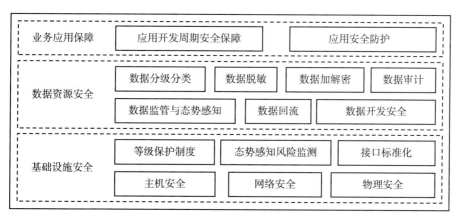

图 5　税收大数据安全技术防护体系

资料来源：何慧. 浅谈智慧税务背景下的数据安全管理［J］. 通信与信息技术，2023（3）：106 - 109.

在该体系下，业务应用保障要以税收业务需求为中心，通过加强税务网络系统应用的安全技术防护体系，充分收集各类税收服务的安全预警信息，并对涉税数据泄露风险事件的处理流程进行规划设置，践行涉税风险事件的全方位、全天候闭环管理，运作"数据资产明晰、风险防范、反应迅速、处置高效"的安全防护机制,为实现"智慧税务"打下扎实基础。另外,不断推进管理系统加密技术的创新运用,优化各相关主体之间的双向安全交换系统安全性。

数据资源安全要加强对税收业务数据的全生命周期安全风险控制。在使用税务信息系统收集涉税数据时,必须核实数据资料收集终端与资料收集账户的真伪,并采取技术手段方法防止资料泄露、篡改或遗失。在对涉税信息进行审查时,对重要数据采取脱敏、去识别、匿名等手段以保障其安全利用。在数据传送过程中,必须明确安全边界,采取访问权限控制、日志记录、加密转发等切实举措。在数据存储与处理过程中,应采取访问控制、身份认证、加密等措施来确保信息的安全性。

基础设施安全是在遵守网络安全等级保护制度的前提下,使用标准化的统一数据接口以保证税收数据的底层安全。应先建立"态势感知风险监测"平台作为数据安全运行中心,再对整个税收业务流程的数据进行收集、利用分析。此流程可以提前预知网络、主机服务器、物理环境等方面存在的数据安全隐患,从而保证整个基础设施平台数据的日常运行安全。

4.2.2 建设税收大数据安全运行管理体系

税收大数据安全运行管理体系建设是一项系统性工程,既要不断健全体制机制,还要运用先进的技术手段加强风险防范。应按照"总体国家安全观"要求,坚持问题导向、目标导向和集成导向,不断提高税收大数据安全运行管理能力和水平,维护国家税收利益安全。税务机关应进一步加强改进技术要素和人员要素的深度融合成果,如图6所示。第一,要加强组织管理保障。首先,设立网络安全工作责任清单,全面落实网络安全保护责任,对涉税关键信息基础设施实行最严格的保护措施,加强网络安全检查和监测预警。其次,加强网信工作领导小组指导,推进网络安全的防护和治理工作。健全网络安全运维标准和规范体系,加强对网络攻击、数据泄露等安全威胁的预警和处置能力,并加强对涉税关键信息基础设施和敏感信息的保护。第二,要增强运行管理机制作用。定期对税务部门重要数据资产进行梳理,建立应急响应机制;采取"人—机"结合方式,对重要时点数据进行监测,加强税收数据的日常安全运维;对税收大数据流通和共享实施专项安全检查,确保数据来源合法、流向合法、使用合法;加快税务系统信息化人才队伍建设,提高税务部门的信息化水平。

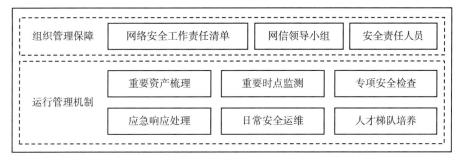

图6　税收大数据安全运行管理体系

资料来源：何慧．浅谈智慧税务背景下的数据安全管理［J］．通信与信息技术，2023（3）：106 – 109.

4.3　提升税务机关创新运用先进技术保护涉税信息的能力

4.3.1　税务机关应加强区块链技术对涉税信息的保护应用功能

区块链技术是提升税收治理能力的新型技术手段，也是税收征管数字化转型智能化升级的"亮点"之一。税务机关在运用区块链技术保障涉税数据安全的同时，也要提高对区块链技术的运用能力：第一，应加强对区块链电子发票技术的学习，充分保障税务机关依法履行职责，维护区块链电子发票应用中纳税人的合法权利。第二，应适度前瞻把握好区块链技术应用发展趋势，做好技术人才储备和作用发挥，进一步完善区块链电子发票的数据安全管理，为区块链技术在电子发票管理应用中打下坚实的基础。第三，增强区块链技术对涉税信息的保护利用程度。国家税务总局应领导制定区块链电子发票业务规范和技术标准制度文件，为各省份加快统筹发展、建成全国一体化互信互认的区块链电子发票奠定基础。

4.3.2　税务机关应提高涉税信息云计算技术的增值利用水平

云计算为政府电子政务部门协同工作提供了强有力的技术支撑，在此基础上，税务机关在运用云计算技术进行税收征管时应注意：第一，确保云计算环境下的涉税信息安全，完善建设实时运行的税收云计算平台运行维护机制；第二，对提供云计算服务的供应商、代理商等加强资质审核和监督。建立税务云计算技术人员资格认证制度，对从事税务云计算技术平台运行维护管理的工作人员，要加强监督管理，及时发现并处理安全隐患和事故苗头，确保税务云计算技术平台安全运行。

《国务院关于加强数字政府建设的指导意见》里明确指出，要全面推进政府履职和政务运行数字化转型，统筹推进各行业各领域政务应用系统集约建设、互联互通、协同联动，创新行政管理和服务方式，全面提升政府履职效能。我国税务系统税收征管数字化升级和智能化改造正在成为加快政府数字化改革的重要组成部分。目前，"一带一路"共建国家也几乎都在进行税收征管数字化转型改革。以"一带一路"税收征管合作机制为契机，中国与"一带一路"共建国家增进了税收征管信息化建设实践经验的相互交流合作；并依托"一带一路"税务学院对有关国家的税务人员大力开展了相关信息化培训，帮助各成员国培养税收信息化专门人才，为建设更加开放包容、互利共赢的国际税收营商环境而持续努力。

参考文献：

［1］蔡昌，马刘丁，蔡一炜．云计算推进税务管理创新研究［J］．财政研究，2021（9）：113－125.

［2］陈晨．"一带一路"税收征管合作机制成果丰硕［N］．光明日报，2023－09－14（010）.

［3］杜津宇，王洪亮．税收征管数字化转型中的合成数据应用［J］．税务研究，2023（7）：62－69.

［4］樊勇，杜涵．税收大数据：理论、应用与局限［J］．税务研究，2021（9）：57－62.

［5］何慧．浅谈智慧税务背景下的数据安全管理［J］．通信与信息技术，2023（3）：106－109.

［6］李平．国际视角下的税收治理数字化探析［J］．税务研究，2020（4）：62－68.

［7］林溪发．推进涉税信息共享的《税收征管法》修订思考［J］．税务研究，2020（11）：135－139.

［8］刘和祥，李欣，张纪宇．税收征管数字化转型实践的国际比较及借鉴［J］．税务研究，2023（6）：84－90.

［9］潘虹，周洪波．智慧税务背景下构建数据治理制度体系的思路与实践路径［J］．税收经济研究，2023，28（4）：45－52.

［10］商红明，余丹．区块链治税的优势、风险与启示［J］．税收经济研

究，2023，28（2）：90－95.

[11] 佘陈凤. 以数治税视域下智慧税务建设的优化路径探究 [J]. 国际商务财会，2023（15）：42－46.

[12] 沈斌. 数字经济时代涉税数据行为的法律规制 [J]. 法商研究，2023，40（2）：159－172.

[13] 王曙光，张泽群，王晰. 数字经济下"一带一路"税收征管质效初探 [J]. 国际税收，2022（5）：77－81.

[14] 王钰，王建新. 智慧税务建设的目标厘定、结构逻辑与路径选择 [J]. 税务研究，2023（2）：76－81.

[15] 吴志峰，石赟，季洁. 优化"一带一路"税收情报交换机制提升征管合作质效 [J]. 国际税收，2020（12）：43－47.

[16] 闫晴，廖晓滨. 区块链电子发票应用中纳税人涉税信息保护制度研究 [J]. 景德镇学院学报，2022，37（5）：71－77.

[17] 杨庆. 数字经济对税收治理转型的影响与对策——基于政治经济学和治理理论分析视角 [J]. 税务研究，2020（10）：56－62.

[18] 叶琼微. OECD 税收征管数字化转型成熟度模型及启示 [J]. 税务研究，2023（9）：94－100.

[19] 张晨，苏宇，周德星，等. 数字经济下"一带一路"税收征管挑战及对策 [J]. 投资与创业，2023，34（10）：47－49.

[20] 张成松.《税收征收管理法》中税务信息安全的规范表达 [J]. 经济法论丛，2022，39（1）：156－165.

[21] 张翠芬，李旭红，许思远. 数字化税务管理在"一带一路"沿线国家和地区的应用研究 [J]. 国际税收，2022（1）：74－79.

[22] 张靖. 深化数字技术运用推动智慧税务建设 [J]. 税务研究，2022（5）：128－130.

[23] 张盛，岳树民，李忠强. 完善我国税收数据治理研究 [J]. 财政监督，2021（21）：5－11.

[24] 郑四华，王国东. 区块链技术破解电子发票管理难题 [J]. 广西质量监督导报，2021（4）：219－220.

[25] 周洪波. 关于构建税收数据治理共同体的思考 [J]. 税务研究，2022（1）：135－139.

[26] 朱若璐，马小超. 浅析"一带一路"税收征管的创新问题——基于大数据与区块链技术的结合 [C] //吉林省财政科学研究所. 财金观察（2020年第2辑）. [出版者不详]，2020：9.

"金砖税务最佳实践"首批案例：
中国入选案例

【摘　要】2022 年 11 月，在中国国家税务总局主办的金砖国家①税务局局长会议上，与会各方审议通过并发布了"金砖税务最佳实践"首批 9 个案例。其中，中国的智能化个税汇算清缴、税收宣传月和海关税务转让定价协同管理机制 3 个案例入选。"金砖税务最佳实践"首批案例展示了金砖国家在全球税收治理领域的有益探索以及税务实践中的最新成果，具有较强的可操作性和参考指导意义，本文主要就我国 3 个上榜案例情况进行总结探讨。

【关键词】金砖国家税务实践；个人所得税汇算清缴；税收宣传月；海关税务转让定价协同管理

> 【思政在线】
>
> 　　"要提高发展中国家在全球治理中的代表性和发言权，支持发展中国家实现更好发展。要坚持真正的多边主义，构建全球发展伙伴关系，为共同发展营造安全稳定的国际环境。"
> 　　——"勠力同心　携手同行　迈向发展共同体"——习近平主席于 2023 年 8 月 24 日在约翰内斯堡"金砖＋"领导人对话会上的讲话

1. 案 例 背 景

　　2022 年 11 月 2 日，由中国国家税务总局主办的金砖国家税务局局长会议以视频方式举行。参会方包括中国、南非、巴西、俄罗斯、印度五国的税务局

---

　　① 金砖国家（BRICS），案例中指巴西、俄罗斯、印度、中国和南非五个国家。自 2024 年 1 月 1 日起，沙特、埃及、阿联酋、伊朗、埃塞俄比亚成为金砖国家正式成员。

局长和其他相关人员，以及派代表首次参会的联合国、国际货币基金组织、美洲税收管理组织等重要国际组织。

本次会议是中国担任金砖国家主席国期间的系列活动之一，也是2022年度中国主场举办的一次重要的涉税外交活动。会议秉持了习近平主席提出的"开放、包容、合作、共赢"的金砖合作伙伴精神，对《金砖国家领导人第十四次会晤北京宣言》发出的"构建高质量伙伴关系，共创全球发展新时代"的主张进行了积极响应，同时也是对党的二十大提出的"践行共商共建共享的全球治理观""扩大金砖国家合作机制影响力"等重要部署的贯彻落实。与会各方围绕"金砖税务最佳实践"情况及其未来合作与发展、金砖税务如何加强与其他国际组织合作等议题进行了深入讨论并达成广泛共识。

为落实《金砖国家领导人第十四次会晤北京宣言》关于"形成'金砖税务最佳实践'这一特色知识产品，为其他发展中国家提供借鉴参考"的决定，并进而以此向全世界分享金砖国家税务部门的税收征管与服务实践成效，促进工作交流，提高金砖国家税务合作影响力，为其他发展中国家的税收征管改革提供借鉴，该次会议取得的一项重要成果便是与会各方审议通过并发布了"金砖税务最佳实践"首批9个案例。这9个案例分别是巴西的"信任"大企业合作遵从项目；俄罗斯的欠税管理工具、税收情报交换数据系统；印度的非接触式税收征管、纳税申报智能升级；中国的智能化个税汇算清缴、税收宣传月和税务海关转让定价协同管理机制；南非的税收遵从风险评价与监控系统。这次会议的与会代表均对"金砖税务最佳实践"首批案例给予了高度评价，认为案例集中展示了金砖国家在全球税收治理领域的有益探索，反映了金砖国家税收治理的最新成果和各国税务部门的共同关切，体现了金砖国家税务部门的最新理念，具有较强的可操作性和指导意义。各国一致同意，将"金砖税务最佳实践"作为金砖税务合作的标志性知识产品固定下来，在今后推出更多有价值的实践案例，为深化全球税收治理提供"金砖样板"、贡献"金砖智慧"。

本文对其中我国智能化个税汇算清缴、税收宣传月和税务海关转让定价协同管理机制3个入选案例，通过情况介绍、成果展示和未来展望3个方面的探讨，以期为促进国内国际税收管理的更加协调高效发展提供参考。

2. "金砖税务最佳实践"首批中国入选案例情况总结

2.1 "智能化个税汇算清缴"入选案例

2021年3月，中共中央办公厅、国务院办公厅印发的《关于进一步深化税收征管改革的意见》（以下简称《意见》）强调，应利用大数据等现代信息技术加快建设智慧税务，深化大数据在税收中的共享和应用，到2025年"基本建成功能强大的智慧税务，形成国内一流的智能化行政应用系统，全方位提高税务执法、服务、监管能力"。

2.1.1 个人所得税的智慧税务应用

智慧税务是应用互联网、大数据、云计算等新技术，实现税收制度与现代化技术手段交融，通过为纳税人提供智能化管理和多元化服务，提高纳税人的纳税体验和税务部门管理决策科学性的税务生态系统。为了统筹税务系统的大数据资源，加强税收大数据治理，2020年，国家税务总局成立了税收大数据和风险管理局，负责组织指导全国税收大数据工作，包括税务云平台的建设、实施税收大数据和风险管理战略规划，以及税收大数据的交换、共享等工作。

我国税务系统内部近几年对网络设备、通信技术条件以及征管软件等方面的开发应用力度空前加大，其中以大数据深度融入个人所得税征管成为技术先进性推广的最佳现实代表性成果。2019年，国家税务总局依托大数据技术构建了新型个人所得税征管信息系统——自然人税收管理系统（ITS），以适应当年新修订后执行的个人所得税法对其实践征管水平提出的更新更高要求。ITS系统面向纳税人开放扣缴客户端、手机端和网页端三个端口，自然人登录电子税务局后找到相应模块进入即可进行相关操作。2020年，自然人电子税务局上线，统一规范并优化了原ITS系统存在的不足，增加了汇算清缴、专项附加扣除填报等项功能，使个人所得税网上办税更加便捷高效。

2.1.2 智慧个税汇算清缴成果

在2019年之前，我国个人所得税执行分类征收与代扣代缴模式，无须纳税人亲自进行个税申报，扣缴义务人会将纳税人工资达到对应标准时应缴纳的个人所得税进行代扣，纳税人不必或很少直接办理个人所得税的纳税事宜。2019 年个人所得税新法实施后，规定纳税人的综合所得须每月进行预扣预缴，并在年度结束后由纳税人自行申报并汇算清缴。目前，税务机关向纳税人提供由国家税务总局开发的个人所得税网上办税平台，即自然人电子税务局线上进行相关涉税业务操作。个人所得税汇算清缴每年开展一次，依法应由纳税人于次年的 3 月 1 日到 6 月 30 日内在电子税务局网页端或个人所得税 App 端（只有综合所得适用）中对整年的相应申报情况进行核实确认，根据纳税人的综合所得或经营所得以"年"为单位计算最终应纳个税税款，后与预缴税款相比多退少补。

在大数据技术的强大数据处理能力支撑下，个人所得税汇算清缴时，纳税人只需登录系统查看和确认自己的申报信息即可，无须另行填写便可完成个税的年度汇算申报，使以往的"人找数"转变为"数找人"；在此基础上，我国智能化个税汇算清缴系统能快速将其所掌握的纳税人预扣预缴数据与应纳税款逐一进行比对，若汇算后纳税人发现应缴税额大于全年累计预缴税款，则可以直接通过个人所得税 App 唤醒微信支付、Web 端扫码支付或在税务局端扫码支付等方式及时完成补税。若汇算后的纳税人需要退税，纳税人所在区县的税务局会按照纳税人在系统中提交的退税申请与国库审核确认后，由国库直接将多缴税款在一周内快捷直达退还至纳税人的预留银行账户，从而大力提升了个人所得税的汇算清缴效率效益。

经过近几年来该系统的不断更新完善和服务优化升级，我国以个人所得税为代表的自然人电子税务局缴税体系，将在更加多元化的支付通道和方式下安全、简便、高效地提供更丰富和个性化的办税体验，满足纳税人的办税需求，努力提高自然人纳税人的获得感、满意度、遵从度。

2.2 "税收宣传月"入选案例

20 世纪 80 年代改革开放后，我国开启了作为全世界最大的发展中国家从计划经济向市场经济的转型改革。1992 年，当时的全国税收征管最高职能部门国家税务局（现国家税务总局前身）在总结以往税收宣传教育工作经验的基础上，依托我国制度优势，以定于每年 4 月集中开展的"税收宣传月"活动专门作为凝聚中国特色的税收宣传模式，由国家税务总局适时统一制定各年税收宣传的指导思想和宣传主题，各地税务部门结合当地实际开展丰富多彩的税收宣传活动。

至 2023 年，税收宣传已开展了 32 个年头，它呼应了改革开放时代我国社会主义市场经济发展中的税收工作需要，更是中国特色社会主义制度优势反映与不断提升的制度化、常态化表达，已成为中国特色社会主义税收现代化追求进程中的重要组成部分。

2.2.1 我国历年来的税收宣传月主题汇总

从创立伊始到 2023 年为止，我国历年的税收宣传月分别以"税收与发展"（1992 年）、"税收与改革"（1993～1994 年）、"税收与法制"（1995 年）、"税收征管与市场经济"（1996 年）、"税收与文明"（1997 年）、"税收管理与依法治国"（1998 年）、"依法治税　强国富民"（1999 年）、"税收与未来"（2000 年）、"税收与公民"（2001 年）、"诚信纳税　利国利民"（2002 年）、"依法诚信纳税　共建小康社会"（2003～2006 年）、"依法诚信纳税　共建和谐社会"（2007 年）、"税收　发展　民生"（2008～2014 年）、"新常态　新税风"（2015 年）、"聚焦营改增试点、助力供给侧改革"（2016 年）、"深化税收改革、助力企业发展"（2017 年）、"优化税收营商环境，助力经济高质量发展"（2018 年）、"落实减税降费，促进经济高质量发展"（2019 年）、"减税费优服务助复产促发展"（2020 年）、"税收惠民办实事　深化改革开新局"（2021 年）、"税收优惠促发展　惠企利民向未来"（2022 年）、"税惠千万家　共建现代化"（2023 年）作为宣传主题而相应展开当年的税收宣传教育服务工作。

综上可以看出，为积极顺应经济社会发展所需，特别是 2015 年以来，各年均设立了一个对应的税收宣传月主题，凸显了中国特色社会主义税收"围绕中心、服务大局"的新时代治国理政要求。这些主题与时俱进，突出反映了我国经济社会发展对税收的需要，具体凝练、精确表达了税收在国家治理中的基础性、支柱性、保障性功能作用。

2.2.2 "税收宣传月"活动成果

"税收宣传月"制度化常态化工作的推进完善，推动了我国税收宣传教育的科学化和规范化，催生了一大批税收宣传教育服务的品牌项目，培养锻炼了大批税收宣传骨干队伍人员；并为进一步推动中国特色社会主义税收宣传事业向纵深发展，保障维护好税制改革，大力改善我国税收营商环境，更好地弘扬光大社会主义税收文化创造了优良的条件。

以 2023 年税收宣传月情况为例，围绕青少年税收普法和"智税服务"企业工作等重点，多项税收宣传教育进中小学校园活动，面向企业集团、中小企业、重点产业链等具体创新宣传服务产品在线上线下、全国各地纷纷展开。互动交流中，不仅让广大人民群众充分认识到社会主义税收"取之于民，用之于民"的本质，推动税收更好地得到全社会的广泛理解与支持，更使我国公民依法纳税意识不断提高，中国税务精神文明建设发展长足进步。

2.3 "税务海关转让定价协同管理机制"入选案例

在我国海关总署和国家税务总局共同指导下，深圳海关和深圳市税务局于2022年5月18日正式发布了《深圳海关 国家税务总局深圳市税务局 关于实施关联进口货物转让定价协同管理有关事项的通告》（深关税〔2022〕62号）；5月19日，深圳税务、深圳海关和试点企业共同签署了全国首份《关联进口货物转让定价协同管理备忘录》，以海关"预裁定＋"和税务部门"单边预约定价安排"的方式，为企业关联进口货物提供税收确定性，避免企业重复性征税问题，并有效降低企业税收遵从成本。当年11月11日，深圳海关和深圳市税务局又共同签署了《中华人民共和国深圳海关 国家税务总局深圳市税务局优化服务与监管合作备忘录》。通过以上机制建设，我国创新实践了海关与税务机关的跨部门协同管理服务，明确了共同推进税务协同执法，大幅提升对企协同征管质效，共同深化基层业务合作、宣传工作，共同开展内部行政交流等方面的合作事项，为多部门间共同优化税收营商环境条件，共治增进税法遵从作出了新的贡献。

2.3.1 税务海关转让定价协同管理机制所解决的实际问题

随着2001年我国加入世界贸易组织，我国海关面临解决境内外关联企业有关涉税转让定价的情况逐渐增多。为防范化解进出口环节税收征管执法风险，我国相继出台了有关法律法规，至今逐步形成了以《中华人民共和国海关法》《中华人民共和国进出口关税条例》《中华人民共和国海关行政处罚实施条例》《中华人民共和国海关稽查条例》等法律法规为主要依据，采取了通关环节估价以及后续稽查监管为主要手段的进出口税收执法监管模式。

近几年来，海关将进口货物的重点审查对象转向存在转让定价安排情形可能性突出的龙头跨国企业。因工作所需，就海关而言，对进口商品依法征收关税，其完税价格是计税依据，进口商品价格越低，关税越少；但税务部门针对国内税收征管执法，如果企业进口价格偏高，则会影响企业利润并减少缴纳企业所得税。因此，海关往往倾向于认定进口企业整体利润率过高是其进口商品价格过低导致，须重点关注并调高企业进口商品价格以补税；而税务机关则倾向于防止企业基于过低的利润率而侵蚀企业所得税税基。在现行海关主要依据的《中华人民共和国海关审定进出口货物完税价格办法》（海关总署令第213号）、《中华人民共和国海关预裁定管理暂行办法》（海关总署令第236号），以及税务机关根据《中华人民共和国企业所得税法》及其《实施条例》、《国家税务总局关于完善预约定价安排管理有关事项的公告》（国家税务总局公告2016年第64号发布，根据国家税务总局公告2018年第31号修改，以下简称"税务64号公告"）等有关价格预裁定和预约定价安排机制规定要求下，虽可在一定程度上分别保障海关、税务机关对相关企业税务执法的预见性和确定性，但是在两部门各自的职责目标和法治指引过程中，双方之间由于缺乏具体可行的协调工作机制，跨国企业办理进口货物具体关联交易转让定价安排仍将面临不明确的税务负担和口径不一的执法监察标准甚至带来隐患风险。

世界海关组织（WCO）、经济合作与发展组织（OECD）都曾开展相关专题研究并发布过有关指引，呼吁海关和税务机关加强协作，但至今尚未形成比较可行的共同解决方案。《中华人民共和国深圳海关 国家税务总局深圳市税务局关于实施关联进口货物转让定价协同管理有关事项的通告》等是我国海关与税务部门首次就关联进口货物转让定价协同管理监督形成共商共建机制，有效破解了以往相应企业"按两种价格计税、准备两套合规方案，应对两方监督"所产生的税法遵从难题，形成并制度优化了"深圳执法部门合成作战"打击进出口退税战法经验成果，有力维护了国家税收安全和市场经济秩序。

2.3.2 现行海关税务转让定价协同管理所需条件及操作流程概况

目前，企业申请适用转让定价协同管理，需符合以下两个条件：第一，根据《中华人民共和国海关预裁定管理暂行办法》（海关总署令第236号）第四条，"预裁定的申请人应当是与实际进出口活动有关，并且在海关注册登记的对外贸易经营者"；第二，根据《国家税务总局关于完善预约定价安排管理有关事项的公告》（税务64号公告）第四条，"预约定价安排一般适用于主管税务机关向企业送达接收其谈签意向的《税务事项通知书》之日所属纳税年度前3个年度每年度发生的关联交易金额4 000万元人民币以上的企业"。

转让定价协同管理包括4个阶段。

首先，申请与受理环节。企业申请转让定价协同管理的，应向深圳海关和深圳市税务局同时书面提交《关联进口货物转让定价协同管理申请表》，并按海关总署令第236号和税务64号公告有关规定，提交《海关预裁定申请书（价格）》和《税务预约定价安排筹备会谈申请书》及相关资料。深圳海关或深圳市税务局收到企业申请后，应当在企业申请之日起 10 日内联合确定企业是否符合受理条件，在《协同管理申请表》中填写受理意见，由受理部门送达企业。

其次，协同管理的评估与协商阶段。深圳海关和深圳市税务局受理企业申请后，应当在受理之日起 15 日内启动联合评估工作，与企业就关联进口价格进行协商。联合评估及协商期间，深圳海关与深圳市税务局可以要求企业补充提交相应资料，企业应当在规定时限内提交。双方可视工作需要各自或联合访谈企业或者对企业进行实地核查。

再次，签署协同管理备忘录。深圳海关与深圳市税务局协商达成一致意见的，应与企业签署《协同管理备忘录》。同时，深圳海关作出价格预裁定，深圳税务局与企业达成预约定价安排。

最后，备忘录执行阶段。签署《协同管理备忘录》后，企业除需按照海关价格预裁定文本和税务预约定价安排文本做好执行工作外，还需在适用期间每个年度终了后 6 个月内提交执行情况的纸质版和电子版年度报告，说明报告期内企业经营情况以及执行协同管理情况。《协同管理备忘录》执行期满后自动失效。企业可以在备忘录期满之日前 90 日内向深圳海关与深圳税务局提出续签申请。

3. 未 来 展 望

3.1 对加快自然人智慧税务征管体系建设的思考

3.1.1 增进大数据技术应用有助于切实提高自然人税收治理综合效能

大数据技术的应用发展使税务机关具备了更强大的数据分析和利用能力，快速推进了我国包括个人所得税在内的自然人税收征管现代化和信息化进程。2020 年以来，在大数据技术的支持下，我国税务机关构建的税收大数据信息系统每年均较好地完成了以亿人次计的个人所得税纳税申报和汇算清缴工作，在征纳效率效能上实现了由量到质的飞跃提升，确保了个人所得税法改革的顺利贯彻落实到位。就《意见》在近两年来的实践及发展趋势来看，未来大数据在我国税收工作中的应用有望在以下方面发挥更大的作用。

（1）加快推进税收征管提质增效。税务机关将大数据技术应用于自然人涉税征管，并相应加强税源管控和税收风险管理，必将全面推动自然人征管方式的转型升级和智能优化，从传统的人工经验管理转向了更科学有效的"以数治税"，从而改变了原先粗放的无差别管理及其所带来的风险难控、流失难堵、征纳效率低下的状况，在海量涉税事务的分类分级管理监控中，大力促进了税务机关的工作实效。

（2）助推优化税收专业服务。在税收大数据技术和其他先进方法手段工具的帮助下，税务部门不断推进税收领域"放管服"改革，精简授权事项，减少办税资料报送，简化办税流程，明显降低了纳税人的制度性交易成本。在自然人办税方面，个人纳税申报和咨询功能可以延伸到互联网所及各行业领域，通过 12366 服务热线、个税 App 和电子税务局办税服务平台应用等的逐步健全，着力加强了与纳税人的适时互动；系统支付功能不断丰富拓展，增加优化了网上银行、手机银行、支付宝和微信等多种缴税方式，让纳税人享受到了高效、便捷的办税服务，办税体验、满意度获得了极大的提升。

（3）助力构建新时代的高质量发展新格局。税收大数据应用在信息掌控规模、处理速度等方面所具有的显著优势，可以使税务部门以税收数据更广阔和深度的挖掘为重点，更准确及时地反映经济社会变化发展形势；通过全面系统深入和更具前瞻性的税收经济分析判断，助益国家宏观决策行稳致远，从而确保经济社会的高质量治理发挥出更大化作用。

3.1.2 加快自然人智慧税务征管体系建设

第一，智能优化税收服务。现代信息技术的突飞猛进为涉税服务的智能化发展带来了难得机遇，税务机关在近几年来不断深化以纳税人为中心的理念，不断创新纳税服务模式，个人所得税征纳方式的选择适用更加便捷多样。

但现行自然人税收征管下的纳税服务实践还存在不足，智能化水平有待进一步提高。以个人所得税为例，现行的网上申报征纳方式执行效果仍依赖于纳税人（尤其是自然人群体）的主动注册、完善个人信息与申报纳税；有数据显示纳税人自行申报填写的出错率较高，非综合所得不能适用个税 App 操作完成，还需税务机关逐一通知更正信息、申报情况或者通过人工通道进行申报，在现阶段反映会有增加纳税人的遵从成本。此外，自然人群体（尤其是高收入群体）收入来源多样且隐蔽，发生少报错报不报的情况，造成税款流失的情形尚未能很好解决，有违直接税更需侧重展现的税收公平原则实践。

自然人税收服务应继续向智能化方向发展改进。除继续完善现行个人所得税法制度外，《意见》中已经明确，到 2025 年，我国税务机关应通过大数据等现代信息技术实现数据的自动提取和智能化处理，自动匹配和关联纳税人信息、自动计算税额、自动填写信息和申报纳税，简化纳税人操作步骤，解决好纳税人在办税过程中产生的各种问题。此外，提升税收专业服务的智能化水平，还需增进提供有针对性、差异化的精细优质服务。

第二，加强纳税人信用管理。目前，我国纳税信用评价与修复管理实施更多还是针对企业纳税人开展，自然人纳税群体信用管理处于初步启动阶段。因此，推进自然人纳税人识别号制度立法是进一步深化个人所得税等直接税纳税人信用管理的基础性环节，能够为加强自然人纳税群体的税源监控提供制度性保障，更好地调节个人收入分配差距、维护税收公平。

纵观市场经济发达国家，对自然人的税收信用管理极为重视。在我国提高直接税比重、持续深化个人所得税制改革的背景下，全国统一的自然人电子税务局运行创建了良好开端，但是由于开发运转时间较短，还存在一些不足之处：一是我国自然人纳税信用数据库的涉税信息还不够全面精确，数据的真实性、有效性、准确性存在一定问题；二是我国尚未建立起全国统一的自然人纳税信用信息共享平台，对自然人的有效监控管理不足。因此，有必要在自然人电子税务局软件系统数字化升级和智能化改造的进程中，加快健全全国统一的自然人纳税信用档案库。自然人纳税信用档案库以自然人纳税人识别号制度为基础，将税务系统采集的与纳税人识别号所关联的各类涉税信息归集起来，建立起"一人一号码一档案"的纳税人身份信用管理制度，对其各类涉税信息进行筛选整合处理，自动生成自然人纳税人的信用档案；并应进一步加大金融保险、海关、社会保障部门等相关协作单位之间对自然人纳税信用信息的共享共建共治。

第三，加强自然人纳税风险精准监察。至今，我国的纳税风险管理主要集中在企业纳税人涉税方面，人工智能技术的应用也主要是为企业纳税人进行"扫描画像"，相比而言对自然人的纳税风险管理较弱。为进一步提高个税等直接税征管的信息化水平，深入推动自然人税收征管改革进程，应加快建立自然人动态风险监管体系。

建立自然人动态风险监管体系可以借鉴对企业纳税人的风险管理经验，分事前预先提醒、事中持续监督管控、事后及时反馈改进三个环节细化展开。在风险事前预先提醒方面，税务机关可以充分运用大数据技术对自然人多渠道、多来源等不同性质的涉税收入信息进行深度挖掘。近年来，伴随着大数据分析工具的不断创新和多领域应用发展，纳税人的涉税信息已逐渐实现线上"云储存""云联通"，"云计算"已经成为可能。首先，税务机关可以依托内置机器学习算法、大数据技术、区块链等技术增进自然人的涉税信息自动分析，从而相应识别出自然人的具体涉税风险，构建起自然人个人所得税动态风险监管模型，在事前就针对性跟进对相关风险较高的自然人纳税人群体进行风险提示及个性化纳税服务指导；其次，在事中进行风险持续监督管理，即通过自然人动态风险监管模型对纳税人的相关涉税指标进行持续性地观察分析和监督，精准地识别和研判该纳税人的涉税风险；最后，通过采取具体风险管控举措及事后风险及时反馈将自然人的税收风险报告自动记入其纳税信用档案，若纳税人及时完成税款缴纳，该风险等级则会调低并修复为正常状态。自然人动态风险监管可保障自然人税收征管效率，使税务机关大力增强自然人风险管控绩效。

高净值人群是自然人群体中流动性更强的部分，在收入、所得、财产分布上显著存在多样化、国际化、隐蔽性强等特点，税收征管难度高，直接税流失问题十分突出。"十四五"规划指出要"完善再分配机制，加大税收、社保、转移支付等调节力度和精准性"。对此，在构建自然人动态风险监管体系的过程中，须将高收入高净值人群风险管控作为重中之重，加强对年所得超过200万元的重点人群的纳税风险审查。

3.2 对提升"税收宣传月"活动实效、助力税收现代化的相关思考

党的十九届四中全会提出了"坚持和完善中国特色社会主义制度、推动国家治理体系和治理能力现代化"的新目标；党的二十大报告强调，必须巩固壮大奋进新时代的主流思想舆论，加强全媒体传播体系建设。新时代税收宣传工作是税收现代化服务中国式现代化的重要组成部分，在奋进新征程背景下，应强化新技术新应用，打造更具中国特色社会主义市场经济发展所需的，具有强大传播力、引导力、影响力、公信力的税收宣传新机制，发挥好"税收宣传月"新闻服务品牌所产生的倍增效应。

第一，在坚持完善与发扬人民税收观的定位下，要持续不断将税收"围绕中心、反映经济形势，回应社会关切、服务政治大局"作为"税收宣传月"活动主线与时俱进拓展优化。这既是我国社会主义国家税收制度特色的必然体现，更是响应时代发展诉求，发扬光大治国理政中税收基础性、支柱性、保障性功能作用的鲜明表达。

第二，在发展新阶段里，"税收宣传月"主题应着力凝练反映税收推动经济社会高质量发展的实践新情况。近年来，税务部门都在积极努力以各种角度

和深度，以各种形式为"税"发声，服务、助力和促进"经济高质量发展"。建议在不断适应新媒体生态环境条件变化、增强税收宣传舆论引导的实效中，侧重优化展现以下税收新闻宣传的时代化功能：一是激发、调动全社会税收力量，更好地凝聚税收宣传合力，探索发挥全国税收"新闻流"功效；二是提高"云端"传播系统使用效益，探索实践税收"新闻云"功能，尽力缩短税收宣传与所反映实践改革情势之间的时滞；三是探索建设融新闻发布、政务公开、在线问政参政等内容和功效于一体的税收"新闻＋政务＋服务"新模式，全景式彰显社会主义现代化税收"取之于民、用之于民、造福于民"的性质，更好地让税收现代化助力实现中国式现代化。

在深入学习贯彻习近平总书记关于"牢牢把握高质量发展这个首要任务，因地制宜发展新质生产力"① "加强经济宣传和舆论引导，唱响中国经济光明论"② 等重要指示的精神基础上，国家税务总局把2024年的全国税收宣传月活动主题定位为"税助发展　向新而进"；并通过视频展播、情景演绎等多种形式，多维度、立体式首次联合推出了重点税收宣传项目推介活动，有力营造了全国税务部门助力加快形成新质生产力、服务经济社会高质量发展的宣传新亮点③。

3.3　进一步优化税务海关协同管理的思考

目前，以深圳为代表的沿海区域已逐渐推行税务海关转让定价协同管理机制，但从全国来看，税收转让定价监管体系中的部门信息孤岛现象尚未全部消除，税务与海关之间还没有形成统一的执法监管合力，制约了税收效能的全面提升。

在深圳等地的局部创新试点做法总结基础上，应当适时建立全国统一的涉税信息交换协作平台，将海关、税务、财政、外汇管理、公安、金融保险、社会中介服务等各个相关部门、组织的风险监管信息共享，通过签署部门间涉税合作备忘录提供安全稳定便捷渠道，互联互通企业的非涉密相应涉税数据，为核实比对纳税企业的有关义务行为真实性、准确性提供依据，进一步为依法开展监管稽查提供强有力的条件保证。应树立全面服务和大监管理念，税务机关

---

① 习近平在参加江苏代表团审议时强调：因地制宜发展新质生产力［EB/OL］.（2024－03－05）. https：//www. gov. cn/yaowen/liebiao/202403/content_6936752. htm.

② 中央经济工作会议在北京举行——习近平发表重要讲话　李强作总结讲话　赵乐际王沪宁蔡奇丁薛祥李希出席会议［EB/OL］.（2023－12－13）. http：//www. newshcn/mrdx/2023－12/13/c_1310755108. htm.

③ 税助发展向新而进！国家税务总局启动第33个全国税收宣传月［EB/OL］.（2024－03－30）. https：//baijiahao. baidu. com/s?id=1794911393949662955&wfr=spider&for=pc.

需联合外贸、海关缉私部门等健全制度化、常态化科学可行的税务海关协同转让定价管理机制。

拟定标准合规的行业自律管理处置规范，是推进企业规约转让定价行为管理、促其自律健康发展的重要保障。企业 AEO 认证是海关针对外贸企业信用管理的核心工作，通过持续倡导企业培育"守信激励，失信惩戒"意识，目的是客观、真实地反映进出口企业的信用状况，并帮助企业建立一套规范的信用管理制度，促进企业自觉守法规范运营；最终的目标则是实现一个全球各国海关之间相互认可的 AEO 体系，海关与企业都能从中获取更高的工作效率和竞争力。在现行国际通行惯例中，实行 AEO 体系制度①具有重要现实意义。目前中国海关已经与韩国、欧盟、日本等国家和组织先后磋商 AEO 认证合作，并取得了阶段性的成果。

信用管理的基础是企业分类管理。企业分类管理，可以将有限的监管资源配置到高风险领域，根据风险值的高低分别确定不同的监管策略：对高信用等级的企业，实施"监而不管"的原则，仅要求企业向海关传送同期与对外经贸业务相关的生产经营数据，不予实施实地稽核，营造全过程无干扰的营商环境；而对高风险企业，则实施"监管双重"原则，既对其赋予更多的信息披露义务，更强化后续监督，加大实地稽核力度，并执行差别化稽查作业和风险布控处置，提高监管针对性和准确性，克服被动性和随意性，最大限度打击走私违法活动，同时将对守法企业的负面影响降到最低。

在优化税务机关的出口退税管理工作中，应加快增值税制度和相应出口退税政策立法进程，增强增值税出口退税法治管理的权威性、系统性、稳定性和透明度；打破信息壁垒，强化相关部门协同治理，促进出口退税管理牵涉到的各方力量、法治资源等的有机整合，持久提高打击出口骗税违法犯罪力度。

参考文献：

[1] 戴晓玲. 税收宣传信息化建设路径探索 [J]. 税务研究，2023（7）：138－142.

[2] 邓嵩松，赵宏烨. 我国出口退税制度的运行现状与改革思考 [J]. 国际税收，2023（10）：68－73.

[3] 第 32 个全国税收宣传月 4 月 1 日启动！看看各地活动有啥亮点

---

① AEO（authorized economic operator）体系是由世界海关组织推行的一种国际贸易安全认证机制，旨在加强国际贸易供应链的安全性和效率。通过 AEO 认证的企业可享受一系列优惠和便利措施，如加快通关、减少检查次数、降低关税等。

［EB/OL］．（2023－04－02）．https：//www.chinatax.gov.cn/chinatax/n810219/n810739/c5186144/content.html.

［4］杜小娟．大数据视域下个人所得税征管问题研究［J］．税务研究，2021（9）：135－140.

［5］国家税务总局深圳市税务局．深圳海关、深圳税务签署优化服务与监管合作［EB/OL］．（2022－11－30）．https：//shenzhen.chinatax.gov.cn/dpxqswj/gzdt/202211/e621647ea6d545d68719caec36daf13a.shtml.

［6］黄诗睿，李乐，邓力平．新时代中国特色社会主义税收迎来新发展［J］．中国税务，2019（12）：10－13.

［7］刘昊．人工智能在税收风险管理中的应用探析［J］．税务研究，2020（5）：79－82.

［8］吕冰洋，李昭逸．税收精准调节收入分配的作用机理分析［J］．税务研究，2023（7）：11－15.

［9］深圳海关　国家税务总局深圳市税务局　关于实施关联进口货物转让定价协同管理有关事项的通告（深关税〔2022〕62号）［EB/OL］．（2022－05－18）．https：//shenzhen.chinatax.gov.cn/sztax/xxgk/tzgg/202205/6576bebfd0454258a62236c6da7ae94c.shtml.

［10］王葛杨．第三方信息在个人所得税征管中的应用初探［J］．国际税收，2020（3）：35－39.

［11］中国注册会计师协会．税法［M］．北京：中国财政经济出版社，2023.

［12］中华人民共和国中央人民政府网．"金砖税务最佳实践"首批案例发布［EB/OL］．（2022－11－04）．https：//www.gov.cn/xinwen/2022－11/04/content_5724233.htm.

附　　录

附录一　关于进一步深化税收征管改革的意见[*]

近年来，我国税收制度改革不断深化，税收征管体制持续优化，纳税服务和税务执法的规范性、便捷性、精准性不断提升。为深入推进税务领域"放管服"改革，完善税务监管体系，打造市场化法治化国际化营商环境，更好服务市场主体发展，现就进一步深化税收征管改革提出如下意见。

一、总体要求

（一）指导思想。以习近平新时代中国特色社会主义思想为指导，全面贯彻党的十九大和十九届二中、三中、四中、五中全会精神，围绕把握新发展阶段、贯彻新发展理念、构建新发展格局，深化税收征管制度改革，着力建设以服务纳税人缴费人为中心、以发票电子化改革为突破口、以税收大数据为驱动力的具有高集成功能、高安全性能、高应用效能的智慧税务，深入推进精确执法、精细服务、精准监管、精诚共治，大幅提高税法遵从度和社会满意度，明显降低征纳成本，充分发挥税收在国家治理中的基础性、支柱性、保障性作用，为推动高质量发展提供有力支撑。

（二）工作原则。坚持党的全面领导，确保党中央、国务院决策部署不折不扣落实到位；坚持依法治税，善于运用法治思维和法治方式深化改革，不断优化税务执法方式，着力提升税收法治化水平；坚持为民便民，进一步完善利企便民服务措施，更好满足纳税人缴费人合理需求；坚持问题导向，着力补短板强弱项，切实解决税收征管中的突出问题；坚持改革创新，深化税务领域"放管服"改革，推动税务执法、服务、监管的理念和方式手段等全方位变革；坚持系统观念，统筹推进各项改革措施，整体性集成式提升税收治理

[*] 中共中央办公厅　国务院办公厅印发《关于进一步深化税收征管改革的意见》［EB/OL］.（2021 - 03 - 24）. http://www.xinhuanet.com/politics/zywj/2021 - 03/24/c_1127251062. htm.

效能。

（三）主要目标。到 2022 年，在税务执法规范性、税费服务便捷性、税务监管精准性上取得重要进展。到 2023 年，基本建成"无风险不打扰、有违法要追究、全过程强智控"的税务执法新体系，实现从经验式执法向科学精确执法转变；基本建成"线下服务无死角、线上服务不打烊、定制服务广覆盖"的税费服务新体系，实现从无差别服务向精细化、智能化、个性化服务转变；基本建成以"双随机、一公开"监管和"互联网＋监管"为基本手段、以重点监管为补充、以"信用＋风险"监管为基础的税务监管新体系，实现从"以票管税"向"以数治税"分类精准监管转变。到 2025 年，深化税收征管制度改革取得显著成效，基本建成功能强大的智慧税务，形成国内一流的智能化行政应用系统，全方位提高税务执法、服务、监管能力。

二、全面推进税收征管数字化升级和智能化改造

（四）加快推进智慧税务建设。充分运用大数据、云计算、人工智能、移动互联网等现代信息技术，着力推进内外部涉税数据汇聚联通、线上线下有机贯通，驱动税务执法、服务、监管制度创新和业务变革，进一步优化组织体系和资源配置。2022 年基本实现法人税费信息"一户式"、自然人税费信息"一人式"智能归集，2023 年基本实现税务机关信息"一局式"、税务人员信息"一员式"智能归集，深入推进对纳税人缴费人行为的自动分析管理、对税务人员履责的全过程自控考核考评、对税务决策信息和任务的自主分类推送。2025 年实现税务执法、服务、监管与大数据智能化应用深度融合、高效联动、全面升级。

（五）稳步实施发票电子化改革。2021 年建成全国统一的电子发票服务平台，24 小时在线免费为纳税人提供电子发票申领、开具、交付、查验等服务。制定出台电子发票国家标准，有序推进铁路、民航等领域发票电子化，2025 年基本实现发票全领域、全环节、全要素电子化，着力降低制度性交易成本。

（六）深化税收大数据共享应用。探索区块链技术在社会保险费征收、房地产交易和不动产登记等方面的应用，并持续拓展在促进涉税涉费信息共享等领域的应用。不断完善税收大数据云平台，加强数据资源开发利用，持续推进与国家及有关部门信息系统互联互通。2025 年建成税务部门与相关部门常态化、制度化数据共享协调机制，依法保障涉税涉费必要信息获取；健全涉税涉费信息对外提供机制，打造规模大、类型多、价值高、颗粒度细的税收大数据，高效发挥数据要素驱动作用。完善税收大数据安全治理体系

和管理制度，加强安全态势感知平台建设，常态化开展数据安全风险评估和检查，健全监测预警和应急处置机制，确保数据全生命周期安全。加强智能化税收大数据分析，不断强化税收大数据在经济运行研判和社会管理等领域的深层次应用。

三、不断完善税务执法制度和机制

（七）健全税费法律法规制度。全面落实税收法定原则，加快推进将现行税收暂行条例上升为法律。完善现代税收制度，更好发挥税收作用，促进建立现代财税体制。推动修订税收征收管理法、反洗钱法、发票管理办法等法律法规和规章。加强非税收入管理法制化建设。

（八）严格规范税务执法行为。坚持依法依规征税收费，做到应收尽收。同时，坚决防止落实税费优惠政策不到位、征收"过头税费"及对税收工作进行不当行政干预等行为。全面落实行政执法公示、执法全过程记录、重大执法决定法制审核制度，推进执法信息网上录入、执法程序网上流转、执法活动网上监督、执法结果网上查询，2023年基本建成税务执法质量智能控制体系。不断完善税务执法及税费服务相关工作规范，持续健全行政处罚裁量基准制度。

（九）不断提升税务执法精确度。创新行政执法方式，有效运用说服教育、约谈警示等非强制性执法方式，让执法既有力度又有温度，做到宽严相济、法理相融。坚决防止粗放式、选择性、"一刀切"执法。准确把握一般涉税违法与涉税犯罪的界限，做到依法处置、罚当其责。在税务执法领域研究推广"首违不罚"清单制度。坚持包容审慎原则，积极支持新产业、新业态、新模式健康发展，以问题为导向完善税务执法，促进依法纳税和公平竞争。

（十）加强税务执法区域协同。推进区域间税务执法标准统一，实现执法信息互通、执法结果互认，更好服务国家区域协调发展战略。简化企业涉税涉费事项跨省迁移办理程序，2022年基本实现资质异地共认。持续扩大跨省经营企业全国通办涉税涉费事项范围，2025年基本实现全国通办。

（十一）强化税务执法内部控制和监督。2022年基本构建起全面覆盖、全程防控、全员有责的税务执法风险信息化内控监督体系，将税务执法风险防范措施嵌入信息系统，实现事前预警、事中阻断、事后追责。强化内外部审计监督和重大税务违法案件"一案双查"，不断完善对税务执法行为的常态化、精准化、机制化监督。

四、大力推行优质高效智能税费服务

（十二）确保税费优惠政策直达快享。2021年实现征管操作办法与税费优惠政策同步发布、同步解读，增强政策落实的及时性、确定性、一致性。进一步精简享受优惠政策办理流程和手续，持续扩大"自行判别、自行申报、事后监管"范围，确保便利操作、快速享受、有效监管。2022年实现依法运用大数据精准推送优惠政策信息，促进市场主体充分享受政策红利。

（十三）切实减轻办税缴费负担。积极通过信息系统采集数据，加强部门间数据共享，着力减少纳税人缴费人重复报送。全面推行税务证明事项告知承诺制，拓展容缺办理事项，持续扩大涉税资料由事前报送改为留存备查的范围。

（十四）全面改进办税缴费方式。2021年基本实现企业税费事项能网上办理，个人税费事项能掌上办理。2022年建成全国统一规范的电子税务局，不断拓展"非接触式""不见面"办税缴费服务。逐步改变以表单为载体的传统申报模式，2023年基本实现信息系统自动提取数据、自动计算税额、自动预填申报，纳税人缴费人确认或补正后即可线上提交。

（十五）持续压减纳税缴费次数和时间。落实《优化营商环境条例》，对标国际先进水平，大力推进税（费）种综合申报，依法简并部分税种征期，减少申报次数和时间。扩大部门间数据共享范围，加快企业出口退税事项全环节办理速度，2022年税务部门办理正常出口退税的平均时间压缩至6个工作日以内，对高信用级别企业进一步缩短办理时间。

（十六）积极推行智能型个性化服务。全面改造提升12366税费服务平台，加快推动向以24小时智能咨询为主转变，2022年基本实现全国咨询"一线通答"。运用税收大数据智能分析识别纳税人缴费人的实际体验、个性需求等，精准提供线上服务。持续优化线下服务，更好满足特殊人员、特殊事项的服务需求。

（十七）维护纳税人缴费人合法权益。完善纳税人缴费人权利救济和税费争议解决机制，畅通诉求有效收集、快速响应和及时反馈渠道。探索实施大企业税收事先裁定并建立健全相关制度。健全纳税人缴费人个人信息保护等制度，依法加强税费数据查询权限和留痕等管理，严格保护纳税人缴费人及扣缴义务人的商业秘密、个人隐私等，严防个人信息泄露和滥用等。税务机关和税务人员违反有关法律法规规定、因疏于监管造成重大损失的，依法严肃追究责任。

五、精准实施税务监管

（十八）建立健全以"信用 + 风险"为基础的新型监管机制。健全守信激励和失信惩戒制度，充分发挥纳税信用在社会信用体系中的基础性作用。建立健全纳税缴费信用评价制度，对纳税缴费信用高的市场主体给予更多便利。在全面推行实名办税缴费制度基础上，实行纳税人缴费人动态信用等级分类和智能化风险监管，既以最严格的标准防范逃避税，又避免影响企业正常生产经营。健全以"数据集成 + 优质服务 + 提醒纠错 + 依法查处"为主要内容的自然人税费服务与监管体系。依法加强对高收入高净值人员的税费服务与监管。

（十九）加强重点领域风险防控和监管。对逃避税问题多发的行业、地区和人群，根据税收风险适当提高"双随机、一公开"抽查比例。对隐瞒收入、虚列成本、转移利润以及利用"税收洼地""阴阳合同"和关联交易等逃避税行为，加强预防性制度建设，加大依法防控和监督检查力度。

（二十）依法严厉打击涉税违法犯罪行为。充分发挥税收大数据作用，依托税务网络可信身份体系对发票开具、使用等进行全环节即时验证和监控，实现对虚开骗税等违法犯罪行为惩处从事后打击向事前事中精准防范转变。健全违法查处体系，充分依托国家"互联网 + 监管"系统多元数据汇聚功能，精准有效打击"假企业"虚开发票、"假出口"骗取退税、"假申报"骗取税费优惠等行为，保障国家税收安全。对重大涉税违法犯罪案件，依法从严查处曝光并按照有关规定纳入企业和个人信用记录，共享至全国信用信息平台。

六、持续深化拓展税收共治格局

（二十一）加强部门协作。大力推进会计核算和财务管理信息化，通过电子发票与财政支付、金融支付和各类单位财务核算系统、电子档案管理信息系统的衔接，加快推进电子发票无纸化报销、入账、归档、存储。持续深化"银税互动"，助力解决小微企业融资难融资贵问题。加强情报交换、信息通报和执法联动，积极推进跨部门协同监管。

（二十二）加强社会协同。积极发挥行业协会和社会中介组织作用，支持第三方按市场化原则为纳税人提供个性化服务，加强对涉税中介组织的执业监管和行业监管。大力开展税费法律法规的普及宣传，持续深化青少年税收法治教育，发挥税法宣传教育的预防和引导作用，在全社会营造诚信纳税的浓厚氛围。

（二十三）强化税收司法保障。公安部门要强化涉税犯罪案件查办工作力量，做实健全公安派驻税务联络机制。实行警税双方制度化、信息化、常态化联合办案，进一步畅通行政执法与刑事执法衔接工作机制。检察机关发现负有税务监管相关职责的行政机关不依法履责的，应依法提出检察建议。完善涉税司法解释，明晰司法裁判标准。

（二十四）强化国际税收合作。深度参与数字经济等领域的国际税收规则和标准制定，持续推动全球税收治理体系建设。落实防止税基侵蚀和利润转移行动计划，严厉打击国际逃避税，保护外资企业合法权益，维护我国税收利益。不断完善"一带一路"税收征管合作机制，支持发展中国家提高税收征管能力。进一步扩大和完善税收协定网络，加大跨境涉税争议案件协商力度，实施好对所得避免双重征税的双边协定，为高质量引进来和高水平走出去提供支撑。

七、强化税务组织保障

（二十五）优化征管职责和力量。强化市县税务机构在日常性服务、涉税涉费事项办理和风险应对等方面的职责，适当上移全局性、复杂性税费服务和管理职责。不断优化业务流程，合理划分业务边界，科学界定岗位职责，建立健全闭环管理机制。加大人力资源向风险管理、税费分析、大数据应用等领域倾斜力度，增强税务稽查执法力量。

（二十六）加强征管能力建设。坚持更高标准、更高要求，着力建设德才兼备的高素质税务执法队伍，加大税务领军人才和各层次骨干人才培养力度。高质量建设和应用学习兴税平台，促进学习日常化、工作学习化。

（二十七）改进提升绩效考评。在实现税务执法、税费服务、税务监管行为全过程记录和数字化智能归集基础上，推动绩效管理渗入业务流程、融入岗责体系、嵌入信息系统，对税务执法等实施自动化考评，将法治素养和依法履职情况作为考核评价干部的重要内容，促进工作质效持续提升。

八、认真抓好贯彻实施

（二十八）加强组织领导。各地区各有关部门要增强"四个意识"、坚定"四个自信"、做到"两个维护"，切实履行职责，密切协调配合，确保各项任务落地见效。税务总局要牵头组织实施，积极研究解决工作推进中遇到的重大问题，加强协调沟通，抓好贯彻落实。地方各级党委和政府要按照税务系统实行双重领导管理体制的要求，在依法依规征税收费、落实减税降费、推进税收共治、强化司法保障、深化信息共享、加强税法普及、强化经费保障等方面提供支持。

（二十九）加强跟踪问效。在税务领域深入推行"好差评"制度，适时开展监督检查和评估总结，减轻基层负担，促进执法方式持续优化、征管效能持续提升。

（三十）加强宣传引导。税务总局要会同有关部门认真做好宣传工作，准确解读便民利企政策措施，及时回应社会关切，正确引导社会预期，营造良好舆论氛围。

附录二　中国支持高质量共建"一带一路"的八项行动*

一、构建"一带一路"立体互联互通网络

中方将加快推进中欧班列高质量发展，参与跨里海国际运输走廊建设，办好中欧班列国际合作论坛，会同各方搭建以铁路、公路直达运输为支撑的亚欧大陆物流新通道。积极推进"丝路海运"港航贸一体化发展，加快陆海新通道、空中丝绸之路建设。

二、支持建设开放型世界经济

中方将创建"丝路电商"合作先行区，同更多国家商签自由贸易协定、投资保护协定。全面取消制造业领域外资准入限制措施。主动对照国际高标准经贸规则，深入推进跨境服务贸易和投资高水平开放，扩大数字产品等市场准入，深化国有企业、数字经济、知识产权、政府采购等领域改革。中方将每年举办"全球数字贸易博览会"。未来5年（2024～2028年），中国货物贸易、服务贸易进出口额有望累计超过32万亿美元、5万亿美元。

三、开展务实合作

中方将统筹推进标志性工程和"小而美"民生项目。中国国家开发银行、中国进出口银行将各设立3 500亿元人民币融资窗口，丝路基金新增资金800亿元人民币，以市场化、商业化方式支持共建"一带一路"项目。本届高峰论坛期间举行的企业家大会达成了972亿美元的项目合作协议。中方还将实施1 000个小型民生援助项目，通过鲁班工坊等推进中外职业教育合作，并同各方加强对共建"一带一路"项目和人员安全保障。

四、促进绿色发展

中方将持续深化绿色基建、绿色能源、绿色交通等领域合作，加大对"一带一路"绿色发展国际联盟的支持，继续举办"一带一路"绿色创新大会，建设光伏产业对话交流机制和绿色低碳专家网络。落实"一带一路"绿

---

* 人民日报．中国支持高质量共建"一带一路"的八项行动［EB/OL］．（2023 - 10 - 20）．http：//gd. people. cn/n2/2023/1020/c123932 - 40610231. html.

色投资原则，到 2030 年为伙伴国开展 10 万人次培训。

五、推动科技创新

中方将继续实施"一带一路"科技创新行动计划，举办首届"一带一路"科技交流大会，未来 5 年把同各方共建的联合实验室扩大到 100 家，支持各国青年科学家来华短期工作。中方将在本届论坛上提出全球人工智能治理倡议，愿同各国加强交流和对话，共同促进全球人工智能健康有序安全发展。

六、支持民间交往

中方将举办"良渚论坛"，深化同共建"一带一路"国家的文明对话。

在已经成立丝绸之路国际剧院、艺术节、博物馆、美术馆、图书馆联盟的基础上，成立丝绸之路旅游城市联盟。

继续实施"丝绸之路"中国政府奖学金项目。

七、建设廉洁之路

中方将会同合作伙伴发布《"一带一路"廉洁建设成效与展望》，推出《"一带一路"廉洁建设高级原则》，建立"一带一路"企业廉洁合规评价体系，同国际组织合作开展"一带一路"廉洁研究和培训。

八、完善"一带一路"国际合作机制

中方将同共建"一带一路"各国加强能源、税收、金融、绿色发展、减灾、反腐败、智库、媒体、文化等领域的多边合作平台建设。继续举办"一带一路"国际合作高峰论坛，并成立高峰论坛秘书处。

附录三　关于修订发布《西南区域税务行政处罚裁量基准》的公告*

国家税务总局重庆市税务局　国家税务总局四川省税务局
国家税务总局贵州省税务局　国家税务总局云南省税务局
国家税务总局西藏自治区税务局关于修订发布《西南区域
税务行政处罚裁量基准》的公告

2024 年第 1 号

为进一步规范税务行政处罚裁量权行使，国家税务总局重庆市、四川省、贵州省、云南省、西藏自治区税务局对《西南区域税务行政处罚裁量基准》进行了修订，现予以发布。

本公告自 2024 年 8 月 1 日起施行。《国家税务总局重庆市税务局　国家税务总局四川省税务局　国家税务总局贵州省税务局　国家税务总局云南省税务局　国家税务总局西藏自治区税务局关于发布〈西南区域税务行政处罚裁量基准〉的公告》（2023 年第 4 号）同时废止。特此公告。

附件：西南区域税务行政处罚裁量基准

国家税务总局重庆市税务局　国家税务总局四川省税务局
国家税务总局贵州省税务局　国家税务总局云南省税务局
国家税务总局西藏自治区税务局
2024 年 6 月 21 日

---

* 关于修订发布《西南区域税务行政处罚裁量基准》的公告［EB/OL］.（2024 - 06 - 21）. https：//yunnan. chinatax. gov. cn/art/2024/7/4/art_3908_9885. html.

附件：

西南区域税务行政处罚裁量基准

违法行为种类	序号	代码	违法行为名称	法定依据	适用条件	具体标准	备注
一、税务登记类	1	101	纳税人未按照规定的期限申报办理税务登记、变更或者注销登记	《中华人民共和国税收征收管理法》第六十条第一款：纳税人有下列行为之一的，由税务机关责令限期改正，可以处2000元以下的罚款；情节严重的，处2000元以上1万元以下的罚款：（一）未按照规定的期限申报办理税务登记、变更或者注销登记的。《税务登记管理办法》（国家税务总局令第7号公布，第36号、第44号、第48号修改）第四十条：纳税人未按照规定办理税务登记、变更或者注销登记的，税务机关应当自发现之日起3日内责令其限期改正。逾期未改正的，依照《税收征管法》第六十条第一款的规定处罚。（《税务登记管理办法》（国家税务总局令第7号公布，第44号、第48号修改））	在税务机关发现前主动改正或者在税务机关责令限期改正的期限内改正的	50元	实行"一照一码"的纳税人未按照规定的期限办理税务登记的不适用本本项
					未在税务机关责令限期改正的期限内改正的	50~2000元	
					情节严重的	2000~1万元	
	2	102	纳税人未按照规定使用税务登记证件，或者转借、涂改、损毁、买卖、伪造税务登记证件	《中华人民共和国税收征收管理法》第六十条第三款：纳税人未按照规定使用税务登记证件，或者转借、涂改、损毁、买卖、伪造税务登记证件的，处2000元以上1万元以下的罚款；情节严重的，处1万元以上5万元以下的罚款	在税务机关发现前主动改正或者在税务机关责令限期改正的期限内改正的	2000元	
					未在税务机关责令限期改正的期限内改正的	2000~1万元	
					情节严重的	1万~5万元	

续表

违法行为种类	序号	违法行为		法定依据	适用条件	具体标准	备注
		代码	名称				
一、税务登记类	3	103	扣缴义务人未按照规定办理扣缴税款登记	《税务登记管理办法》（国家税务总局令第7号公布，第36号、第44号、第48号修改）第四十二条：扣缴义务人未按照规定办理扣缴税款登记的，税务机关应当自发现之日起3日内责令其限期改正，并可处以1000元以下的罚款	在税务机关发现前主动改正或者在税务机关责令限期改正的期限内改正的	50元	
					未在税务机关责令限期改正的期限内改正的	50~500元	
					情节严重的	500~1000元	
	4	104	银行和其他金融机构未依法在从事生产、经营的纳税人的账户中登记税务登记证件号码，或者未按规定在税务登记证件中登录其账户账号的纳税人的账户账号	《中华人民共和国税收征收管理法》第九十二条：银行和其他金融机构未按照税收征管法的规定在从事生产、经营的纳税人的账户中登录税务登记证件号码，或者未按规定在税务登记证件中登录纳税人的账户账号的，由税务机关责令限期改正，处2000元以上2万元以下的罚款；情节严重的，处2万元以上5万元以下的罚款	在税务机关发现前主动改正或者在税务机关责令限期改正的期限内改正的	2000元	
					未在税务机关责令限期改正的期限内改正的	2000~2万元	
					情节严重的	2万~5万元	
	5	105	纳税人未按照规定将其全部银行账号向税务机关报告	《中华人民共和国税收征收管理法》第六十条第一款第（四）项：纳税人有下列行为之一的，由税务机关责令限期改正，可以处二千元以下的罚款；情节严重的，处二千元以上一万元以下的罚款：（四）未按照规定将其全部银行账号向税务机关报告的	五年内首次发生且危害后果轻微，并在税务机关发现前主动改正或者在税务机关责令限期改正的期限内改正的	不予处罚	首违不罚清单事项
					在税务机关发现前主动改正或者在税务机关责令限期改正的（首违不罚除外）	50元	
					未在税务机关责令限期改正的期限内改正的	50~2000元	
					情节严重的	2000~1万元	

违法行为种类	序号	代码	违法行为 名称	法定依据	适用条件	具体标准	备注
一、税务登记类	6	106	境内机构或个人向非居民发包工程作业或提供劳务项目，未按照《非居民承包工程作业和提供劳务税收管理暂行办法》的规定向主管税务机关报告有关事项	《非居民承包工程作业和提供劳务税收管理暂行办法》（国家税务总局令第19号）第三十三条：境内机构或个人发包工程作业项目，未按本办法第五条、第七条、第八条、第九条规定向主管税务机关报告，情节严重的，处2 000元以上10 000元以下的罚款	两年内首次发生且危害后果轻微，并在税务机关发现前主动改正或者在税务机关责令期限内改正的	不予处罚	首违不罚清单事项
					在税务机关发现前主动改正或者在税务机关责令期限内改正的（首违不罚除外）	50 元	
					未在税务机关责令期限内改正的	50~2 000 元	
					情节严重的	2 000~1 万元	
	7	107	纳税人通过提供虚假的证明资料等手段，骗取税务登记证	《税务登记管理办法》（国家税务总局令第7号公布，第36号、第44号、第48号修改）第四十一条：纳税人通过提供虚假的证明资料等手段，骗取税务登记证的，处2 000元以下的罚款；情节严重的，处2 000元以上10 000元以下的罚款。纳税人涉嫌其他违法行为的，按有关法律、行政法规的规定处理	在税务机关发现前主动改正的	50 元	
					未在税务机关责令期限内改正的	50~2 000 元	
					情节严重的	2 000~1 万元	
	8	108	纳税人未按照规定办理税务登记证件验证或者换证手续	《中华人民共和国税收征收管理法实施细则》第九十条：纳税人未按照规定办理税务登记证件验证或者换证手续的，由税务机关责令限期改正，可以处2 000元以下的罚款；情节严重的，处2 000元以上1 万元以下的罚款	五年内首次发生且危害后果轻微，并在税务机关发现前主动改正或者在税务机关责令期限内改正的	不予处罚	首违不罚清单事项
					在税务机关发现前主动改正或者在税务机关责令期限内改正的（首违不罚除外）	50 元	
					未在税务机关责令期限内改正的	50~2 000 元	
					情节严重的	2 000~1 万元	

续表

违法行为种类	序号	违法行为		法定依据	适用条件	具体标准	备注
		代码	名称				
	9	201	纳税人未按照规定的期限办理纳税申报和报送纳税资料，或者扣缴义务人未按照规定的期限向税务机关报送代扣代缴、代收代缴税款报告表和有关资料	《中华人民共和国税收征收管理法》第六十二条：纳税人未按照规定的期限办理纳税申报和报送纳税资料的，或者扣缴义务人未按照规定的期限向税务机关报送代扣代缴、代收代缴税款报告表和有关资料的，由税务机关责令限期改正，可以处2 000元以下的罚款；情节严重的，可以处2 000元以上1万元以下的罚款	纳税人五年内首次未按照规定办理纳税申报和报送纳税资料，或者扣缴义务人五年内首次未按照规定向税务机关报送代扣代缴、代收代缴税款报告表和有关资料，且危害后果轻微，在税务机关发现前主动改正或者在税务机关责令限期改正的期限内改正的	不予处罚	首违不罚清单事项
					属于自然人或个体工商户的纳税人、扣缴义务人	每次逾期未申报处50元罚款，最高不超过200元	逾期未申报按次数按申报期计算，原则上一个月应申报一次（包括当月未申报未申报的所有税种的纳税申报扣缴申报）。可以在多个月份申报的，计入最后月份
					不属于自然人或个体工商户的纳税人、扣缴义务人	每次逾期未申报处100元罚款，最高不超过2 000元	
					情节严重的	2 000～1万元	
二、纳税申报类	10	202	纳税人不进行纳税申报，不缴或者少缴应纳税款	《中华人民共和国税收征收管理法》第六十四条第二款：纳税人不进行纳税申报，不缴或者少缴应纳税款的，由税务机关追缴其不缴或者少缴的税款、滞纳金，并处不缴或者少缴的税款百分之五十以上五倍以下的罚款	配合检查、调查，并在检查、调查期间主动补缴税款的	处不缴或者少缴税款50%的罚款	
					配合检查、调查，未在检查、调查期间主动补缴税款的	处不缴或者少缴税款50%以上1倍以下的罚款	
					不配合检查、调查，或者有其他严重情节的	处不缴或者少缴税款1倍以上5倍以下的罚款	

违法行为种类	序号	代码	违法行为名称	法定依据	适用条件	具体标准	备注
	11	301	纳税人未按照规定设置、保管账簿或者保管记账凭证和有关资料	《中华人民共和国税收征收管理法》第六十条第一款第二项：纳税人有下列行为之一的，由税务机关责令限期改正，可以处二千元以下的罚款；情节严重的，处二千元以上一万元以下的罚款：（二）未按照规定设置、保管账簿或者保管记账凭证和有关资料的	五年内首次发生且危害后果轻微，并在税务机关发现前主动改正或者在税务机关责令限期内改正的	不予处罚	首违不罚清单事项
					在税务机关发现前主动改正或者在税务机关责令限期改正的期限内改正的（首违不罚除外）	50 元	
					未在税务机关责令限期改正的期限内改正的	50 ~ 2 000 元	
					情节严重的	2 000 ~ 1 万元	
三、账簿凭证管理类	12	302	纳税人未按规定将财务、会计制度或者会计处理办法和会计核算软件报送税务机关备查	《中华人民共和国税收征收管理法》第六十条第一款第三项：纳税人有下列行为之一的，由税务机关责令限期改正，可以处二千元以下的罚款；情节严重的，处二千元以上一万元以下的罚款：（三）未按照规定将财务、会计制度或者会计处理办法和会计核算软件报送税务机关备查的	五年内首次发生且危害后果轻微，并在税务机关发现前主动改正或者在税务机关责令限期内改正的	不予处罚	首违不罚清单事项
					在税务机关发现前主动改正或者在税务机关责令限期改正的期限内改正的（首违不罚除外）	50 元	
					未在税务机关责令限期改正的期限内改正的	50 ~ 2 000 元	
					情节严重的	2 000 ~ 1 万元	
	13	303	纳税人未按规定安装、使用税控装置或者损毁或者擅自改动税控装置	《中华人民共和国税收征收管理法》第六十条第一款第五项：纳税人有下列行为之一的，由税务机关责令限期改正，可以处二千元以下的罚款；情节严重的，处二千元以上一万元以下的罚款：（五）未按照规定安装、使用税控装置，或者损毁或者擅自改动税控装置的	未按规定安装、使用税控装置，在税务机关责令限期改正的	50 元	
					未按规定安装、使用税控装置，未在税务机关责令限期改正的期限内改正的	50 ~ 2 000 元	
					损毁或者擅自改动税控装置的，或者有其他严重情节的	2 000 ~ 1 万元	

续表

违法行为种类	序号	违法行为代码	违法行为名称	法定依据	适用条件	具体标准	备注
三、账簿凭证管理类	14	304	扣缴义务人未按照规定设置、保管代扣代缴、代收代缴税款账簿或者保管代扣代缴、代收代缴税款记账凭证及有关资料	《中华人民共和国税收征收管理法》第六十一条：扣缴义务人未按照规定设置、保管代扣代缴、代收代缴税款账簿或者保管代扣代缴、代收代缴税款记账凭证及有关资料的，由税务机关责令限期改正，可以处二千元以下的罚款；情节严重的，处二千元以上五千元以下的罚款	五年内首次发生且危害后果轻微，并在税务机关发现前主动改正或者在税务机关责令限期改正的	不予处罚	首违不罚清单事项
					在税务机关发现前主动改正或者在税务机关责令限期改正的期限内改正的（首违不罚除外）	50 元	
					未在税务机关责令限期改正的期限内改正的	50～2 000 元	
					情节严重的	2 000～5 000 元	
	15	305	非法印制、转借、倒卖、变造或者伪造完税凭证	《中华人民共和国税收征收管理法实施细则》第九十一条：非法印制、转借、倒卖、变造或者伪造完税凭证的，由税务机关责令改正，处2 000元以上1万元以下的罚款；情节严重的，处1万元以上5万元以下的罚款；构成犯罪的，依法追究刑事责任	涉及完税凭证25份以下的	2 000～1 万元	
					涉及完税凭证26份以上的，或者有其他严重情节的	1 万～5 万元	
四、发票及发票证管理类	16	401	应当开具而未开具发票，或者未按照规定的时限、顺序、栏目，全部联次一次性开具发票，或者未加盖发票专用章	《中华人民共和国发票管理办法》第三十三条第一项：违反本办法的规定，有下列情形之一的，由税务机关责令改正，可以处1万元以下的罚款；有违法所得的予以没收：（一）应当开具而未开具发票，或者未按照规定的时限、顺序、栏目，全部联次一次性开具发票，或者未加盖发票专用章的	五年内首次未按照规定加盖发票专用章，且没有违法所得，危害后果轻微，在税务机关发现前主动改正或者在税务机关责令限期改正的	不予处罚	首违不罚清单事项
					在税务机关发现前主动改正或者在税务机关责令限期改正的期限内改正的（首违不罚除外）	50 元	
					未在税务机关责令限期改正的期限内改正的	50～2 000 元	
					情节严重的	2 000～1 万元	

续表

违法行为类 种类	序号	违法行为 代码	违法行为 名称	法定依据	适用条件	具体标准	备注
	17	402	使用税控装置开具发票，未按期向主管税务机关报送开具发票的数据	《中华人民共和国发票管理办法》第三十条第二项：违反本办法的规定，有下列情形之一的，由税务机关责令改正，可以处1万元以下的罚款；有违法所得的予以没收：（二）使用税控装置开具发票，未按期向主管税务机关报送开具发票的数据的	五年内首次发生，没有违法所得，且危害后果轻微，在税务机关发现前主动改正或者在税务机关责令限期内改正的	不予处罚	首违不罚清单事项
					在税务机关发现前主动改正或者在税务机关责令限期内改正的（首违不罚除外）	50元	
					未在税务机关责令限期改正的期限内改正的	50~2 000元	
					情节严重的	2 000~1万元	
四、发票及票证管理类	18	403	使用非税控电子器具开具发票，未将非税控电子器具使用的软件程序说明资料报主管税务机关备案，或者未按照规定保存、报送开具发票的数据	《中华人民共和国发票管理办法》第三十条第三项：违反本办法的规定，有下列情形之一的，由税务机关责令改正，可以处1万元以下的罚款；有违法所得的予以没收：（三）使用非税控电子器具开具发票的软件程序说明资料报主管税务机关备案，或者未按照规定保存、报送开具发票数据的	使用非税控电子器具开具发票，五年内首次使用非税控电子器具开具发票，没有违法所得，且危害后果轻微，在税务机关发现前主动改正或者在税务机关责令限期内改正的	不予处罚	首违不罚清单事项
					在税务机关发现前主动改正或者在税务机关责令限期内改正的（首违不罚除外）	50元	
					未在税务机关责令限期改正的期限内改正的	50~2 000元	
					情节严重的	2 000~1万元	

续表

违法行为种类	序号	代码	违法行为名称	法定依据	适用条件	具体标准	备注
四、发票及票证管理类	19	404	拆本使用发票	《中华人民共和国发票管理办法》第三十三条第四项：违反本办法的规定，由税务机关责令改正，可以处1万元以下的罚款；有违法所得的予以没收：（四）拆本使用发票的	拆本使用发票1本的	50元	
					拆本使用发票2本以上的	50~2 000元	
					情节严重的	2 000~1万元	
	20	405	扩大发票使用范围	《中华人民共和国发票管理办法》第三十三条第五项：违反本办法的规定，由税务机关责令改正，可以处1万元以下的罚款；有违法所得的予以没收：（五）扩大发票使用范围的	在税务机关发现前主动改正或者在税务机关责令限期改正的期限内改正的	50元	
					未在税务机关责令限期改正的期限内改正的	50~2 000元	
					情节严重的	2 000~1万元	
	21	406	以其他凭证代替发票使用	《中华人民共和国发票管理办法》第三十三条第六项：违反本办法的规定，由税务机关责令改正，可以处1万元以下的罚款；有违法所得的予以没收：（六）以其他凭证代替发票使用的	五年内首次发生、没有违法所得，且危害后果轻微，在税务机关发现前主动改正或者在税务机关责令限期改正的期限内改正的	不予处罚	首违不罚清单事项
					在税务机关发现前主动改正或者在税务机关责令限期改正的（首违不罚除外）	50元	
					未在税务机关责令限期改正的期限内改正的	50~2 000元	
					情节严重的	2 000~1万元	

续表

违法行为种类	序号	违法行为		法定依据	适用条件	具体标准	备注
		代码	名称				
四、发票及发票管证理类	22	407	跨规定区域开具发票	《中华人民共和国发票管理办法》第三十三条第七项：违反本办法规定，有下列情形之一的，由税务机关责令改正，可以处1万元以下的罚款；有违法所得的予以没收：（七）跨规定区域开具发票的	在税务机关发现前主动改正或者在税务机关责令限期改正的期限内改正的	50元	
					未在税务机关责令限期改正的期限内改正的	50～2 000元	
					情节严重的	2 000～1万元	
	23	408	未按照规定缴销发票	《中华人民共和国发票管理办法》第三十三条第八项：违反本办法规定，有下列情形之一的，由税务机关责令改正，可以处1万元以下的罚款；有违法所得的予以没收：（八）未按照规定缴销发票的	五年内首次发生，没有违法所得，且危害后果轻微，在税务机关发现前主动改正或者在税务机关责令限期内改正的	不予处罚	首违不罚清单事项
					在税务机关发现前主动改正或者在税务机关责令限期改正的期限内改正的	50元	
					未在税务机关责令限期改正的期限内改正的	50～2 000元	
					情节严重的	2 000～1万元	
	24	409	未按规定存放和保管发票	《中华人民共和国发票管理办法》第三十三条第九项：违反本办法规定，有下列情形之一的，由税务机关责令改正，可以处1万元以下的罚款；有违法所得的予以没收：（九）未按照规定存放和保管发票的	在税务机关发现前主动改正或者在税务机关责令限期改正的期限内改正的	50元	
					未在税务机关责令限期改正的期限内改正的	50～2 000元	
					情节严重的	2 000～1万元	

续表

违法行为种类	序号	代码	违法行为名称	法定依据	适用条件	具体标准	备注
	25	410	跨规定的使用区域携带、运输、邮寄，以及携带空白发票，邮寄或者运输空白发票出入境	《中华人民共和国发票管理办法》第三十四条第一款：跨规定的使用区域携带、邮寄、运输空白发票，以及携带、邮寄或者运输空白发票出入境的，由税务机关责令改正，可以处1万元以下的罚款；情节严重的，处1万元以上3万元以下的罚款；有违法所得的予以没收	涉及定额发票（伍拾元版以下）100本以下，定额发票（伍拾元版以上）50本以下，卷式发票100卷以下，其他发票500份以下的	1万元以下	
					涉及定额发票（伍拾元版以下）101本以上，或者定额发票（伍拾元版以上）51本以上，不含本数，101卷以上，或者其他发票501份以上的，或者有其他严重情节的	1万~3万元	
四、发票及发票证管理类	26	411	丢失发票或者擅自损毁发票	《中华人民共和国发票管理办法》第三十四条第二款：丢失发票或者擅自损毁发票的，依照前款规定处罚	涉及定额发票（伍拾元版以下）100本以下，不含，卷式发票100卷以下，其他发票500份以下的	1万元以下	
					涉及定额发票（伍拾元版以下）101本以上，或者定额发票（伍拾元版以上）51本以上，不含本数，101卷以上，或者其他发票501份以上的，或者有其他严重情节的	1万~3万元	
	27	412	为他人、为自己开具与实际经营业务情况不符的发票；让他人为自己开具与实际经营业务情况不符的发票；介绍他人开具与实际经营业务情况不符的发票	《中华人民共和国发票管理办法》第三十五条第一款：违反本办法的规定虚开发票的，由税务机关没收违法所得；虚开金额在1万元以下的，可以并处5万元以下的罚款；虚开金额超过1万元的，并处5万元以上50万元以下的罚款；构成犯罪的，依法追究刑事责任	虚开金额1万元以下的	5万元以下	
					虚开金额超过1万元，50万元以下的	5万~10万元	
					虚开金额超过50万元，500万元以下的	10万~30万元	
					虚开金额超过500万元的，或者有其他严重情节的	30万~50万元	

续表

违法行为种类	序号	违法行为		法定依据	适用条件	具体标准	备注
		代码	名称				
	28	413	非法代开发票	《中华人民共和国发票管理办法》第三十五条第二款：非法代开发票的，依照前款规定处罚	非法代开金额1万元以下的	5万元以下	
					非法代开金额超过1万元，50万元以下的	5万~10万元	
					非法代开金额超过50万元，500万元以下的	10万~30万元	
					非法代开金额超过500万元的，或者有其他严重情节的	30万~50万元	
四、发票及发票管证管理类	29	414	非法印制发票	《中华人民共和国税收征收管理法》第七十一条：违反本法第二十二条规定，非法印制发票的，由税务机关销毁非法印制的发票，没收违法所得和作案工具，并处一万元以上五万元以下的罚款；构成犯罪的，依法追究刑事责任	非法印制发票100份以下且票面金额累计不超过40万元以下的	1万~2万元	
					非法印制发票101份以上或者票面金额累计超过40万元的，或者有其他严重情节的	2万~5万元	
	30	415	私自印制、伪造、变造发票	《中华人民共和国发票管理办法》第三十六条第一款：私自印制、伪造、变造发票，非法制造发票防伪专用品，伪造发票监制章，窃取、截留、篡改、出售、泄露发票数据的，由税务机关没收违法所得，工具和非法物品，并处1万元以上5万元以下的罚款；情节严重的，并处5万元以上50万元以下的罚款；构成犯罪的，依法追究刑事责任	涉及发票100份以下且票面金额累计40万元以下的	1万~5万元	
					涉及发票101份以上或者票面金额累计超过40万元的，或者有其他严重情节的	5万~50万元	

续表

违法行为和种类	序号	代码	违法行为名称	法定依据	适用条件	具体标准	备注
	31	416	非法制造发票防伪专用品，伪造发票监制章	《中华人民共和国发票管理办法》第三十六条第一款：私自印制、伪造、变造发票，非法制造发票防伪专用品，伪造发票监制章的；窃取、截留、篡改、出售、泄露发票数据的，由税务机关没收违法所得；情节严重的，处5万元以上50万元以下的罚款；构成犯罪的，依法追究刑事责任	违法所得1万元以下的	1万~5万元	
					违法所得超过1万元的，或者有其他严重情节的	5万~50万元	
四、发票及发票证管理类	32	417	窃取、截留、篡改、出售、泄露发票数据	《中华人民共和国发票管理办法》第三十六条第一款：私自印制、伪造、变造发票，非法制造发票防伪专用品，伪造发票监制章的；窃取、截留、篡改、出售、泄露发票数据的，由税务机关没收违法所得；情节严重的，处5万元以上50万元以下的罚款；构成犯罪的，依法追究刑事责任	违法所得1万元以下的	1万~5万元	
					违法所得超过1万元的，或者有其他严重情节的	5万~50万元	
	33	418	转借、转让、介绍他人转让发票、发票监制章和发票防伪专用品	《中华人民共和国发票管理办法》第三十七条第一款：有下列情形之一的，由税务机关处1万元以上5万元以下的罚款；情节严重的，处5万元以上50万元以下的罚款；有违法所得的予以没收：（一）转借、转让、介绍他人转让发票、发票监制章和发票防伪专用品的	违法所得1万元以下的	1万~5万元	
					违法所得超过1万元的，或者有其他严重情节的	5万~50万元	

违法行为类别和种类	序号	代码	违法行为 名称	法定依据	适用条件	具体标准	备注
	34	419	知道或者应当知道是私自印制、伪造、变造、非法取得或者废止的发票而受让、开具、存放、携带、寄递、运输	《中华人民共和国发票管理办法》第三十七条第二项：有下列情形之一的，由税务机关处1万元以上5万元以下的罚款；情节严重的，处5万元以上50万元以下的罚款；有违法所得的予以没收：（二）知道或者应当知道是私自印制、伪造、变造、非法取得或者废止的发票而受让、开具、存放、携带、寄递、运输的	涉及定额发票10本以下，卷式发票10卷以下，其他发票50份以下的	1万~5万元	
					涉及定额发票11本以上，或者卷式发票11卷以上，或者其他发票51份以上的，或者有其他严重情节的	5万~50万元	
四、发票及票证管理类	35	420	违反发票管理法规，导致其他单位或者个人未缴、少缴或者骗取税款	《中华人民共和国发票管理办法》第三十九条：违反发票管理法规，导致其他单位或者个人未缴、少缴或者骗取税款的，由税务机关没收违法所得，可以并处未缴、少缴或者骗取的税款1倍以下的罚款	配合检查，调查，没有违法所得的	处未缴、少缴或者骗取的税款30%以下的罚款	
					配合检查，调查，有违法所得的	处未缴、少缴或者骗取的税款30%以上50%以下的罚款	
					不配合税务机关的，或者有其他严重情节的	处未缴、少缴或者骗取的税款50%以上1倍以下的罚款	
	36	421	扣缴义务人未按照《税收票证管理办法》开具税收票证	《税收票证管理办法》（国家税务总局令第28号公布，第48号修改）第五十四条第二款：扣缴义务人未按本办法开具税收票证的，可以根据情节轻重，处以一千元以下的罚款	两年内首次发现且危害后果轻微，在税务机关责令改正前主动改正或者在税务机关责令改正的期限内改正的	不予处罚	首违不罚清单事项
					在税务机关发现前主动改正或者在责令改正的期限内改正的（首违不罚除外）	50元	
					未在税务机关责令限期改正的期限内改正的	50~500元	
					情节严重的	500~1000元	

续表

违法行为种类	序号	代码	违法行为名称	法定依据	适用条件	具体标准	备注
四、发票及发票管证管理类	37	422	自行填开税收收证的纳税人违反《税收票证管理办法》及相关规定	《税收票证管理办法》（国家税务总局令第28号公布，第48号修改）第五十六条：自行填开的，税务机关应当停止本办法及相关税收收票证的领用和自行填开，并限期缴销全部税收收票证；情节严重的，可以处以一千元以下的罚款	违反《税收票证管理办法》及相关规定，情节严重的	1 000 元以下	
五、税款征收类	38	501	纳税人伪造、变造、擅自销毁账簿、记账凭证，或者在账簿上多列支出或者不列、少列收入，或者经税务机关通知申报而拒不申报或者进行虚假的纳税申报，不缴或者少缴应纳税款	《中华人民共和国税收征收管理法》第六十三条第一款：纳税人伪造、变造、隐匿、擅自销毁账簿、记账凭证，或者在账簿上多列支出或者不列、少列收入，或者经税务机关通知申报而拒不申报或者进行虚假的纳税申报，不缴或者少缴应纳税款的，是偷税。对纳税人偷税的，由税务机关追缴其不缴或者少缴的税款、滞纳金，并处不缴或者少缴的税款百分之五十以上五倍以下的罚款；构成犯罪的，依法追究刑事责任	五年内首次发生，配合检查、调查，在调查期间主动补缴税款的	处不缴或者少缴的税款50%的罚款	
					五年内首次发生，配合检查、调查，未在调查期间主动补缴税款的	处不缴或者少缴的税款50%以上1倍以下的罚款	
					五年内发生两次以上，或者不配合检查、调查，或者有其他严重情节的	处不缴或者少缴的税款1倍以上5倍以下的罚款	
	39	502	扣缴义务人伪造、变造、擅自销毁账簿、记账凭证，或者在账簿上多列支出或者不列、少列收入，或者经税务机关通知申报而拒不申报或者进行虚假的纳税申报，不缴或者少缴已扣、已收税款	《中华人民共和国税收征收管理法》第六十三条第二款：扣缴义务人采取前款所列手段，不缴或者少缴已扣、已收税款，由税务机关追缴其不缴或者少缴的税款、滞纳金，并处不缴或者少缴的税款百分之五十以上五倍以下的罚款；构成犯罪的，依法追究刑事责任	五年内首次发生，配合检查、调查，在调查期间主动补缴税款的	处不缴或者少缴的税款50%的罚款	
					五年内首次发生，配合检查、调查，未在调查期间主动补缴税款的	处不缴或者少缴的税款50%以上1倍以下的罚款	
					五年内发生两次以上，或者不配合检查、调查，或者有其他严重情节的	处不缴或者少缴的税款1倍以上5倍以下的罚款	

续表

违法行为种类	序号	代码	违法行为名称	法定依据	适用条件	具体标准	备注
	40	503	纳税人、扣缴义务人编造虚假计税依据	《中华人民共和国税收征收管理法》第六十四条第一款：纳税人、扣缴义务人编造虚假计税依据的，由税务机关责令限期改正，并处五万元以下的罚款	编制虚假计税依据10万元以下的	2 000元以下	
					编制虚假计税依据超过10万元，50万元以下的	2 000～1万元	
					编制虚假计税依据超过50万元的，或者有其他严重情节的	1万～5万元	
五、税款征收类	41	504	纳税人采取转移或者隐匿财产的手段，妨碍税务机关追缴欠缴的税款	《中华人民共和国税收征收管理法》第六十五条：纳税人欠缴应缴纳税款，采取转移或者隐匿财产的手段，妨碍税务机关追缴欠缴的税款的，由税务机关追缴欠缴的税款、滞纳金，并处欠缴税款百分之五十以上五倍以下的罚款；构成犯罪的，依法追究刑事责任	五年内首次发生的	处欠缴税款50%以上1倍以下的罚款	
					五年内第二次发生的	处欠缴税款1倍以上2倍以下的罚款	
					五年内第三次以上发生，或者有其他严重情节的	处欠缴税款2倍以上5倍以下的罚款	
	42	505	以假报出口或者其他欺骗手段，骗取国家出口退税款	《中华人民共和国税收征收管理法》第六十六条：以假报出口或者其他欺骗手段，骗取国家出口退税款的，由税务机关追缴其骗取的退税款，并处骗取税款一倍以上五倍以下的罚款；构成犯罪的，依法追究刑事责任。对骗取国家出口退税款的，税务机关可以在规定期间内停止为其办理出口退税	骗取国家出口退税款不满5万元的	处骗取税款1倍的罚款，可以停止出口退税半年以上一年以下	
					骗取国家出口退税款5万元以上不满50万元的	处骗取税款1倍以上1.5倍以下的罚款，可以停止出口退税一年以上一年半以下	

续表

违法行为种类	序号	代码	违法行为名称	法定依据	适用条件	具体标准	备注
	42	505	以假报出口或者其他欺骗手段，骗取国家出口退税款	《中华人民共和国税收征收管理法》第六十六条：以假报出口或者其他欺骗手段，骗取国家出口退税款的，由税务机关追缴其骗取的退税款，并处骗取税款一倍以上五倍以下的罚款；构成犯罪的，依法追究刑事责任。对骗取国家出口退税款的，税务机关可以在规定期间内停止为其办理出口退税	骗取国家出口退税款50万元以上不满250万元的；或者因骗取国家出口退税行为受过行政处罚，两年内又骗取国家出口退税款30万元以上不满150万元的	处骗取税款1.5倍以上2倍以下的罚款；停止为其办理出口退税一年半以上两年以下	
					骗取国家出口退税款250万元以上的；或者因骗取国家出口退税行为受过行政处罚，两年内又骗取国家出口退税款150万元以上的；或者有其他严重情节的	处骗取税款2倍以上5倍以下的罚款；停止为其办理出口退税两年以上三年以下	
五、税款征收类	43	506	以暴力、威胁方法拒不缴纳税款	《中华人民共和国税收征收管理法》第六十七条：以暴力、威胁方法拒不缴纳税款的，是抗税，除由税务机关追缴其拒缴的税款、滞纳金外，依法追究刑事责任。情节轻微，未构成犯罪的，由税务机关追缴其拒缴的税款、滞纳金，并处拒缴税款一倍以上五倍以下的罚款	未造成他人人身伤害或者严重社会影响的	处拒缴税款1倍以上3倍以下罚款	
					造成他人人身伤害或者严重社会影响的	处拒缴税款3倍以上5倍以下罚款	
	44	507	纳税人、扣缴义务人在规定期限内不缴或者少缴应纳或者应解缴的税款，经税务机关责令限期缴纳，逾期仍未缴纳	《中华人民共和国税收征收管理法》第六十八条：纳税人、扣缴义务人在规定期限内不缴或者少缴应纳或者应解缴的税款，经税务机关责令限期缴纳，逾期仍未缴纳的，税务机关除依照本法第四十条的规定采取强制执行措施追缴其不缴或者少缴的税款外，可以处不缴或者少缴的税款百分之五十以上五倍以下的罚款	不配合税务机关追缴欠税且被税务机关采取强制执行措施的	处不缴或者少缴税款50%以上1倍以下的罚款	
					情节严重的	处不缴或者少缴的税款1倍以上5倍以下的罚款	

218

续表

违法行为种类	序号	代码	违法行为名称	法定依据	适用条件	具体标准	备注
	45	508	扣缴义务人不履行代扣代缴义务，应扣未扣、应收而不收税款	《中华人民共和国税收征收管理法》第六十九条：扣缴义务人应扣未扣、应收而不收税款的，由税务机关向纳税人追缴税款，对扣缴义务人处应扣未扣、应收未收税款百分之五十以上三倍以下的罚款	扣缴义务人配合检查、调查，并在检查、调查期间积极协助税务机关追回税款的	处应扣未扣、应收未收税款50%的罚款	
					扣缴义务人配合检查、调查，在检查、调查期间未积极协助税务机关追缴税款的	处应扣未扣、应收未收税款50%以上1倍以下的罚款	
					扣缴义务人不配合检查、调查，或者有其他严重情节的	处应扣未扣、应收未收税款1倍以上3倍以下的罚款	
五、税款征收类	46	509	为纳税人、扣缴义务人非法提供银行账户、发票、证明或者其他方便，导致未缴、少缴税款或者骗取国家出口退税款	《中华人民共和国税收征收管理法实施细则》第九十三条：为纳税人、扣缴义务人非法提供银行账户、发票、证明或者其他方便，导致未缴、少缴税款或者骗取国家出口退税款的，税务机关除没收其违法所得外，可以处未缴、少缴或者骗取的税款1倍以下的罚款	导致未缴、少缴税款或者骗取国家出口退税款50万元以下的	处未缴、少缴或者骗取税款10%以下的罚款	
					导致未缴、少缴税款或者骗取国家出口退税款超过50万元、250万元以下的	处未缴、少缴或者骗取税款10%以上50%以下的罚款	
					导致未缴、少缴税款或者骗取国家出口退税款超过250万元的，或者有其他严重情节的	处未缴、少缴或者骗取税款50%以上1倍以下的罚款	
	47	510	纳税人拒绝代扣、代收税款，扣缴义务人向税务机关报告后，税务机关应当向纳税人直接追缴税款、滞纳金，纳税人拒绝缴纳	《中华人民共和国税收征收管理法实施细则》第九十四条：纳税人拒绝代扣、代收税款的，扣缴义务人应当向税务机关报告，由税务机关直接向纳税人追缴税款、滞纳金；纳税人拒绝缴纳的，依照税收征收管理法第六十八条规定执行	不配合税务机关追缴欠税且被税务机关采取强制执行措施的	处不缴或者少缴的税款50%以上1倍以下的罚款	
					情节严重的	处不缴或者少缴的税款1倍以上5倍以下的罚款	

续表

违法行为类别种类	序号	违法行为 代码	违法行为 名称	法定依据	适用条件	具体标准	备注
五、税款征收类	48	511	税务代理人违反税收法律、行政法规，造成纳税人未缴或者少缴税款	《中华人民共和国税收征收管理法实施细则》第九十八条：税务代理人违反税收法律、行政法规，造成纳税人未缴或者少缴税款的，除由纳税人缴纳或者补缴应纳税款、滞纳金外，对税务代理人处纳税人未缴或者少缴税款50%以上3倍以下的罚款	五年内首次发生的	处不缴或者少缴的税款50%的罚款	
					五年内第二次发生的	处不缴或者少缴的税款50%以上1倍以下的罚款	
					五年内第三次以上发生的，或者有其他严重情节的	处不缴或者少缴的税款1倍以上3倍以下的罚款	
六、税务检查类	49	601	纳税人、扣缴义务人逃避、拒绝或者以其他方式阻挠税务机关检查	《中华人民共和国税收征收管理法》第七十条：纳税人、扣缴义务人逃避、拒绝或者以其他方式阻挠税务机关检查的，由税务机关责令改正，可以处一万元以下的罚款；情节严重的，处一万元以上五万元以下的罚款。《中华人民共和国税收征收管理法实施细则》第九十六条：纳税人、扣缴义务人有下列情形之一的，依照税收征管法第七十条的规定处罚：（一）提供虚假资料，不如实反映情况，或者拒绝提供有关资料的；（二）拒绝或者阻止税务机关记录、录音、录像、照相和复制与案件有关的情况和资料的；（三）在检查期间，纳税人、扣缴义务人转移、隐匿、销毁有关资料的；（四）有不依法接受税务检查的其他情形的	提供虚假资料，不如实反映情况，或者拒绝提供有关资料的；拒绝或者阻止税务机关记录、录音、录像、照相和复制与案件有关的情况和资料的；有不依法接受税务检查的其他情形的	1万元以下	
					在检查期间，纳税人、扣缴义务人转移、隐匿、销毁有关资料的；有不依法接受税务检查的其他情形，造成严重危害后果的	1万～5万元	

续表

违法行为种类	序号	代码	违法行为名称	法定依据	适用条件	具体标准	备注
	50	602	纳税人、扣缴义务人、其他金融机构拒绝接受税务机关依法检查纳税人、扣缴义务人存款账户，或者拒绝执行税务机关作出的冻结存款或者扣缴税款的决定，或者在接到税务机关的书面通知后帮助纳税人、扣缴义务人转移存款，造成税款流失	《中华人民共和国税收征收管理法》第七十三条：纳税人、扣缴义务人的开户银行或者其他金融机构拒绝接受税务机关依法检查纳税人、扣缴义务人存款账户，或者拒绝执行税务机关作出的冻结存款或者扣缴税款的决定，或者在接到税务机关的书面通知后帮助纳税人、扣缴义务人转移存款，造成税款流失的，由税务机关处十万元以上五十万元以下的罚款，对直接负责的主管人员和其他直接责任人员处一千元以上一万元以下的罚款	造成税款流失金额50万元以下的	单位：10万～20万元；个人（直接主管人员、其他直接责任人员）：1 000～2 000元	
					造成税款流失金额超过50万元，100万元以下的	单位：20万～30万元；个人（直接责任人员、其他直接责任人员）：2 000～5 000元	
					造成税款流失金额超过100万元的	单位：30万～50万元；个人（直接主管人员、其他直接责任人员）：5 000～1万元	
六、税务检查类	51	603	有关单位拒绝税务机关依法到车站、码头、机场、邮政企业及其分支机构检查纳税人有关纳税情况的行为	《中华人民共和国税收征收管理法实施细则》第九十五条：税务机关依照税收征管法第五十四条第（五）项的规定，到车站、码头、机场、邮政企业及其分支机构检查纳税人有关情况时，有关单位拒绝的，由税务机关责令改正，可以处1万元以下的罚款；情节严重的，处1万元以上5万元以下的罚款	在税务机关责令限期内改正的	1万元以下	
					未在税务机关责令限期内改正的，或者有其他严重情节的	1万～5万元	

续表

违法行为种类	序号	代码	违法行为名称	法定依据	适用条件	具体标准	备注
	52	701	纳税人、纳税担保人采取欺骗、隐瞒等手段提供担保	《纳税担保试行办法》（国家税务总局令第11号）第三十一条第一款：纳税人、纳税担保人采取欺骗、隐瞒等手段提供担保的，由税务机关处以1000元以下的罚款；属于经营行为的，处以10000元以下的罚款	属于非经营行为的	1000元以下	
					属于经营行为的，担保金额5万元以下的	1000~5000元	
					属于经营行为的，担保金额超过5万元	5000~1万元	
	53	702	非法为纳税人实施虚假纳税担保提供方便	《纳税担保试行办法》（国家税务总局令第11号）第三十一条第二款：非法为纳税人实施虚假纳税担保提供方便的，由税务机关处以1000元以下的罚款	虚假担保金额5万元以下的	50元	
七、纳税担保类					虚假担保金额超过5万元的	50~1000元	
	54	703	纳税人采取欺骗、隐瞒等手段提供担保，造成应缴税款损失	《纳税担保试行办法》（国家税务总局令第11号）第三十二条：纳税人采取欺骗、隐瞒等手段提供担保，造成应缴税款损失的，由税务机关按照《中华人民共和国税收征收管理法》第六十八条规定处以未缴、少缴税款50%以上5倍以下的罚款。《中华人民共和国税收征收管理法》第六十八条：纳税人、扣缴义务人在规定期限内不缴或者少缴应纳税款，经税务机关责令限期缴纳，逾期仍未缴纳的，税务机关除依照本法第四十条的规定采取强制执行措施追缴其不缴或者少缴的税款外，可以处不缴或者少缴的税款百分之五十以上五倍以下的罚款	五年内首次发生的	处不缴或者少缴的税款50%的罚款	
					五年内第二次发生的	处不缴或者少缴的税款50%以上1倍以下的罚款	
					五年内第三次以上发生的，或者有其他严重情节的	处不缴或者少缴的税款1倍以上5倍以下的罚款	

备注：1. 除特别注明外，"以下""以上""超过"均含本数；"不满""不足"均不含本数。
2. 所称"虚开金额""非法代开金额""票面金额"均为不含税金额。
3. 所称"两年"是指作出行政处罚决定之日（立案检查的从违法行为被发现之日）前60个月。所称"五年"是指作出行政处罚决定之日（立案检查的从违法行为被发现之日）前24个月。
4. "情节严重的""有其他严重情节的"是指违法手段恶劣，社会影响较大，危害后果严重等情形。

221

附录四 关于进一步深化税收征管改革实施方案[*]

为全面贯彻落实《中共中央办公厅、国务院办公厅印发〈关于进一步深化税收征管改革的意见〉的通知》精神，深入推进税务领域"放管服"改革，完善税务监管体系，打造市场化法治化国际化营商环境，更好服务市场主体发展，结合云南实际，制定本实施方案。

一、总体要求

（一）指导思想。以习近平新时代中国特色社会主义思想为指导，深入贯彻习近平总书记考察云南重要讲话精神，立足成为我国民族团结进步示范区、生态文明建设排头兵、面向南亚东南亚辐射中心的定位，坚持党的全面领导、依法治税、为民便民、问题导向、改革创新、系统观念的原则，深化税收征管制度改革，深入推进精确执法、精细服务、精准监管、精诚共治，集成式提升税收治理效能，大幅提高税法遵从度和社会满意度，明显降低征纳成本，充分发挥税收在国家治理中的基础性、支柱性、保障性作用，为云南高质量发展提供有力保障。

（二）主要目标。到 2022 年，在税务执法规范性、税费服务便捷性、税务监管精准性上取得重要进展。到 2023 年，基本建成税务执法新体系，实现从经验式执法向科学精确执法转变；基本建成税费服务新体系，实现从无差别服务向精细化、智能化、个性化服务转变；基本建成税务监管新体系，实现从"以票管税"向"以数治税"分类精准监管转变。到 2025 年，深化税收征管制度改革取得显著成效，基本建成功能强大的智慧税务，全方位提高税务执法、服务、监管能力。

二、主要任务

（一）全面推进税收征管数字化升级和智能化改造

1. 加快推进智慧税务建设。融入"数字云南"建设，充分应用现代信息技术，推进涉税数据汇聚联通、线上线下有机贯通。2022 年基本实现法人税费信息"一户式"、集团税费信息"一户式"、自然人税费信息"一人式"智

---

* 关于进一步深化税收征管改革实施方案［EB/OL］.（2021 – 10 – 14）. https：//www. yn. gov. cn/zwgk/zcwj/swwj/202110/t20211014_229289. html.

能归集，2023 年基本实现税务机关信息"一局式"、税务人员信息"一员式"智能归集，深入推进对纳税人缴费人行为的自动分析管理、对税务人员履责的全过程自控考核考评、对税务决策信息和任务的自主分类推送。2025 年实现税务执法、服务、监管与大数据智能化应用深度融合、高效联动、全面升级。

2. 落实发票电子化改革任务。上线应用全国统一的电子发票服务平台，24 小时在线免费为纳税人提供电子发票申领、开具、交付、查验等服务。执行电子发票国家标准，2025 年基本实现发票全领域、全环节、全要素电子化，着力降低制度性交易成本。

3. 推动数据共享。扩大信息资源目录和共享目录，依托云南省政务信息资源共享平台，健全税务部门与相关部门常态化、制度化数据共享协调机制，依法保障涉税涉费必要信息获取。持续加强各类数据的智能归集，健全涉税涉费信息对外提供机制。完善税收大数据安全治理制度，建立税收大数据安全治理常态化工作机制。加强网络安全平台的应用，建立并运行常态化数据安全风险评估和检查机制，健全数据安全监测预警和应急处置机制。

4. 深化大数据和新技术应用。做好税务统计标准与国家统计标准的有效衔接，完善分析指标。聚焦云南打造世界一流"三张牌"新优势、重塑云南支柱产业新优势、培育壮大新兴产业、加快数字化发展等战略，加强智能化税收大数据分析，推进跨部门、跨区域联合分析，丰富税收分析产品体系，为党委、政府决策提供参考。持续推广应用区块链电子普通发票，拓展应用场景。

（二）进一步优化税务执法方式

5. 健全地方税费法规政策。根据国家统一部署，稳步推进地方税费体系建设，结合税收法律法规修订情况，配套做好云南省现行税费政策措施立改废释工作。建立综合治税（费）机制，适时修改完善《云南省税收征管保障办法》，发挥相关部门协税护税职能作用。

6. 严格税收管理权限。落实税收法定原则，依法规范实施税收法律法规规定的税收管理权限，规范税收政策管理，维护国家和地方的税收利益，维护广大纳税人和市场主体合法权益。

7. 维护税费征收秩序。坚持税费协同征管，持续完善依法依规征税收费措施。建立健全省市县三级联动的税收收入质量监控闭环工作机制，完善收入实时监控体系，不断提高税收收入质量。坚决防止落实税费优惠政策不到位、征收"过头税费"等行为，防止并查处对税收工作进行不当行政干预等行为。

8. 严格规范税务执法行为。全面落实行政执法公示、执法全过程记录、重大执法决定法制审核制度，推进行政执法网上录入、流转、监督、查询，全面提高执法效能。优化完善全省统一的税务行政处罚裁量基准。

9. 不断提升税务执法精确度。推广非强制性执法方式，依法准确把握一般涉税违法与涉税犯罪的界限，处理涉税案件，做到罚当其责。在税务执法领域落实"首违不罚"清单。对新产业、新业态、新模式实行包容审慎监管，以问题为导向完善税务执法，引导和规范其健康发展。

10. 推进税务执法区域协同。落实简化企业涉税涉费事项跨省迁移办理程序要求，2022 年基本实现资质异地共认。持续推进跨省经营企业涉税涉费事项全国通办。

11. 加强税务执法内部控制和监督。加强税务执法内部控制建设，推进督察审计监督工作，将税务执法风险防范措施嵌入信息系统，实现事前预警、事中阻断、事后追责。有效运用云南省电子征管档案管理系统，加强风险评估分析。积极配合审计部门强化对税务执法行为的监督。强化重大税务违法案件"一案双查"，发挥"一案双查"综合效应。

（三）提供高效智能税费服务

12. 推动税费优惠政策直达快享。精简相关税种优惠政策办理流程和手续，持续扩大"自行判别、自行申报、事后监管"范围，完善事后监管配套措施。运用电子税务局等平台，自动推送税费优惠政策信息，促进市场主体充分享受政策红利。

13. 切实减轻办税缴费负担。依托信息系统加强数据采集，推进部门数据共享应用，减少纳税人缴费人重复报送。全面推行税务证明事项告知承诺制，落实容缺办理事项相关制度，持续扩大涉税资料由事前报送改为留存备查的范围。

14. 全面改进办税缴费方式。2021 年年底前基本实现企业税费事项能网上办理、个人税费事项能掌上办理，上线金税三期社会保险费征管信息系统（标准版）。运用电子税务局、"一部手机办事通"等平台，不断拓展"非接触式""不见面"办税缴费服务，2023 年基本实现信息系统自动提取数据、自动计算税额、自动预填申报，纳税人缴费人确认或补正后即可线上提交。

15. 着力压减纳税缴费次数和时间。加快企业出口退税事项全环节办理速度，进一步压缩高信用级别企业办理退税时间。深入实施财产和行为税 10 税种合并申报，整合增值税、消费税及附加税费申报表。持续推进不动产登记、交易和缴税"一窗受理、并行办理"，不断压缩办税时间。

16. 积极推行智能型个性化服务。全面推广 12366 税费服务新模式，2022 年基本实现全国咨询"一线通答"。优化 12345 政务服务便民热线税费服务功能。运用税收大数据智能分析识别纳税人缴费人的实际体验、个性需求等，精准提供线上服务。持续优化线下服务措施，更好满足特殊人员、特殊事项的服务需求。

17. 维护纳税人缴费人合法权益。完善纳税人缴费人权利救济和税费争议解决机制，逐步建立诉求有效收集、快速响应和及时反馈的渠道。探索实施大企业税收事先裁定并建立健全相关工作机制。健全纳税人缴费人个人信息保护常态化管理及检查工作机制，依法加强税费数据查询权限和留痕等管理，严格保护纳税人缴费人及扣缴义务人的商业秘密、个人隐私等，严防信息泄漏和滥用等。税务机关和税务人员违反有关法律法规规定、因疏于监管造成重大损失的，依法严肃追究责任。

（四）精准有效实施税务监管

18. 大力推行以"信用＋风险"为基础的监管方式。积极融入云南省社会信用体系建设，落实国家守信联合激励、失信联合惩戒措施，充分发挥纳税缴费信用在社会信用体系中的重要作用。全面推行实名办税缴费。运用税收大数据，强化集团性、行业性风险筛查，对纳税人实施精准执法。推广动态"信用＋风险"监管方式，健全以信用评价、监控预警、风险应对为核心的新型税收监管机制。逐步健全以"数据集成＋优质服务＋提醒纠错＋依法查处"为主要内容的自然人税费服务与监管体系。持续拓展税费服务监管内容，提高对高收入高净值人员的税费服务与监管水平。

19. 加强重点领域风险防控和监管。对逃避税问题多发的行业、地区和人群，根据税收风险适当提高"双随机、一公开"抽查比例，将高风险纳税人作为随机选案的主要对象。持续推进跨部门联合抽查，增强执法合力，提高监管效能。加大对隐瞒收入、虚列成本、转移利润以及利用"税收洼地""阴阳合同"和关联交易等逃避税行为的监督检查力度，有效防范逃避税。

20. 依法严厉打击涉税违法犯罪行为。依托税务网络可信身份体系对发票开具、使用等进行全环节即时验证和监控，实现对虚开骗税等违法犯罪行为从事后打击惩处向事前事中精准防范转变。健全违法查处体系，推动查处税收违法犯罪行为跨部门合作的制度化、机制化、常态化。依托国家"互联网＋监管"系统多元数据汇聚功能，严厉打击"假企业"虚开发票、"假出口"骗取退税、"假申报"骗取税费优惠等行为。依法从严查处曝光重大涉税违法犯罪案件，并按照有关规定纳入企业和个人信用记录，共享至全国信用信息平台。

（五）深化拓展税收共治格局

21. 加强部门协作。大力推进会计核算和财务管理信息化，根据全国发票电子化改革进程，推动电子发票无纸化报销、入账、归档、存储。税务与银保监部门加强协作，规范深入开展"银税互动"。依托"互联网＋监管"系统，积极推进跨部门协同监管，完善税务部门与公安、海关等部门在信息共享、联合办案等方面的协同措施，加强税务部门与人民银行、市场监管等部门信息交换和联动执法，完善税务部门与自然资源、住房城乡建设等部门在房地产开发项目管理、房地产交易网签备案、不动产登记办税等方面的协作和信息共享，加强房地产税收一体化管控，共同做好地方税费征收管理，增加地方公共财力可持续性。完善委托代征机制，巩固深化委托代征工作成效。

22. 加强社会协同。探索将税收网格化服务管理融入基层社会治理，构建网格化管理、精细化服务、信息化支撑的基层税收治理机制。发挥行业协会和社会中介组织作用，支持第三方按市场化原则为纳税人提供个性化服务，满足纳税人多元化需求。加强对涉税中介组织的执业监管和行业监管，规范执业行为，提升执业质量。认真落实"谁执法、谁普法"普法责任制，持续推进"以案释法"工作，开展丰富多样的税法普及活动。把税法纳入国民教育体系，深化青少年税收法治教育，发挥税法宣传教育的预防和引导作用，在全社会营造诚信纳税的浓厚氛围。

23. 强化税收司法保障。公安部门要强化涉税犯罪案件查办工作力量，做实健全公安派驻税务联络机制，健全警税制度化、信息化、常态化联合办案机制，进一步畅通行政执法与刑事执法衔接工作机制。检察机关发现负有税务监管相关职责的行政机关不依法履责的，应依法提出检察建议。审判机关要建立涉税涉费司法案例指导制度。

24. 强化国际税收合作。按照国家统一部署，深入推进"一带一路"税收征管合作机制建设，立足云南面向南亚东南亚的区位优势，丰富税收服务共建"一带一路"举措。落实稳外资相关税收政策，优化税收营商环境。提高非居民纳税人享受协定待遇便捷性，防范协定滥用风险。深化跨境利润水平监控，精准推进反避税调查。

（六）切实强化税务组织保障

25. 提高资源配置质效。落实完善纳税人分类分级管理要求，强化市县税务机构在日常性服务、涉税涉费事项办理和风险应对等方面的职责，适当上移全局性、复杂性税费服务和管理职责。细化业务流程和职责分工，健全岗责体系，强化闭环管理。优化征管资源配置，调优配强相关领域征管力量。

26. 提升干部能力素养。加大税务领军人才和各层次骨干人才培养力度，构建全方位、多层次人才培养体系，建设德才兼备的高素质税务执法队伍。利用学习强国、云岭先锋、学习兴税等平台，促进学习日常化、工作学习化。

27. 优化绩效考核评价。推动绩效管理渗入业务流程、融入岗责体系、嵌入信息系统，逐步实现绩效考评的机生机汇机考，提升税务执法等方面的自动化考评水平。完善个人绩效考评办法，将法治素养和依法履职情况作为考核评价税务干部的重要内容，与干部现实表现测评、年终测评统筹推进。

三、组织实施

（一）加强组织领导。各级党委、政府要按照税务系统实行双重领导管理体制的要求，在依法依规征税收费、落实减税降费、推进税收共治、强化司法保障、深化信息共享、加强税法普及、强化经费保障等方面提供支持。各级政府要建立协调工作机制统筹推进改革，及时解决改革推进中的问题。各级政府相关部门要加大对税务部门人员、资金、技术等方面的支持力度，保障深化税收征管改革顺利推进。省税务局要发挥牵头作用，做好具体化、措施化、责任化推进落实工作。省级有关部门要结合职责分工，密切配合、通力协作，抓好各项改革任务落实。

（二）加强跟踪问效。在税务领域深入推行"好差评"制度，适时开展监督检查和评估总结。健全激励和问责机制，加强对典型案例和成功经验的宣传，对作出突出贡献的单位和个人按照规定给予表扬；对工作不力、进度迟缓的，依规严肃问责。健全容错纠错机制，坚持做到"三个区分开来"，切实为敢于担当的干部撑腰鼓劲，鼓励广大干部积极投身改革。

（三）加强宣传引导。省税务局要会同有关部门认真做好宣传工作，准确解读便民利企政策措施，及时回应社会关切，正确引导社会预期，营造良好舆论氛围。各级宣传部门和新闻媒体要聚焦改革重点任务，有计划地推出系列宣传，正确引导社会舆论，为深化税收征管改革营造良好环境。

附录五　云南省税收征管保障办法[*]

第一章　总　　则

第一条　为保障税收收入，规范税收秩序，加强税收征收管理，保护纳税人合法权益，根据《中华人民共和国税收征收管理法》及其实施细则等法律法规、《中共中央办公厅　国务院办公厅印发〈关于进一步深化税收征管改革的意见〉的通知》（中办发〔2021〕12号）和《中共云南省委办公厅　云南省人民政府办公厅印发〈关于进一步深化税收征管改革实施方案〉的通知》（云办发〔2021〕27号）的规定，结合本省实际，制定本办法。

第二条　本省各级政府、税务机关以及其他部门、单位开展税收征管保障工作，适用本办法。

本办法所称税收征管保障工作是指政府有关部门、单位为保障税收及时、足额征缴入库，所采取的税收协助、信息交换、税收服务、税收监督等活动。

第三条　县级以上政府应当加强对本行政区域内税收征管保障工作的领导，坚持政府主导、税务主责、部门协调、行政监督、信息共享为原则的税收征管保障工作机制，组织、指导、协调有关部门和单位参与税收征管保障工作。

第四条　各级税务局负责本行政区域内的税收征管保障工作，其所属的直属机构和派出机构按照规定的职责具体承担税收征管保障工作。

有关部门、单位应当按照各自职责和本办法规定，依法支持、协助税务机关做好税收征管保障工作。

第五条　为确保税收征管保障工作取得实效，应当将负有税收征管保障责任的有关部门、单位参与税收协助情况和成效作为部门绩效考核的重要内容。

县级以上政府应当对税收征管保障工作成绩显著的有关部门、单位和个人给予通报表扬；对未及时、准确传递涉税信息或者未提供税收协助的有关部门、单位，予以通报批评。

第二章　税收协助

第六条　县级以上政府应当根据国民经济和社会发展规划，结合本地实

---

* 云南省人民政府办公厅关于印发云南省　税收征管保障办法的通知［EB/OL］.（2022－03－30）. https：//www.yn.gov.cn/zwgk/zfxxgkpt/fdzdgknr/zcwj/zfxxgkptyzbg/202203/t20220330_239899.html.

际、优化和调整经济、产业结构，积极培植税源，保障税收与经济发展相协调。

第七条　税务机关应当按照财政部门有关预算编制要求，结合本地经济发展、税源增长和税收政策调整等情况，及时向财政部门提供年度税收收入预算和长期税收收入规划，并科学做好规划内税收收入动态调整工作。

财政部门在编制税收收入预算及收入规划时，应当征求同级税务机关的意见。

第八条　县级以上政府应当积极支持税务机关税收管理信息化建设，且税务机关税收信息系统与财政部门互联互通，提高税收管理信息化水平，形成覆盖所有税种及税收工作各环节、运行安全稳定的税收信息系统。

第九条　税务机关要求县级以上政府有关部门、单位协助其税收征收管理的，应当提前告知有关部门、单位协助内容；有关部门、单位应当在自身职责范围内依法协助税务机关做好税收征管工作，并积极协助开展税收执法。对重大税收违法失信案件当事人，税务机关应当与有关部门、单位及时交换共享信息，并依法联合实施惩戒，共同促进诚信纳税机制建立。

有关部门、单位税收协助及联合惩戒工作包括但不限于以下事项：

（一）财政部门在监督检查纳税人财务会计制度执行情况时，应当将发现的涉税违法行为及时告知同级税务机关依法处理；按照现行税务部门经费保障办法确定的保障范围，做好税务部门经费保障工作，支持税务部门开展税收征收工作；对公布的重大税收违法失信案件当事人，应当依法依规在1—3年内禁止其参加政府采购活动。

（二）税务机关应当在税收协助工作中发挥牵头职能作用。县级以上税务机关应建立健全欠税和重大税收违法失信案件信息公布制度，依法定期向社会公布欠税和重大税收违法失信案件信息；完善纳税信用管理制度，依法做好纳税人纳税信用信息采集和纳税信用评价、发布、共享等工作。

（三）实行"多证合一、一照一码"及"两证整合"登记的企业、个体工商户、农民专业合作社向市场监管部门申请办理一般程序注销登记时，各级市场监管部门不再收取纸质清税文书，凭登记业务系统提示办理注销登记。对因犯危害税收征管罪，被判处刑罚，执行期满未逾5年，或者因犯罪被剥夺政治权利，执行期满未逾5年的，应当依法依规限制其担任公司的法定代表人、董事、监事、高级管理人员。

（四）公安部门应当与税务机关建立长效工作协调联动机制，加大打击税收违法犯罪行为的力度，依法查处逃税、抗税等违法犯罪行为，及时立案侦查涉税犯罪，依法保障税务机关工作人员正确履行工作职责；对欠缴税款的纳税人或者其法定代表人在出境前未按照规定结清应纳税款、滞纳金或者提供纳税担保的，应当依法阻止其出境；根据税务机关税收管控和查办涉税案件的需要，协助税务机关查询纳税人以及其他涉案人员身份证明、暂住人口居住情况、境内外人员出入境记录等情况；协助税务机关加强对机动车辆税收的征收管理和监督，公安交管部门办理机动车注册登记、核发机动车检验合格标志时，应当按规定核验车辆购置税和车船税完税情况；为进一步压缩不动产登记办理时间，应当提供相关户籍人员基本信息。

（五）不动产登记机构在办理不动产登记手续时，应当查验完税凭证、减免税凭证或有关信息。未提供的，不动产登记机构不得办理。不动产登记机构在税务机关依法对纳税人查封不动产时，应当依法予以配合。税务机关、住房城乡建设部门、不动产登记机构应当加强协作，用不动产单元代码关联起不动产交易、税收征收等各项业务，确保业务环节前后衔接，便利查询共享追溯。

自然资源部门在确定当事人土地出让、划拨对象时应当参考税务机关公布的重大税收违法失信案件信息，依法进行必要限制。

（六）银行业金融机构应当在税务机关对纳税人、扣缴义务人依法实施存款查询、经营资金往来查询、房产贷款信息查询、税收保全措施、税收强制执行时，依法给予协助和配合。对银行账户具有主体责任的银行业金融机构，确保查询程序合规的情况下，协助、配合税务机关依法对纳税人、扣缴义务人银行账户开立情况进行查询。

税务机关应当及时将公布的重大税收违法失信案件信息通报银保监部门、中国人民银行征信中心及其他依法成立的征信机构，金融机构对当事人融资授信时应当参考并依法进行必要限制。

（七）国有资产监管部门在办理国有及国有控股企业重组兼并、改组改制和破产等涉及国有资产（产权）转让、处置手续时，应当重点关注当事人（企业）拟实施经济行为的涉税情况以及历史欠税情况，督促当事人（企业）积极加强与主管税务机关沟通。

（八）发展改革部门应当协助税务、财政、商务等部门，对公布的重大税收违法失信案件当事人依法实施惩戒，包括限制政府性资金支持，从严审核其发行企业债券，依法限制发行公司债券，在有关商品进口关税配额分配中依法予以限制。

（九）审计部门在审计中发现涉税违法违规事项时，应当在法定职权范围内进行审计处理，将依法应当由税务机关处理的事项及时移送同级税务机关，并在工作中予以积极协助。

（十）人民法院在企业破产清算时，依法保障税务机关清缴；对税务机关申请人民法院强制执行的行政处罚案件被执行人，符合法定情形的，执行法院应当将其纳入失信人员名单，依法实施惩戒。

（十一）统筹地区经办机构按相关要求编制社会保险基金预算草案，并报本级社会保险行政部门（人力资源社会保障部门、医疗保障部门）审核汇总；社会保险费收入预算草案由经办机构会同税务机关编制；财政部门负责审核并汇总编制社会保险年度基金预算草案。财政、人力资源和社会保障、医保部门应当协助税务机关做好社会保险费征收管理工作。

（十二）海关对公布的重大税收违法失信案件当事人，并经核实已列入联合惩戒名单的，对属于认证企业的，将其信用等级下调为一般信用企业；对于属于信用企业的，限制其申请适用海关认证企业管理。

（十三）证监部门在办理证券公司、基金管理公司、期货公司设立及变更持有5%以上股权的股东、实际控制人审批时，应当将重大税收违法失信案件信息作为重要参考。

（十四）银保监部门对因税收违法行为，触犯刑法的当事人，以及不诚实纳税、存在偷税漏税行为的当事人，应当依法依规限制其担任保险公司董事、监事和高级管理人员。

（十五）交通运输部门应当依法依规限制重大税收违法失信案件当事人受让收费公路权益。

（十六）其他部门、单位应当积极支持和协助税务机关依法履行职责，对公布的重大税收违法失信案件信息当事人，市场监管部门和有关社会组织在行政许可、强制性产品认证、授予荣誉等方面予以参考，依法依规进行必要的限制或者禁止。

第十条　税务机关依法对零星、分散和异地缴纳的税收实行委托代征时，受托部门、单位应当给予支持和协助。

税务机关依法对受托单位代征行为进行指导、管理和监督，并及时支付委托代征手续费。

受托代征单位应当按照委托代征税款协议书的规定，依法代征税款，不得擅自不征、少征或者多征税款，不得挤占、挪用或者延迟解缴税款。

第三章　信息交换

第十一条　县级以上政府应当建立健全涉税信息交换制度，加强税收保障信息化建设，建立税收保障信息平台，组织有关部门、单位实现涉税信息交换。

第十二条　有关部门、单位应当支持配合涉税信息交换工作，依照各自职责，根据税收征管需要，按照与同级税务机关协商确定的时间和方式提供相应的涉税信息（有关部门、单位应当协助提供的涉税信息包括但不限于以下列举的信息，具体交换信息由税务机关和有关部门、单位协商结果确定）。

（一）人民法院：破产清算（重整）企业涉及税收优先权和处置权的债权债务裁定信息，涉税案件信息，律师代理案件信息，司法判决信息，涉及动产、不动产、无形资产处置的裁定、判决及执行中拍卖、变卖、公开议价信息；

（二）发展改革部门：年度重大建设项目清单，公共资源交易信息，严重失信企业（个人）名单信息，房地产项目立项备案信息，房地产项目核准信息，境外投资项目审批备案核准情况；

（三）工业和信息化部门：专项资金支付实施情况；

（四）教育部门：学校、培训机构（含社会力量办学）信息，中外合作办学许可证信息，学生学籍信息（含学历继续教育学生学籍、考绩信息，外籍留学人员信息），外籍文教专家聘用信息，备案的境外教育机构资质信息，学校基本建设（含修缮、改扩建）情况，学校资产（如房屋、租赁、经营等）情况；

（五）科技部门：科学技术型中小企业、高新技术企业、技术先进型服务企业认定信息，获得财政补助资金的科技型企业信息，科技项目信息，技术合同认定信息，技术改造、技术转让情况；

（六）公安部门：个人身份信息，户籍人口基本信息、户成员关系信息，户籍人口死亡标识信息，出入境证件信息、相关出国人员信息，外籍人员出入境、流动情况，外籍人员居留许可信息，外国人永久居留信息，房屋租赁、住宿业入住信息，机动车登记信息，机动车新增、变动信息，汽车保有量信息，在查办案件中涉及税务机关管辖的涉税线索，涉税相关人员出入境管理等情况；

（七）民政部门：社会团体基本信息，社会服务机构（民办非企业单位）基本信息，基金会基本信息，在民政部门备案的养老机构信息，婚姻登记信息，赡养关系信息，内地公民收养登记信息，福利彩票中出单注奖金超过万元大奖情况；

（八）公证机构：公证书信息，继承公证信息，亲属关系公证信息，各类经济合同（含大宗交易）公证信息，办理鉴证情况；

（九）财政部门：政府采购信息，财政投资项目支付信息，财政直接支付信息（涉税），财政补贴（奖励）信息，土地开发整理资金支出信息，土地出让金、国有资本经营收益等政府非税收入信息，土地出让金退库信息，国有企业及行政事业单位资产处置、变更、划转审批备案信息；

（十）人力资源社会保障部门：基本养老保险、失业保险、工伤保险信息，个人就业、失业信息，外国人就业信息（C 类），港澳台人员就业信息，企业人力、工资水平、建立年金情况，技工院校学生学籍信息，技能人员职业资格继续教育信息，专业技术人员职业资格继续教育信息；

（十一）自然资源部门：土地规划信息（含总规划平面图信息），测绘信息，建设项目用地信息，土地收储、出让、审批、转让、划拨信息，土地组价、耕地占用信息，闲置土地信息，采矿权出让、登记信息，卫星测量占地信息，地理信息（GIS 地图），基准地价、基准价格、平均地价信息，宗地及权利人结构信息，行政地籍区及子区属性结构、补缴土地出让金、不动产单元、不动产权利和不动产权利人信息，农用地转用信息、城市和村庄集镇按批次建设用地转而未供信息、经批准临时占地信息、改变原占地用途信息、未批先占农用地查处信息、土地复垦信息；

（十二）生态环境部门：排污许可证许可信息；

（十三）住房城乡建设部门：建筑用地、建筑工程规划信息，交通、水利等建筑工程许可，住房城乡建设（房管）部门的竣工备案信息，建设项目选址意见书，施工许可信息，工程竣工验收决算信息，云南省建设工程材料及设备价格信息，建筑市场信息，建设资金投入及工程款拨付信息，外来建筑施工企业备案情况，房地产（建安）企业资质信息，房地产项目登记信息，房地产新开工建筑面积、商品房可售建筑面积、竣工面积信息，新建商品房预售、网签备案和楼盘信息，存量房转让（交易）信息，住房平均交易价格信息，房屋（含公租房）租赁信息，公积金个人贷款信息，住房公积金贷款还款支出信息，保障性住房项目信息；

（十四）交通运输部门：交通工程建设信息，船舶登记信息，交通客货运车辆、船舶营运证发放信息，船舶年检登记、运营管理情况，机动车驾驶员培训学校信息；

（十五）农业农村部门：农业龙头企业基础信息，家庭农场登记情况；

（十六）水利部门：水利工程建设信息，水资源利用信息，河道取砂许可信息；

（十七）商务部门：具体交换信息以该部门和税务机关协商结果确定；

（十八）文化和旅游部门：旅行社业务经营许可证、文化经营许可证发放情况，星级饭店、A 级旅游景区等级评定情况，商业性文艺演出审批情况；

（十九）卫生健康部门：医疗机构执业许可证信息，营利性、非营利性医疗机构认定信息，外国医师来华短期行医许可审批信息，出生医学证明信息，死亡医学证明信息，独生子女信息；

（二十）应急管理部门：具体交换信息以该部门和税务机关协商结果确定；

（二十一）退役军人事务部门：退役军人身份信息；

（二十二）审计部门：土地组价审计结果信息，审计发现的涉税违法违规信息；

（二十三）国有资产监管部门：监管企业的兼并、划转、改制、重组、转让、重大资产处置、财务信息，企业国有资产的产权界定、产权登记、资产评估监管、清产核资、资产统计信息，高管薪酬信息，僵尸企业名单信息，出清企业名单信息；

（二十四）市场监管部门：企业和个体工商户的开业、变更、注销、吊销信息，经营异常名录信息，严重违法失信企业名录信息，企业股权结构信息，股权转让、出质登记信息，知识产权转让、出质登记信息，产权转让信息，个人股权转让信息；

（二十五）新闻出版部门：广告费支付信息，外籍人员入境演出佣金及税款代扣代缴情况，个人出版作品情况；

（二十六）外事部门：境外非政府组织登记备案情况，境外非政府组织年度活动计划备案，境外非政府组织临时活动备案情况；

（二十七）能源部门：煤炭计划产量及销售量、销售价格等情况；

（二十八）林业和草原部门：林业种植或特许养殖许可证信息，批准的占用林地或临时占用林地信息；

（二十九）体育部门：体育彩票中出单注奖金超过万元大奖情况；

（三十）统计部门：房地产开发投资、国民经济和社会发展的主要经济指标，年度房地产增加值等情况，各类税收征管所需的分行业统计数据，能源、投资、科技、人口、劳动力、社会发展基本情况等统计数据，基本单位年度统计信息、季度宏观经济信息、月度宏观经济信息；

（三十一）医保部门：基本医疗保险信息，基本医保报销信息、大病医保信息，在医疗保障信息系统记录的个人负担的医药费用信息；

（三十二）烟草部门：烟草年度种植收购计划信息，烤烟年度计划种植面积，种植户数，烟草收购等级、数量、单价、金额等信息，卷烟批发的年度计划数据和调整数据，有关单位和个人烟草生产经营许可信息；

（三十三）海关：海关进出口增值税信息，海关进口消费税信息，企业进出口报关单信息，进出口贸易等情况；

（三十四）海事部门：船舶登记信息；

（三十五）人民银行：具体交换信息以该部门和税务机关协商结果确定；

（三十六）银保监部门：具体交换信息以该部门和税务机关协商结果确定；

（三十七）证监部门：协助提供证券发行人、上市公司、非上市公众公司依法披露信息的查询途径，协助提供上市公司因信息披露违法违规案件作出行政处罚的情况，协助提供私募基金备案信息的查询途径；

（三十八）残联：残疾人、残疾人证件管理情况，安置残疾人单位信息，残疾人就业登记信息，上年度用人单位实际安排的残疾人数信息，残疾人就业保障金信息；

（三十九）工会：成立工会组织的登记信息；

（四十）搬迁安置部门：移民安置规划报告中有关移民安置补偿情况；

（四十一）公共资源交易中心：工程建设项目招标投标信息，国有土地使用权和矿业权出让信息，产权交易和其他公共资源交易信息；

（四十二）外汇管理部门：境内企业及个人对外付汇信息，出口企业的外汇已核销信息，外债登记信息；

（四十三）地方金融监管部门：小额贷款公司信息，融资担保公司信息，区域性股权投资市场信息，典当行信息，融资租赁公司信息，商业保理公司信息，地方资产管理公司信息等；

（四十四）银行业金融机构：具体交换信息以税务机关与该部门、单位协商结果确定；

（四十五）保险业金融机构：具体交换信息以税务机关与该部门、单位协商结果确定；

（四十六）供水企业：企业用水信息；

（四十七）供电企业：企业用电信息；

（四十八）供燃气企业：企业使用燃气信息；

（四十九）电信运营企业：提供移动电话、固定电话的实名认证信息；

（五十）税务机关在履行职责过程中所需但未在以上列举范围的涉税费信息。

第十三条　税务机关和有关部门、单位应当根据数据应用和管理需求，建立信息交换制度，确定数据交换频率。有关部门、单位应当按照协商确定的时间、数据内容、范围、标准和格式，定期或不定期进行数据交换和共享。具体涉税信息由税务机关与有关部门、单位协商确定交换的方式、标准、时间等。

第十四条　税务机关对有关部门、单位提供的涉税信息应当科学分析、综合利用，不得用于税收工作外的其他用途。税务机关应当根据需要适时向有关部门、单位提供涉税信息利用情况。

第十五条　税务机关和有关部门、单位应当对涉税信息交换中涉及的国家秘密、商业秘密、个人隐私予以保密，除法律法规另有规定外，不得公开。

第四章　税　收　服　务

第十六条　税务机关应当坚持依法、文明、公平、公正的原则，为纳税人提供税务信息公开、纳税咨询、权利救济等服务，保障纳税人的知情权、参与权、监督权和救济权。

第十七条　税务机关应当充分运用信息化手段建立多元化办税体系，创新税源管理方式，简化申报征收程序，为纳税人提供高效便捷的办税服务，降低纳税成本。

第十八条　税务机关应当完善税收征收管理的争议调解机制，及时、有效地化解税收征收管理纠纷。

第五章　税　收　监　督

第十九条　县级以上财政、审计部门应当加强指导和监督国家机关、企事业单位和其他组织的财务管理和会计核算。

第二十条　财政部门应当依法对税务机关组织收入、税收征收管理以及税收征收管理保障落实情况进行财政监督。

第二十一条　税务机关应当建立健全社会监督机制，主动接受纳税人、新闻媒体和社会团体对税收执法的评议和监督，及时公开改进措施和反馈改进结果。

第二十二条　任何单位和个人都有权检举违反税收法律法规的行为。税务机关受理检举、投诉后应当及时调查，依法处理。

税务机关应当对检举人的情况严格保密。经查证，检举人检举事项属实的，税务机关应当按照规定给予检举人表彰、奖励。

第六章　附　　　则

第二十三条　税务机关负责征收（代收）的各类非税收入、社会保险费，其征管保障工作按照现行法律法规规定，结合本办法执行。

第二十四条　本办法自2022年4月27日起施行。2015年印发的《云南省税收征管保障办法》（云政办发〔2015〕108号）同时废止。